JN246850

経済学の基礎
価格理論 Elements of
Price Theory

竹野太三 ［著］
Taizo Takeno

東京大学出版会

Foundations of Economics: Price Theory
Taizo TAKENO
University of Tokyo Press, 2017
ISBN978-4-13-042146-1

はじめに

経世済民

「経済学が，日々の生活でどのように用いられているか」という問いに対しては，経済学者の数だけ異なる答えがあるかもしれない．専門分野やそれを生かす職種が多岐に渡るためである．例えば，発展途上国の経済開発に携わる経済学者は，村と村をどの経路で舗装するのが最適なのかを考えるのに，経済学的な分析手法を用いるかもしれない．道路の舗装が経済学なのかと疑問に思われるかもしれない．けれども，医師のいる隣の村まで，舗装された道ができたことで救急搬送が間に合い，救われる命があるかもしれない．バスが通ることができるようになることで，教育が受けられるようになる子ども達が増えるかもしれない．これらは経済学の目的に適う．別の経済学者は，政府の税収を減じることなく，所得配分の不平等を是正するような税制改革案を作成することに経済学的分析手法を用いるであろう．またある経済学者は，世界同時不況に伴い，各国が自国の雇用を守るために保護貿易を促進するような事態について，それがさらなる経済の後退を招きかねないという可能性を分析し，為政者に分析結果を提示するであろう．多岐にわたる利用が可能な経済学であるが，その根底には，経世済民（けいせいさいみん）の実践という考え方がある．経世済民とは世の中の仕組みを理解し，治めることで人々を苦しみから救うことを意味する．もちろん，経済学のみがこの言葉を実践するための学問ではないが，経済学の目的はこの言葉に良く表されている．

　経世済民の考えは，洋の東西を問わず，強調されてきた．経済学者 Alfred Marshall が Cambridge 大学での就任講演に際して述べた以下は，"cool heads but warm hearts" という言葉に凝縮され，言語を問わず多くの教科書で引用されている．

　It will be my most cherished ambition, my highest endeavor to do what with my poor ability and my limited strength I may, to increase the numbers of those, whom Cambridge, the great mother of strong men, sends out into the world with cool heads but warm hearts, willing to give some at least of their best powers to grappling with the social suffering around them; resolved not to rest content till they have done what in them lies to discover how far it is possible to open up to all the material means of a refined and noble life.

　　Alfred Marshall (1885) *The present position of economics, an inaugural lecture* (p.57)

　社会が抱える問題に困窮する人々を救いたいという温かい心と，冷静な思考を併せ持つ学生を世に多く送り出すことは，いつの世にも求められている．社会が抱える問題には複雑で，経世済民の実践が容易ではないものもある．このことに関して，本書で紹介することとは直接的には関係ないが，時事問題を二つ紹介する．

　2009 年から 2010 年にかけて，日本の自動車会社による，国内外の顧客を対象とした大規模なリコール問題があった．運転手の意志に反した急加速が事故の原因として疑われたことによるものである．当然，リコールされるべきものはリコールされることが筋であるが，問題はそれほど単純ではない．リコールされるべきか否かが明確にされているならば，特に問題はない．しかし，仮に事故が運転手の過失のみで生じてしまった場合などは，そもそもリコールして交換すべき部品が無いのにリコールすることになる．当該会社にとってはリコールの費用負担のみが増えることになる．何万台もリコールする場合の費用が莫大なものとなることは，想像に難くない．会社にとっては，リコールにかかる費用が大きければ大きいほど，判断に必要な情報の正確さが重要になる．しかし，現実問題として，そのような情報を得るには，事故の検証と当該自動車の分析が不可欠であり，正確な情報を得るには時間がかかる．これに対して，リコールするか否かの決断を下すのに許された時間的猶予は圧倒的に短いのである．当該のリコール問題は，結果的に，自動車には当初疑われた問題はなかったとの結論が下されたものの，これに先立ちリコールは実施された．実施される前に行われたマスコミによるテレビ会見では，質疑

応答の際，リコールに関わる莫大な費用を会社として賄う準備はあるのかとの質問がなされた．リコールする意志の有無を問う質問である．この質問について，会社側は「社長は，お金の問題じゃないと申しております」と答えた．

　他方，リコールを行わなかったことが問題となった例も，国内外に数多く存在するが，その中でも特に複雑な案件の一つとして，集団訴訟に発展した1978年の米国における事例を紹介する[1]．裁判の過程で，ある社内文書の存在が明らかになった．この文書には，リコールにかかる費用と，リコールを隠して訴訟になり，その結果敗訴した際に想定される損害賠償等の費用の概算が記されていたのである[2]．当初は，会社側がこのような計算を行なっていたということが，社会的に大きな批判の対象とされ，判決にもこのことが反映されたようである．しかし後になって，この文書は，リコールの是非を判断するため，或いは，リコールの判断に用いるために作成されたものではないことが指摘されたのである[3]．

　これら二つの事例のうち，結果としてどちらが経世済民に近いかは言を俟たないが，これらの事例は，社会問題には，何が正解なのか判然とせず，考察や判断のために必要な情報がいつも手の届くところにあるとも限らず，手にした情報が正しいとも限らないものがあることの証左である．このような問題の対処は，温かい心に裏打ちされた冷静な思考をもってしても，困難を極める．まして，どちらか一方が欠けてしまえば，正しい対処は到底望めないであろう．経済学も同じである．人々の生活を直接的に左右するような政策を提言しようとするとき，多くの場合，問題の性質は上で紹介した事例と同様の困難を伴うものであり，温かい心と冷静な思考が不可欠である．冷静な思考という観点から，経済学は，ある経済現象を説明し，これに伴う問題を解決する政策処方箋について学会や学術論文を通じて議論をするとき[4]，統

---

1) Pinto Case として知られている．Pinto は当該自動車種の名称である．この案件はアメリカの民法の教科書にもケース・スタディとして掲載するものがある．

2) Grush, E.S., and C.S. Saunby. "Fatalities Associated with Crash Induced Fuel Leakage and Fires." *Ford Inter Office and Environment and Safety Engineering Report.* September 19, 1973.

3) Shwarz. "The Myth of the Ford Pinto Case." *Rutgurs Law Review*: 1013–1068, 1991.

4) 現実に政策が決められる仕組みは，経済学的な要因の他に，政治的な要因など，様々な要素が反映される．

計的な仮説検定を伴う実証分析や数学的命題とその証明を提示する．その限界も含めて論拠が示されない政策処方箋は机上の空論と区別できないからである．経済学におけるこのような立場は，Léon Walras によって提唱された．以下は，当時の彼の決意を表すものである．

On compte aujourd'hui je ne sais combien d'écoles en économie politique [...] Pour moi, je n'en reconnais que deux : l'école de ceux qui ne démontrent pas et l'école, que j'aspire à voir se fonder, de ceux qui démontreront leurs énonciations.

今日，政治経済学には数え切れぬ学派が存在している [...] わたくしはこれらのうち二つの学派しか認めない．一つは証明しない学派であり，他は自らの命題を証明する学派である．この後者こそわたくしが樹立を望んでいるところのものである．

Léon Walras (1874) *Éléments d'économie politique pure ou théorie de la richesse sociale* (p.473)

Walras が樹立を望んだ，自らの命題を数学的に証明するという経済学の方法は，時を経た現代における経済学の，Lucas によれば唯一の方法として定着し，既に久しい[5]．

I came to the position that mathematical analysis is not one of many ways of doing economic theory: It is the only way. Economic theory is mathematical analysis.

Robert E. Lucas, Jr. (2001) *Professional Memoir* (p.9)

もしも数学を，数式を操作する学問と考えるとすれば，それは数学の側面しか捉えておらず，経済学に数学が用いられる理由を見出すことはできない．数学を，論理的整合性を内包する言語と捉えるならば，経済現象の根底で複雑に絡み合う幾つもの要因を論理的考察によって解き明かし，あるべき世の

---

5) 上の Lucas の引用は，彼がスウェーデン銀行賞，つまりノーベル経済学賞を受賞した際のものである．現代の経済学の方法が定着したのは，2001 年よりも遥かに前のことであるが，彼の言葉は象徴的に思われる．

中を実現する方法を模索し，経世済民を実践するために，数学が役立つであろうことは想像に難くない．もちろん，論理的な考察に数学が必要不可欠というわけではない．けれども，数学を使うことなくこれを行うことは，考察に論理的な不整合があったとき，数学を使うときと比べて，これに気付きにくいという意味で，より困難である．

本書について

　本書は，高校卒業までに学ぶ数学の少し先にあり，大学一，二年次に履修することができる数学の一部を用いて，価格理論を紹介する教科書である．後でもう少し紹介するが，価格理論は，需要と供給，そしてこれらが一致する均衡について考察する経済学の一分野であり，高校でも学ぶ概念を含むが，その考察の射程は需要と供給といった概念にとどまらない．価格理論の主要な考え方 (elements of price theory) は，人々が衣食住を営むとき，資源が無駄に用いられていないか，あるいは人々が必要とするものが過不足なく供給されているか，などといった経済社会のあり方について考察するとき，ひいては人々の経済活動の結果，地球環境に悪影響が及んでいないか，もしそうであるなら，どのようにして対処すべきか，といった問題を考察するとき，その理論的な枠組みの構成要素としての役割を担う．この枠組みのもとで，様々な問題は，例えば環境経済や国際貿易論など，経済学の個々の分野で考察される．この意味で，価格理論は経済学の基礎となる理論の一つといえる．

　市場における需要と供給は，個別の消費者や生産者の需要と供給によって形成される．従って，市場における需要と供給について考察するには，先ず個別の消費者や生産者の意思決定について考察する必要がある．個別の消費者や生産者という，経済活動を行う最小単位の意思決定について考察するので，価格理論はゲーム理論と合わせてミクロ経済学と呼ばれる分野に属する．このため，一般的な邦書のミクロ経済学の教科書は，価格理論とゲーム理論の双方を紹介するが，本書はそれらと同程度の紙面を用いて価格理論のみを紹介する[6]．**本書ではゲーム理論を紹介しないので留意されたい．** ゲーム理

---

[6]　洋書の学部生向けのミクロ経済学では，本書よりも詳しく価格理論を紹介するものもあるが，それらは邦書よりも紙面が多い．

論は経済学にとって極めて重要であり，まさにこの理由から教科書が存在する．ゲーム理論は，ゲーム理論の教科書を学ぶことをお勧めする[7]．

　具体的に本書で用いられる数学は，集合論の一部，および微分・積分学の一部である．前者は主として集合の概念から，順序や二項関係，写像など，関数に関わる基礎的な概念を含む．後者は主に微分の概念であり，二変数関数の合成関数の微分とその周辺に及ぶが，積分については高校で学ぶ域を出ない．本書で用いられる数学は，高校で学ぶ積分の概念を除き，全て以下のURL 上に公開されている PDF ファイルに収められている．

https://sites.google.com/site/eptpdfs

　また，上の URL 上の PDF ファイルに含まれていない数学を用いる経済学的な概念は，ごく限られたものを除き，本書には含まれていない．換言すると，上の URL 上の PDF ファイルには，考察の道具として用いられる数学の概念や定理が収められており，本書には，その道具を用いて考察することができる範囲の価格理論が収められている．前述したように，ごく一部の概念の紹介や定理の証明には，PDF ファイルの中で紹介しない数学に基づくものもあるが，これらについては，その旨を言及した上で，考え方のみを紹介するか，PDF ファイルで紹介する範囲の数学で説明している．これらの厳密な証明は，大学院で用いられる教科書や学術論文などに紹介されているので，関心のある方は，その背景にある数学とともに学ばれるとよい．なお，大学院を視野に入れて経済学を学ばれる方にとっては，PDF ファイルに収められている数学は十分ではなく，学部在籍中に様々な数学の講義を履修することで，広く深く数学を学ぶことが，大学院でこれを行うよりも無理のない準備の方法として理に適う[8]．

---

7) ゲーム理論の教科書にも，数学を使うものと使わないものがある．ミクロ経済学について，本書と，本書と同水準のゲーム理論の教科書を学ぶことは，米英の大学院を含め，大学院進学の準備の目安の一つになると思う．

8) 数学の PDF ファイルは，当初は本書の第 I 部として収録することを検討していたため，必要最小限の紙面を用いることを強く意識していた．ネット公開すると決めたことに伴い若干の加筆を行なったが，数学を学ぶには数学の教科書を読まれることの方が好ましいので，大幅な加筆は行わなかった．

本書は消費者の理論から読まれることを想定して書かれている．本書を通じて用いられる考え方や概念は，初めて紹介する箇所で詳しく説明し，それ以降は既知として考察が進められる．なお，消費者の理論を読み始める前に，上の URL 上に公開されている PDF ファイルを，読むのではなく，参照されることをお勧めする．初読で全て理解してから本書を読まれる必要はない．まずは PDF ファイルを斜め読み程度に一読し，必要に応じて参照を繰り替えすことで，数学と経済学を合わせて習得される方が効果的だと思う[9]．経済学の講義に伴う困難の一つは，履修者の方々が習得している数学が一様ではないことに起因する．この要因をできるだけ取り除くことが，PDF ファイルの意図である．PDF ファイルと本書には，一定の互換性もある．本書で用いられ，PDF ファイルに収められている数学は，一目で分かるよう，一風変わった表記が施されている．例えば，消費者の理論で紹介する，凹関数の概念は PDF ファイルに収められており，本書では凹関数♠と書かれている．PDF ファイルの検索欄に凹関数と入力することで，当該ページを見つけることができる．

　本文中で展開される式は考察の一部であり，核心部分である場合も多い．読むにあたっては，これらを自らの手で導出されることをお勧めする．比喩的な表現をするなら，式の展開は料理のレシピ (recipe)，あるいは曲の楽譜のようなものである．レシピ通りに調理しながら，例えばある食材の切り方が，一緒に調理する他の食材との火の通り具合を考慮していることに気づいたり，楽譜に従って演奏することで曲の解釈を実感できるように，実際に導出してみることで，式の意味を納得することができる．初めての調理や演奏がうまくいくとは限らないように，初めて学ぶ概念に基づいて行う式の導出がうまくいくとは限らない．勘違いしたり，導出に時間がかかることがあったとしても，それはむしろ自然なことである．一般に，何かに上達するのは，色々な間違いをして，それらから学ぶべきことを学んだ後のことであろう．経験を重ねて上達すれば，調理したことのない料理のレシピや演奏したことのない曲の楽譜を見るだけでも，それらを頭の中でイメージできるようにもなるであろう．同様に，式の展開とともに考え方を学ぶ経験を重ねれば，初めて

---

9)　大学院進学を検討される方は，参照を繰り替えす過程で，PDF ファイルではなく，数学の教科書を参照することで，数学の理解を深めるとなおよい．

考察する社会問題や経済現象についても，経済学的な考え方をどのように適用すればよいか，そしてそれがどのように展開されるか，ある程度洞察できるようにもなる[10]．知識を蓄えることはもとより，蓄えた知識を活かす役に立つ洞察力を培うこともまた大切であり，社会が直面する複雑な問題に対して経世済民を実践するには，必要なことでもあると思う．本書では，この作業にかかる時間が少しでも短くなるよう，式の導出は，その過程をできる限り省かないことを心がけた．なお，本書には簡単な練習問題も設けられているが，それらは手を動かすことを促すためだけのものであり，例えば公務員試験などを意識したものではない．

　種々の時事問題との関連を明らかにしながら理論を学ぶことは有意義で効果的な学習方法であるが，本書では紙面の都合によりこれができなかった．この点は，新聞や雑誌を読まれることで補完していただかねばならない．例えば，雑誌 *The Economist* などを，毎号目次だけ俯瞰するように読むだけでも，一年くらいこれを続けるうちに世界情勢と経済学との繋がり，つまり現実と理論の繋がりに気づくようになると，筆者は学生時代に複数の先生方からご教示いただいた．本書で経済用語に英語を併記しているのは，この一助とするためでもある．国内の新聞はもちろん，日頃から国外の新聞や雑誌などにも目を通され，世界が日本をどのように見ているか知ることは有意義なことだと思う．また，経済学における重要な学術論文の多くは英語で書かれている．英語の表記も意識して学ばれることをお勧めする．

本書の目的

　人は働くことで賃金という収入を得て，その範囲で衣食住を営む．収入は

---

10)　例えば，大学の社会科学系の初級科目などで紹介される，「囚人のジレンマ」というゲーム理論の概念は，経済学はもとより，政治学や法学でも考察される，様々な社会現象を説明することに役立つ．よい理論は幅広い汎用性を伴うことが多く，その考察の枠組みや論理の展開の一部が，複数の異なる現象の説明に役立つことは珍しくない．考察対象の現象が，既知の理論やその論理展開の一部，あるいはそれらの拡張や応用によって説明できるかどうかに気づくことを，本文中では洞察という言葉で表している．この意味における洞察力とは，重ねた経験に裏打ちされた，現象を解明する考察の道筋を見つける力ともいえ，これを培うには，理論の考え方を理解することが肝要で，式が考察の一部である場合は，それを含めて理解することが肝要である．

労働の対価であり，衣食住を営むための支出は，購入するものや利用するサービスに支払うべき対価によって決まる．対価とはすなわち価格のことである．価格理論とは，労働や購入するものの価格が市場でどのように決まるか，そして価格を介して需要と供給が一致する市場均衡が，どのような性質をもつか明らかにするものであるが，前述したように，価格理論の射程はこれにとどまらない．化石燃料が枯渇する懸念や，地球規模の環境汚染，貧困問題や格差社会など，様々な社会問題は，人々の衣食住の営みに伴って生じているものである．そして衣食住の営みとは，市場が存在する現代のほとんどの社会においては，市場均衡の様相を反映するものであり，市場均衡について理解することは，ひいては様々な社会問題の仕組みを理解することにも繋がる．

　結局のところ，価格とは品物を購入したり，サービスを利用するために支払う金額を表す数字に過ぎない．しかし，人々の意思決定に影響を与え，均衡の様相に影響を与えるという意味で，極めて重要な数字でもある．そして価格の重要性は，その水準が高い低いといった主観的なものではあり得ず，その水準が社会的に望ましいか否かという点にある．もちろん，何をもって社会的に望ましいか，という判断の基準についても考察することになる．

　価格理論の核心部分は，消費者の理論，生産者の理論，そして均衡の理論という3つの理論によって構成される．最初の2つは，価格が果たす役割についての考察ではなく，消費者と生産者の意思決定についての考察である．これら2つの理論から得られた知見を，均衡の理論において包括的に検討し，社会的に望ましいと考えられる価格水準や，これに伴う均衡の様相と比較しながら考察することを通じて，我々は初めて市場で決まる価格の性質と，均衡の性質の理解に至る．金額を表す数字に過ぎない均衡価格が，どのような性質を持っているかは自明ではなく，学問的にも興味深い．特に，社会的に望ましい価格水準は，いかなる経済主体による影響も受けないときに実現する水準であるという知見と，何らかの影響を受けている均衡価格は社会的に望ましい価格水準を実現しないという知見は，どちらも自明ではなく，学問的に興味深いと同時に極めて重要である．経済学の様々な概念の紹介と，考察を積み重ねることで，これらの知見，そして厚生経済の第一及び第二基本定理に到達することが本書の主たる目的である．考察を積み重ねる過程で，

我々は市場の失敗 (market failure) という概念も考察の射程に捉えることになる．この概念は，公共経済学や産業構造論など，ゲーム理論と同様，独立した経済学の分野で考察されるものである．その基礎的な概念を紹介し，本書は終わる．

目　次

はじめに　i

第 I 部
消費者の理論

第1章　消費者の行動をどのように捉えるか ··················· 3
1.1　考察の枠組み　4
  1.1.1　複数の財の選択肢　4
  1.1.2　予算集合と予算線　6
  1.1.3　消費者の「好み」　8
    選好関係の表現　11 ／ 選好関係の凸性　17
1.2　効用関数　23
    Cobb-Douglas 型効用関数　23 ／ Leontief 型効用関数　24 ／
    CES 型効用関数　25 ／ 基数効用と序数効用　26 ／
    限界効用　27 ／ 効用関数の正の単調変換　29

第2章　効用最大化問題 ··· 31
2.1　効用最大化問題とその意味　31
2.2　等号制約条件式付き最適化問題　32
2.3　機会費用　35
2.4　限界代替率　37
  2.4.1　限界代替率　37
  2.4.2　限界代替率の逓減と選好関係の凸性　41
  2.4.3　限界代替率の逓減と効用関数の準凹性　42
2.5　内点解の条件　46

　　2.5.1　消費計画 a, b が最適消費計画ではない理由　47

　　2.5.2　消費計画 c, d が最適消費計画ではない理由　51

　2.6　端点解の条件　51

　2.7　内点解を求める　54

　　2.7.1　補足：Cobb-Douglas 型効用関数から導出される
　　　　　需要関数の特性　55

　2.8　Lagrange 乗数法　55

　　2.8.1　Lagrange 乗数法　56

　　2.8.2　設定の仕方　58

　　2.8.3　補足：制約限定条件　60

　2.9　各財の需要曲線　63

　2.10　間接効用関数　64

　2.11　ロワの恒等式　67

第3章　支出最小化問題{#} ································ 69

　3.1　効用最大化問題と支出最小化問題　69

　3.2　解を求める　71

　3.3　支出関数　73

　　3.3.1　シェパードの補題　75

　　3.3.2　補償需要曲線　76

　　　代替効果　78

　3.4　双対性に関わる恒等式　80

第4章　比較静学 ······················ 87

　4.1　所得の変化に伴う需要の変化　87

　4.2　価格の変化に伴う需要の変化　88

　4.3　所得と価格が同じ割合で変化する場合　93

　4.4　総需要　94

　　4.4.1　市場における需要　94

　　4.4.2　L 財 I 人の場合における需要の書き方　96

第 II 部
—————————
生産者の理論

第5章　生産者の行動をどのように捉えるか ·················· 99
5.1　生産者と完全競争市場　99
5.2　完全競争市場　102
　5.2.1　成立条件と競争の状態　102
　5.2.2　存在と意義　105

第6章　生産技術 ··· 107
6.1　生産関数　107
　6.1.1　等量線　108
　6.1.2　限界生産性　109
　6.1.3　技術的限界代替率　109
　6.1.4　収穫の規模　112
　　同次関数と相似拡大的関数　114 / Euler の定理　116 /
　　相似拡大的関数　117
　6.1.5　代替の弾力性　118
　　Cobb-Douglas 型関数　120 / Leontief 関数　121 /
　　CES 関数　121 / 補足　123

第7章　利潤最大化問題 ·· 125
7.1　一生産要素の場合　125
7.2　二生産要素の場合　131
7.3　複数の財を生産する生産者　138

第8章　費用 ·· 145
8.1　長期と短期　145
8.2　長期における費用最小化　146

　8.2.1　費用最小化問題　148

　8.2.2　総費用，平均費用，限界費用　150

　8.2.3　費用と収穫の規模　154

8.3　短期における費用最小化　155

8.4　短期の費用曲線　159

　8.4.1　包絡線　161

第9章　供給 ·· 165

9.1　長期における供給量　165

　9.1.1　補足：限界費用の逓増と限界生産性の逓減　167

　　　費用関数の導出　169

9.2　短期における供給量　170

9.3　短期と長期の供給　172

9.4　総供給　175

　9.4.1　参入と撤退　176

第 III 部
──────────
均衡の理論

第10章　均衡をどのように捉えるか ································ 181

　　　均衡　181 ／ 配分　182 ／ 考察すること　183

第11章　配分 ·· 185

11.1　配分　185

11.2　配分の Pareto 効率性と衡平性　187

　11.2.1　Pareto 効率的配分　188

　11.2.2　衡平な配分　190

第12章 ワルラス均衡 ·········· 193

12.1 ワルラス均衡 193

財の初期賦存 193 / 生産者 194 / 消費者 194 /
均衡価格と配分の決定 195 / ワルラスの法則 196

第13章 部分均衡 ·········· 199

13.1 準線形型効用関数 199

13.1.1 代表的代理人モデル 201

13.1.2 補足：均衡が存在する条件 206

13.1.3 余剰 208

消費者余剰 208 / 生産者余剰 209 / 総余剰 209

13.2 ワルラス均衡の Pareto 効率性 211

13.2.1 効用可能性集合 212

13.2.2 厚生経済の第一基本定理 216

13.2.3 厚生経済の第二基本定理 217

13.3 比較静学：従量税 219

第14章 一般均衡 ·········· 223

14.1 純粋交換経済 223

14.1.1 Edgeworth box 224

14.1.2 純粋交換経済におけるワルラス均衡 229

14.1.3 価格の調整過程 231

offer curve 231 / ワルラスの競売人 232

14.1.4 core の理論 234

core の定義 235 / ワルラス均衡と core 237 /
複製経済 238 / Debreu-Scarf の極限定理 244

14.2 生産を伴う経済における一般均衡 251

14.2.1 Pareto 効率的配分 253

14.2.2 完全競争市場の均衡における配分 254

14.2.3 考察 256

14.3　厚生経済の基本定理　257

第 **IV** 部
───────────
市場の失敗

第 **15** 章　**市場の失敗** ·· 265
考察すること　265

第 **16** 章　**外部性** ·· 267
16.1　生産者が消費者に負の影響を及ぼす場合　267
16.2　生産者 1 が生産者 2 に負の影響を及ぼす場合　271
16.2.1　Pareto 効率的配分　272
16.2.2　完全競争市場における配分　273
16.2.3　外部性の内部化　275
ピグー税　275 ／ 合併による内部化　275 ／ 外部性の市場　276

第 **17** 章　**公共財** ·· 281
17.1　Samuelson の条件　281
17.2　Lindahl 均衡　284

第 **18** 章　**独占** ··· 287
18.1　独占企業の利潤最大化問題　287
18.2　社会厚生　291
18.2.1　価格差別　293
18.2.2　政策　294

おわりに　295
索　引　298

第 I 部

消費者の理論

第 1 章

消費者の行動をどのように捉えるか

　市場の均衡について考察するために，先ず消費者の行動について考察する．このことを通じて，市場における**財** (commodity) の需要がどのように決まるか明らかにすると同時に，所得や価格の変動に伴い需要がどのように振舞うか明らかにする．財とは消費の対象となる品物やサービスの総称であり，消費者とは，財を購入して消費する個人はもちろん，原材料やオフィスで用いられる職務関連の財を調達する企業や政府などの組織を含む．日々の活動が到底同じとは考えられないような消費者の行動に，共通して当てはまるような知見を抽出することが消費者の理論の目的である．それをもとに，財の需要がどのように決まるか明らかにし，財の供給がどのように決まるか明らかにする生産者の理論とともに，市場における均衡についての考察が可能になるからである．

　消費者の理論の構築に際して想定する消費の行動とは，具体的には例えば以下のようなものである．

- 個人が複数の携帯電話の機種と料金プランから好きな機種と料金プランの契約をする．
- 政府や企業などの組織が，会議室で用いる机や椅子など一式を業者から購入する．

　これらについて考えてみると，携帯電話の機種や料金プランは人それぞれであるし，企業が異なれば応接室やオフィスで使われている机等もそれぞれ異なるのが普通であろう．消費行動とは，家計や企業などの経済主体が，直面する選択肢と予算の範囲で，好みや条件に即した財を購入することであり，消費者の理論とは，異なる経済主体による消費行動に共通すると考えられる知見のことである．

　では，異なる経済主体による消費行動に共通する知見を抽出するために，何をどのように考察すればよいだろうか．前述したように，個別の消費者がどの財をどれだけ購入するかは異なるとしても，消費者は直面する選択肢と予算の範囲で好みや条件にあった財を購入するという，「共通の枠組み」を持つわけだから，これについて考察すればよいであろう．従って我々は，先ず

　この「共通の枠組み」を明確に定める必要がある．具体的には，消費行動に伴う (1) 複数の財の選択肢，(2) 予算制約，そして (3) 消費者の「好み」を明確に定める必要がある．本章では，これらについて，考察に必要な枠組みを紹介する．

1.1　考察の枠組み

1.1.1　複数の財の選択肢

　先ず，消費者が直面しうる選択肢を定める．具体的には，「どの財をどれだけ」という財の種類と量についての情報を形式化する．

　消費者が購入対象として直面する財の種類の総数を L とする．各財の量を順序対♦として表したものは，L 次元ユークリッド空間の非負象限 (non-negative orthant) $\mathbb{R}_+^L \equiv \{\mathbf{x} = (x_1, \ldots, x_L) \mid x_i \geq 0, i = 1, \ldots, L\}$ の点に他ならない．経済学ではこれを**財空間 (commodity space)** と呼ぶ．点 $\mathbf{x} = (x_1, \ldots, x_L)$ の i 番目の成分 (i^{th} element) が財 i の数量を表す．経済学ではこれらの点を**消費計画 (consumption plan)** または**消費束 (consumption bundle)** と呼ぶ．

　例えば，$L = 2$ の場合，財空間は第 I 象限にほかならない．図 1.1 に描かれているように，横軸に財 1 の量，縦軸に財 2 の量をとることで，第 I 象限の全ての点 (x_1, x_2) は消費者が選択しうる財 1 と財 2 の全ての組み合わせ，つまり全ての消費計画を表す．図 1.1 に描かれている 7 つの点は異なる消費計画を表す．例えば，図 1.1 に描かれている点 c は財 1，財 2 の量が $\left(x_1^c, x_2^c\right)$ で表される消費計画である．$\mathbf{x^c} = \left(x_1^c, x_2^c\right)$．

　以下では，見やすさの観点から，図の中で消費計画 $\mathbf{x^a} = \left(x_1^a, x_2^a\right)$ を表すときは，図 1.1 でそうしているように，点 a として表すことにする．また，ある考察では，消費計画を点として捉え，例えば "点 a における接線の傾き" と書くこともあるし，別の考察では，図に描かれている点を消費計画と捉え，例えば "消費計画 a と b を比較する" などと書くこともある．

　図 1.1 に描かれている 7 つの点を集合 $X \equiv \{\mathbf{x^a}, \ldots, \mathbf{x^g}\}$ として，消費者が実際に直面する選択の対象と捉えるとき，X は**消費集合 (consumption set)** と呼

ばれる．財空間は消費者が直面し
うる全ての消費計画の集合であ
り，消費集合とは財空間の部分集
合で，消費者が意思決定を行う対
象として，実際に直面する消費計
画の集合のことである．

　消費集合は，考察の目的に応じ
て，任意の点の集合と考えること
もあるが，より一般的には，凸集
合であることを前提とする．

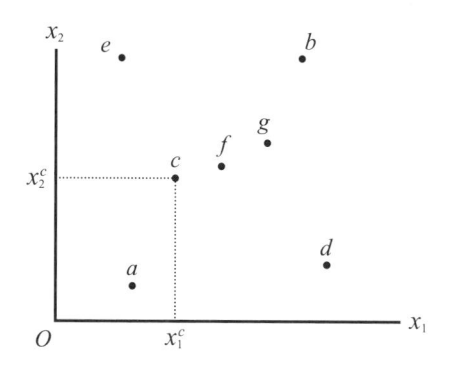

図 1.1　$L = 2$ の場合の財空間 $\mathbb{R}^2_+$ と消費集合：X

前提　消費集合の凸性

　消費集合 $X \subset \mathbb{R}^L_+$ に含まれる任意の異なる消費計画 $\mathbf{x^a}$, $\mathbf{x^b}$ について，以下が成り立つとき，X はそれぞれ狭義凸性，および凸性を満たすという．

1. 狭義凸性 (strict convexity)

$$\forall\, \mathbf{x^a}, \mathbf{x^b} \in X \Rightarrow s\mathbf{x^a} + (1 - s)\mathbf{x^b} \in X, \quad s \in (0, 1).$$

2. 凸性 (convexity)

$$\forall\, \mathbf{x^a}, \mathbf{x^b} \in X \Rightarrow s\mathbf{x^a} + (1 - s)\mathbf{x^b} \in X, \quad s \in [0, 1].$$

　記号 $\forall$ は for all，あるいは for any の意味で用いられ，「全ての」，とか，「任意の」，あるいは，「如何なる」，などと読まれる．この前提が意味するのは，消費集合 X に含まれる任意の 2 つの消費計画 $\mathbf{x^a}$, $\mathbf{x^b}$ の凸結合♠ $\mathbf{x^c}$ も，この消費集合に含まれるということである．狭義凸性と凸性の違いは，s の範囲であり，狭義凸性を満たす集合は凸性も満たす．図 1.2（左）に描かれている円盤と五角形の，アミ掛けの部分を集合と捉えると，円盤は狭義凸性と凸性を，五角形は凸性のみを満たす．図 1.2（右）に描かれている集合は，凸性を満たさない．特に断らない限り，本書で考察する消費集合は全て凸性を満たすものとする．この前提は，任意の 2 つの消費計画が与えら

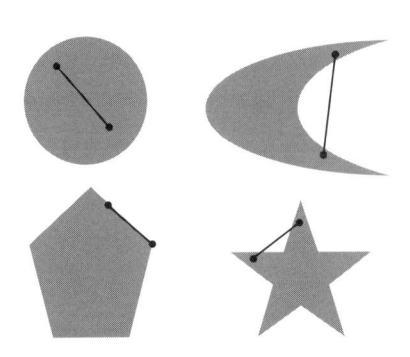

図 **1.2**　凸性を満たす集合と満たさない集合

れたなら，我々はそれらの凸結合が消費集合に含まれるか否かその都度検討せずに，自動的に含まれるものとし，考察の対象にすることを意味する．

1.1.2　予算集合と予算線

　次に，消費者の予算について明確にする．これまでにも，消費計画を視覚化することが容易であるという理由で 2 財の場合を考察してきたが，次章以降でも具体的な計算をして考察する際は 2 財の場合を考える．これは単純に過ぎるであろうか．2 財の場合を考える根拠は以下のようなものである．複雑な世の中の経済現象を理解するにあたり，その複雑さを写実的に描写することが理解を助けるならば，そうすべきである．しかし，経済現象を細部に至るまで全て記述することは縮尺 1/1 の地図を作ろうとすることに等しくはないだろうか．確かに 2 財の場合を考えることは現実とはかけ離れているほど単純かもしれない．しかし単純であるからこそ詳細な考察が可能になり，その結果得られた知見が，n 財 ($n \geq 2$) の場合に拡張が可能であるならば，むしろこちらの方が考え方として大きな成果を得ることが期待できるであろう[1]．このような理由から，次章以降の考察では主として 2 財の場合に焦点をあてる．

　考察対象となる 2 つの財を財 1，財 2 と呼ぶことにし，その量をそれぞれ x_1，x_2 と表す．同じように，これらの価格を p_1，p_2 と表すことにする．消費者の予算は wealth の頭文字をとって w で表すことにする[2]．このとき，消費

---

1) 経済学の理論の多くは写実的なものというよりは，カリカチュアのように現実をデフォルメしたものである．良い理論とは，必ずしも写実的に現実を描写するのではなく，デフォルメされた部分が経済現象の特徴とそのメカニズムをよく捉えられているために，誰が見ても一目瞭然なものである．

2) 経済学では，例えば生産者の理論では賃金を wage の頭文字をとって w で表したり，均衡の理論では welfare の頭文字をとって社会厚生を W で表したりするので，その都度確認することが求められる．

者は自らの全財産を把握した上で，財の購入に費やしても構わないと考える額の上限が w であると解釈する．つまり，我々が考察を行うのは，消費者が予算 w を決めた後の消費行動についてであり，消費者が全財産をどのように管理して w が決まったかという点は考察の対象に含めない．このことは後述することになる．

以上から，消費者の予算は，

$$p_1 x_1 + p_2 x_2 \leq w$$

である．この式は**予算制約式 (budget constraint)** と呼ばれる．左辺は各財への支出の総額，右辺は予算を表す．支出の総額が予算を超えることはできないので不等式となる．財の価格は通常，個別の消費者が影響を及ぼすことはできないから所与と考える．消費者は予算が許す範囲で，各財を好みに合わせて購入することができる．逆に，予算と各財の価格が決まっていれば，消費者が購入することができる消費計画も定まる．これを予算集合という．

> **定義 1.** 予算集合 (budget set)
>
> 予算と財の価格が与えられたとき，消費者が購入可能な消費計画の集合を予算集合 (budget set) という．2 財の場合は，予算集合 B は以下のように書くことができる
>
> $$B \equiv \{(x_1, x_2) \mid p_1 x_1 + p_2 x_2 \leq w\}.$$

2 財の場合の予算集合は図 1.3 のようになる．予算制約式は不等式なので，予算集合は図 1.3 のアミ掛けの箇所の全ての点の集合である．また，予算制約式を等式で満たす全ての点の集合のグラフは**予算線 (budget line)** と呼ばれる．予算線も図 1.3 に描かれているとおりである．

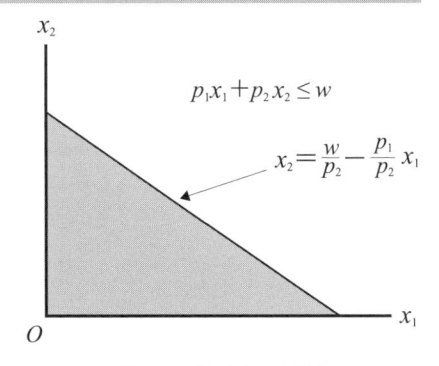

図 **1.3** 予算集合と予算線

1.1.3　消費者の「好み」

　最後に，消費者の「好み」について明確にする．「蓼食う虫も好き好き」という言葉もあるように，異なる消費者の「好み」は様々で，それらを統一的に説明することは困難であるが，幸いにもこれは本来の目的でもない．なぜなら，経済学では異なる「好み」に共通すると考えられる特性を抽出し，これをもとに考察を行うからである．しかしながら，消費者の「好み」に考察を可能にする枠組みを与える作業は十分に複雑で，これまでに紹介した消費集合，予算集合，並びに予算線の概念よりも多くの考察を要する[3]．

　先ず，「好み」を明確にするにあたり，この言葉を**選好 (preference)** という言葉にかえる．消費者がある財を「好む」ことを，経済学では「選好する」という．以下に，異なる消費者の選好について考察する際の前提として採用される公理♠を紹介する．

> **公理1.**　合理的選択の公理 (axiom of rational choice)
> 　消費者は予算の範囲で購入可能な複数の消費計画が与えられたなら，その中から最も選好するものを選択する．

　換言すると，消費者は選好しない消費計画は選択しないということである．また，ある消費者が選択した消費計画が第三者によって観察されたならば，その消費計画はこの消費者が最も選好するものであるという推論を可能にすることでもある．

　複数の消費計画に直面している消費者が，それらの中から最も好ましいものを選択できるのは，消費者が複数の消費計画を好ましい順に並べ替えることができるからであろう．このことについてさらに詳しく考察する．

　消費集合 $X \subset \mathbb{R}^L_+$ に直面している消費者は，X に含まれる任意の 2 つの消費

---

3)　本節の考察は，消費者の「好み」に基づく行動を，どのようにして，またどのような数学的枠組みの中で考察できるか，検討するものであり，一般から抽象への大きなステップである．初読では全てを理解することよりも，概念を大まかに把握することを心がけ，必要に応じて読み返すことが，理解への近道だと思う．

計画 $\mathbf{x}^a$, $\mathbf{x}^b$ が与えられたならば，そのどちらか一方を，もう一方よりも好ましいと考えるか，あるいは双方を同程度に好ましいと判断できるはずである．X に含まれる全ての消費計画について，このように二者択一を必要なだけ繰り返していけば，消費者が最も好ましいと判断する消費計画がいつか明らかになるのではないだろうか[4)]．消費者の二者択一を二項関係◆として捉える．

定義2. 選好関係 (preference relation)

消費集合 $X \subset \mathbb{R}^L_+$ に含まれる任意の消費計画 $\mathbf{x}^a$, $\mathbf{x}^b$ について，消費者が $\mathbf{x}^a$ を $\mathbf{x}^b$ と比べて，少なくとも同程度か，それ以上選好する ($\mathbf{x}^a$ is at least as good as $\mathbf{x}^b$) という二項関係を，$\mathbf{x}^a \succeq \mathbf{x}^b$ と記述する．また，消費者が $\mathbf{x}^a$ を $\mathbf{x}^b$ と比べて，たかだか同程度か，それよりも少なく選好する ($\mathbf{x}^a$ is at most as good as $\mathbf{x}^b$) という二項関係を $\mathbf{x}^a \preceq \mathbf{x}^b$ と記述する．なお，二項関係 $\succeq$ と $\preceq$ はお互いの逆関係◆であり，$\mathbf{x}^a \succeq \mathbf{x}^b$ と $\mathbf{x}^b \preceq \mathbf{x}^a$ は同義である．これらの二項関係を選好関係 (preference relation) という．

実数の特徴を紹介した際，大小関係が順序の公理を満たすことも紹介した◆が，ここでは消費者の選好関係に成り立つ順序関係について紹介する．先ず，消費者が最も選好する消費計画を特定することを捉えるために，選好関係について以下が成り立つことを前提とする．

公理2. 完備性 (completeness)

任意の消費計画 $\mathbf{x}^a, \mathbf{x}^b \in X$ について，$\mathbf{x}^a \preceq \mathbf{x}^b$ または $\mathbf{x}^b \preceq \mathbf{x}^a$ の少なくとも一方が必ず成り立つ．

完備性から新たに以下の 2 つを導くことができる．

---

4) もちろん，現実がそうであるように，選択肢の数が有限ならば，二者択一が繰り返されることで最も選好される消費計画が，必ずしも一つとは限らないが，特定される．けれども，消費集合を $X \subset \mathbb{R}^L_+$ とした場合，選択肢の数は有限ではないので，最も選好される消費計画が特定されるためには，予算並びに選好関係について，もう少し具体的な前提が必要となる．本文ではこのことを踏まえて考察を続ける．

定義 3.

選好関係の完備性について，

- $x^a \preceq x^b$ かつ $x^b \preceq x^a$ ならば x^a と x^b は**無差別 (indifferent)** であるといい，$x^a \sim x^b$ と記述する．
- $x^b \succeq x^a$ であり $x^a \succeq x^b$ でないならば，x^b は x^a よりも強く選好される (x^b is strictly preferred to x^a) といい，$x^b \succ x^a$ と記述する．また，$x^b \succ x^a$ を $x^a \prec x^b$ と記述してもよいことにする．

無差別とは，順序関係の同値性*に他ならないが，選好関係は消費者の選好 (preference) を表すのであって，同値 (equivalent) という言葉よりは indifferent という言葉の訳として経済学では無差別という言葉を用いる．

任意の 2 つの選択肢に直面したとき，これらについての消費者の選好は，どちらか一方をより選好するか，あるいは双方を同程度選好するか，という可能性しかない[5]．完備性の公理が成り立つときは，これらの可能性のうちの一つが必ず認識される．換言すると，完備性の公理が成り立たない場合というのは，消費者が二者択一の判断そのものを行わない場合である．その場合は需要も決定せず，消費者の理論が考察の対象とする経済現象も生じないことになる[6]．

次に，消費者の選好について演繹を可能にする前提を設ける．

公理 3.　推移性 (transitivity)

任意の消費計画 $x^a, x^b, x^c \in X$ について，$x^a \preceq x^b$ かつ $x^b \preceq x^c$ ならば $x^a \preceq x^c$ である．

この公理によって，例えばある消費者がコーヒー 1 杯よりも紅茶 1 杯を選好し，紅茶 1 杯よりも緑茶 1 杯を選好するならば，この消費者はコーヒー 1 杯

---

5)　双方を同程度選好しない，という場合は負の選好の度合いが同程度ということになる．
6)　近年の研究では選好関係が完備性を満たさなくとも，消費者の理論は致命的な影響を受けるわけではないことが明らかになっているが，本書では完備性が成り立つことを前提とする．

よりも緑茶 1 杯を選好するであろうという推論が正しいことになる．消費者の理論では，上記 2 つの公理が満たされる消費者の選好を合理的選好と呼ぶ．

> **定義 4.** 合理的選好 (rational preference)
> 　消費者の選好関係が完備性と推移性を満たすとき，消費者の選好は合理的である，または，消費者は合理的選好を持つという．

　さて，消費者の理論の構築に際して完備性と推移性は重要な役割を果たすが，当然のことながらこれらが消費者の行動を制約するものではない．消費者の理論とは，合理的な選好を持つ消費者の消費行動についての知見である．それらが現実に観察される需要や消費行動をどの程度説明できるかを吟味し，必要であれば前提を見直したり，新たな前提を設けて再度考察し，理論の精度を高めていくこともまた消費者の理論の目的である[7]．合理的選好を持つ消費者が任意の消費計画の集合，つまり複数の選択肢に直面したとき，完備性によって最も選好する消費計画が定まることが約束され[8]，推移性は選好の順序の整合性を担保する．

■選好関係の表現

　これまでの考察から，複数の消費計画に直面している消費者が，その中から最も好ましいものを選好できるのは，消費者が複数の消費計画を好ましい順に並べられることによる，という考えを，このことについて解析的に考察することを可能にする枠組みの中で捉え直すことができる．つまり，複数の消費計画を消費集合として捉え，消費者が複数の消費計画を好ましい順に並べられるということを，消費集合上に，合理的選好関係による選好の順序が定まっていると捉えるのである．順序が定まっている，ということは，例えば初売りや新製品の発売日に，開店前の店先に行列ができた際，店側が近隣迷惑を避けるため，そして列をなして待つお客さんのために店の名前が入っている整理券を配布することに似ている[9]．整理券を受け取った人たちは開店

---

7) これらはより上級のミクロならびにマクロ経済で紹介される．
8) なお，最も選好する消費計画は唯一である必要はない．
9) 整理券にはお店の名前が記されており，他の行列の整列番号と混同することはない．

時間まで列を維持せずとも，開店時間前に戻って来れば，整理券に従って，並んだ順番どおりに列を再現できる．選好関係も整理券と同様に，消費者の選択肢について順序を定め，選好順序を保存する．考え方は同じであるが，選好順序の場合，一般的な整理券とは逆に，最も選好する消費計画に大きい整理番号を付す．例えば消費集合 $X \equiv \{$コーヒー 1 杯，紅茶 1 杯，緑茶 1 杯$\}$ に直面する消費者の選好順序がコーヒー 1 杯 $<$ 紅茶 1 杯 $<$ 緑茶 1 杯であるとき，コーヒー 1 杯に 1，紅茶 1 杯に 2，そして緑茶 1 杯に 3 という数を対応させると，コーヒー 1 杯 $<$ 紅茶 1 杯という選好関係は $1 < 2$ という大小関係の順序によって保存される．つまり，$1 < 2$ という大小関係からコーヒー 1 杯 $<$ 紅茶 1 杯という選好関係を再現することができる．もちろん，整理券に店の名前が入っていることで対象となる行列が特定されるように，1，2，3 という数字がどの消費集合のどの消費計画に対応するか，常に明確にしておかなければ選好順序は保存できない．これらのことを以下のように定める．

> **定義 5.**　効用表現 (utility representation)
>
> 　消費集合 $X \subset \mathbb{R}^l_+$ 上に選好関係が定まっており，以下を満たす関数 u が存在するとき，u は X 上でこの選好関係を表現 (represent) するという
>
> $$u : X \to \mathbb{R} \quad \text{s.t.} \quad \forall\, \mathbf{x}^a, \mathbf{x}^b \in X \quad u(\mathbf{x}^a) \leq u(\mathbf{x}^b) \quad \text{iff} \quad \mathbf{x}^a \preceq \mathbf{x}^b. \qquad (1.1)$$
>
> 　また，u が存在するとき，この選好関係は表現可能 (representable) であるといい，u を効用関数 (utility function) と呼ぶ．

(1.1) を，用いられている記号の意味を紹介しながら説明する．

- $u : X \to \mathbb{R}$ は s.t. (such that) 以下の条件を満たす写像である．つまり，関数 u は s.t. 以下の条件を満たすように，X に含まれる全ての消費計画に実数値を対応させる．
- 記号 $\forall$ は for all，あるいは for any の意味で用いられ，「全ての」，とか，「任意の」，あるいは，「如何なる」，などと読まれる．従って，
- $\forall\, \mathbf{x}^a, \mathbf{x}^b \in X$ は，X に含まれる任意の消費計画 $\mathbf{x}^a$，$\mathbf{x}^b$ について，という意味であり，

- もし $\mathbf{x}^a \preceq \mathbf{x}^b$ であれば，そのときに限り，$u(\mathbf{x}^a) \leq u(\mathbf{x}^b)$ となる．
- iff は if and only if を意味し，$\Longleftrightarrow$ という記号も同じ意味を持つ．$u(\mathbf{x}^a) \leq u(\mathbf{x}^b) \Longleftrightarrow \mathbf{x}^a \preceq \mathbf{x}^b$ と書いてもよい．

以上をまとめると，(1.1) が意味するところは以下のようになる．効用関数 u は選好関係が定まっている消費集合 X から実数 $\mathbb{R}$ への写像であり，u は X に含まれる消費計画 $\mathbf{x}^a$，$\mathbf{x}^b$ について，消費者の選好順序が $\mathbf{x}^a \preceq \mathbf{x}^b$ であれば，そのときに限り $u(\mathbf{x}^a) \leq u(\mathbf{x}^b)$ が成り立つように，実数値を対応させる．

繰り返しになる部分もあることを気にせずに補足すると，消費集合 $X \subset \mathbb{R}_+^L$ というのは，L 個の財があるとき，各財の個数を表す順序対の集合*である．従って，財の種類は予め定まっており，$L = 2$ の場合は 2 財の場合を想定している．集合 $X \subset \mathbb{R}_+^2$ は第 I 象限の点の集合であるが，X に含まれる各点は財 1 と財 2 の量を表す順序対として，個別の消費計画を表す．(1.1) 式は，u が個別の消費計画に実数値を対応させる関数であること，そして u によって個別の消費計画に対応付けられた実数値の大小関係は，消費者の選好順序を保存することを意味する[10]．イメージとしては，消費者の選好に実数値の整理番号を付して，選好の順序を保存するものが効用関数である．

例えば，図 1.1 に描かれている 7 つの点を消費集合 X とする．この集合上に合理的選好関係が定まっているということは，7 つの点の中から任意にどの 2 つの消費計画を選んだとしても，推移性を満たすように選好関係が定まっていることである．このとき，関数 u がこの選好関係を表現するとは次のことを意味する．いま，任意の 2 つの消費計画：$\mathbf{x}^a = \left(x_1^a, x_2^a\right)$，$\mathbf{x}^c = \left(x_1^c, x_2^c\right)$ について，$\mathbf{x}^a \preceq \mathbf{x}^c$ という選好関係が成り立っているものとする．このとき，そしてこのときに限り，$u\left(x_1^a, x_2^a\right) \leq u\left(x_1^c, x_2^c\right)$ という不等式が成り立つ．$u\left(x_1^a, x_2^a\right)$，$u\left(x_1^c, x_2^c\right)$ は二変数関数なので，例えば，$u\left(x_1^a, x_2^a\right) = 2$，$u\left(x_1^c, x_2^c\right) = 3$ という値を持つかもしれないし，$u\left(x_1^a, x_2^a\right) = -4$，$u\left(x_1^c, x_2^c\right) = 0$ という値を持つかもしれない．効用関数は，実数の大小関係によって選好関係を保存すればよく，どのような実数値であるかは問題にならない．このことについては序数的効用の概念として後述することになる．

---

10) 従って，効用関数の値から選好関係を再現することができる．

　さて，選好関係を用いれば消費者の選好の順序を過不足なく記述できるの
に，わざわざ効用関数を考案するのはなぜだろうか．任意の消費集合 X に含
まれる消費計画の中から，消費者が最も選好するものを特定しようとすると
き，選好関係を用いてこれを行うとすれば，字義どおり全ての消費計画につ
いて二者択一を繰り返す必要がある．他方，同じことを，選好の順序が関数
値の大小関係によって再現される効用関数を用いて行うとすれば，効用関数
の最大値，あるいは極大値を求めればよい．とりわけ，効用関数が連続性を
満たすならば，極大値を求める作業によって，我々は二者択一の作業を全て
の組み合わせについて行うという煩雑な作業から解放される．加えて，あと
で明らかになるように，極値を導出する計算の過程で，我々は消費行動に関
する様々な知見を見出すことになる[11]．経済学で効用関数が用いられるのは
この理由による[12]．

　もちろん，考察が容易になるからという都合のみで，選好関係が連続関数
により表現可能であることを前提にすることはできない．以下に紹介する命
題は，この意味で消費者の理論の根幹を支える．

命題 1.　効用表現 (utility representation)
　消費集合 $X \subset \mathbb{R}^4_+$ 上に定まっている合理的選好関係が連続性を満たすな
らば，この選好関係は連続関数によって表現可能である．

　選好関係の連続性とは，完備性や推移性と同様に，消費者の理論の構築に
おいて公理として採用されるものである．連続性の公理の定義を紹介するた
めには，本節の目的である，消費者の選好を明確にするための考察をもう少
し続ける必要がある．具体的には，選好関係の単調性と凸性についての公理

---

11)　実質的には，効用関数が連続かつ微分可能であることが，より直接的に考察を助け
　　る．
12)　連続性を採用することによって，微分積分学で用いられる数学的手法を適用するこ
　　とができ，このことによって多くの重要な知見を得るに至ったのは経済学のみではな
　　い．むしろ物理や化学あるいは工学の分野で，現実には連続ではない現象を考察する際
　　にも連続性の仮定を設けて分析したところ，大きな成果が得られたという実績から，こ
　　の前提が経済学にも適用されたようである．この点はフォン・ノイマン，モルゲンシュ
　　テルン（著）『ゲームの理論と経済行動』（全 3 巻，ちくま学芸文庫，2009 年）にも指
　　摘されている．

を新たに紹介することになる．

　消費集合 X 上に選好関係が定まっているとき，完備性により，任意の消費計画 $\mathbf{x}^a \in X$ とこれ以外の全ての消費計画の間には選好関係が成り立つ．具体的には，$\mathbf{x}^a$ を基準とした以下の 3 つの集合を考えることができる．

定義 6.

選好関係が定まっている消費集合 $X \subset \mathbb{R}^L_+$ に含まれる任意の消費計画 $\mathbf{x}^a$ を基準として，以下を定義する．

- 上方等位線集合 (upper contour set)

  $\mathbf{x}^a$ と少なくとも同等か，あるいはそれ以上に選好される消費計画の集合

$$U^a \equiv \{\mathbf{x} \mid \mathbf{x} \succeq \mathbf{x}^a,\ \mathbf{x} \in X\}.$$

- 無差別集合 (indifference set)

  $\mathbf{x}^a$ と同等に選好される消費計画の集合

$$I^a \equiv \{\mathbf{x} \mid \mathbf{x} \sim \mathbf{x}^a,\ \mathbf{x} \in X\}.$$

- 下方等位線集合 (lower contour set)

  $\mathbf{x}^a$ とたかだか同程度，あるいはそれよりも少なく選好される消費計画の集合

$$L^a \equiv \{\mathbf{x} \mid \mathbf{x} \preceq \mathbf{x}^a,\ \mathbf{x} \in X\}.$$

　上方等位線集合と下方等位線集合は数学の概念である●．また，等位線●は無差別集合のグラフである．

　具体的に，図 1.1 に描かれている消費集合 X について，$\mathbf{x}^c \equiv (x^c_1, x^c_2)$ を基準にしたとき，他の消費計画が，上で紹介した 3 つの集合のうち，どの集合に属すかについて，どのように考えればよいであろうか．このことについて，次のような前提を設ける．

> **公理 4.**　単調性 (monotonicity)
>
> 任意の消費計画 $\mathbf{x^a}, \mathbf{x^b} \in X \subset \mathbb{R}_+^L$ について,
>
> - 単調性 (monotonicity)
> $x_i^a < x_i^b$　$\forall i = 1, \ldots, L$ ならば,　$\mathbf{x^a} \prec \mathbf{x^b}$.
> - 強い単調性 (strong monotonicity)
> $x_i^a \leq x_i^b$　$\forall i = 1, \ldots, L$ かつ $\mathbf{x^a} \neq \mathbf{x^b}$ ならば $\mathbf{x^a} \prec \mathbf{x^b}$.

　図 1.1 に描かれる 2 財の場合をもとに, 単調性の公理の意味することを考える. $\mathbf{x^a} \equiv \left(x_1^a, x_2^a\right)$, $\mathbf{x^b} \equiv \left(x_1^b, x_2^b\right)$ について, 単調性の公理は, 財の量に $x_1^a < x_1^b$ かつ, $x_2^a < x_2^b$ という不等式が成り立つとき, $\mathbf{x^a} \prec \mathbf{x^b}$ という選好関係が成り立つことを意味する. 同様に, 強い単調性は, 財の量に $x_1^a \leq x_1^b$ かつ $x_2^a < x_2^b$ という不等式が成り立つとき, あるいは $x_1^a < x_1^b$ かつ $x_1^a \leq x_2^b$ という不等式が成り立つとき $\mathbf{x^a} \prec \mathbf{x^b}$ という選好関係が成り立つことを意味する.

　単調性は, 比較する 2 つの消費計画について, 全ての財の量が多い消費計画がより選好されることを意味する. 他方, 強い単調性は 2 つの消費計画について, 一つの財でも量が多ければ, 他の財の量が同じであったとしても, 少なくなければ, その消費計画がより選好されることを意味する. 単調性も強い単調性も, 消費者は財をより多く消費できることを選好することを意味する. 単調性の公理を採用すると, 図 1.1 に描かれているように, 任意に $\mathbf{x^c}$ を基準としたとき, 他の消費計画がどの集合に属すかある程度の判別が可能となる. 消費計画 $\mathbf{x^f}$, $\mathbf{x^g}$, $\mathbf{x^h}$ は $\mathbf{x^c}$ と比べて両方の財ともに量が多いので, 上方等位線集合に属する. 反対に $\mathbf{x^a}$ は $\mathbf{x^c}$ と比べて両方の財の量が少ないので下方等位線集合に属する. では $\mathbf{x^e}$ と $\mathbf{x^d}$ は $\mathbf{x^c}$ と同程度選好される無差別集合に属すと考えてもよいだろうか.

　$\mathbf{x^c}$ と $\mathbf{x^e}$ について考える. 完備性から (1) $\mathbf{x^c} \prec \mathbf{x^e}$, (2) $\mathbf{x^e} \prec \mathbf{x^c}$ または (3) $\mathbf{x^c} \sim \mathbf{x^e}$ の可能性のうちただ一つだけが正しいことになる. けれども, $\mathbf{x^c} = \left(x_1^c, x_2^c\right)$ と $\mathbf{x^e} = \left(x_1^e, x_2^e\right)$ について, $x_1^e < x_1^c$ かつ $x_2^c < x_2^e$ であるので, 単調性の公理をもとに選好関係を定めることができない.

考察をすすめるために，より具体的な例を用いる．財 1 をリンゴ，財 2 をオレンジとし，$\mathbf{x}^c = (2,2)$，$\mathbf{x}^e = (1,4)$ とする．消費者はこれらを自由に選ぶことができるとする．いま，消費者がリンゴとオレンジを各 2 個持っている ($\mathbf{x}^c$) とき，リンゴ 1 個と引き換えにオレンジ 2 個得られるとしたら ($\mathbf{x}^e$) 彼女または彼はこの交換をす

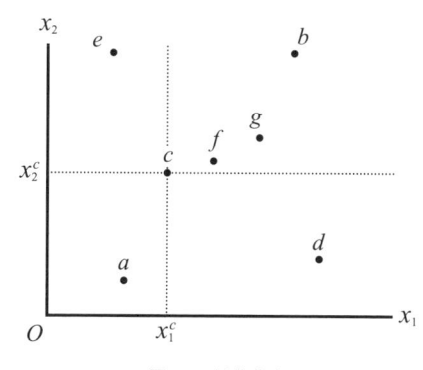

図 1.4 消費集合

るだろうか．もちろん，リンゴ 1 つを失うことは選好されないが，代わりにオレンジを得ることができるならば，得られるオレンジの数によっては，その方が好ましいかもしれないし，そうではないかもしれない．もし仮に，この消費者が先の交換を行わないとすれば，合理的選択の公理より，我々は $\mathbf{x}^e \prec \mathbf{x}^c$ を帰結する．他方，もしこの交換が行われるとすれば，合理的選択の公理により，我々は $\mathbf{x}^c \preceq \mathbf{x}^e$ を帰結できる．加えて，もし仮にこの交換がなされた後 ($\mathbf{x}^e$) で，再び $\mathbf{x}^c$ となるような交換を，この消費者が行ってもよいとするならば，我々は $\mathbf{x}^e \preceq \mathbf{x}^c$ を帰結できるので，$\mathbf{x}^c \sim \mathbf{x}^e$，つまり消費者の選好は $\mathbf{x}^c$，$\mathbf{x}^e$ について無差別であることを帰結する．同じ考え方により，もし仮に消費者が $\mathbf{x}^c$ から $\mathbf{x}^e$ となる交換を容認し，$\mathbf{x}^e$ から $\mathbf{x}^c$ への交換を容認しないならば，$\mathbf{x}^c \prec \mathbf{x}^e$ を帰結する．この考え方は $\mathbf{x}^c$ と $\mathbf{x}^d$ にも該当する．

以上のことから，$\mathbf{x}^c$ を基準としたとき，$\mathbf{x}^e$ と $\mathbf{x}^d$ は上方等位線集合，無差別集合，あるいは下方等位線集合のどれにでも属する可能性がある．この可能性を絞り込むための前提を紹介する．

■選好関係の凸性

概念を理解するために，まず選好関係の強い凸性について紹介する．前節の終わりでは，図 1.4 に描かれている消費計画について，$\mathbf{x}^c \sim \mathbf{x}^e$ が成り立つ可能性について言及した．同じように，図 1.5 の左図に描かれている消費計画 $\mathbf{x}^a$，$\mathbf{x}^b$ は同等に選好されているものとする ($\mathbf{x}^a \sim \mathbf{x}^b$)．いま，新たに消費計

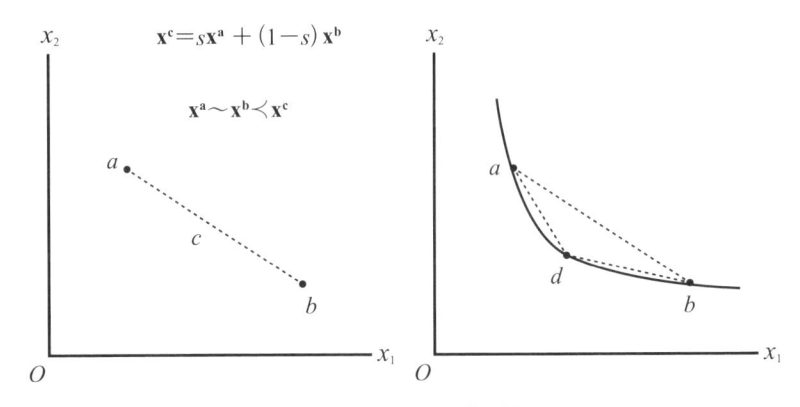

図 **1.5**　選好関係の狭義凸性

画 $\mathbf{x}^c = s\mathbf{x}^a + (1-s)\mathbf{x}^b$, つまり $\mathbf{x}^a$ と $\mathbf{x}^b$ の凸結合 $\mathbf{x}^c$ を考える[13]. $s \in (0,1)$ の値を適切に選ぶことで $\mathbf{x}^c$ は線分 ab 上の任意の点を表す. 以下に紹介する強い凸性 (strong convexity) の考え方は, 同等に選好される 2 つの消費計画 $\mathbf{x}^a$, $\mathbf{x}^b$ の凸結合 $\mathbf{x}^c$ は, $\mathbf{x}^a$, $\mathbf{x}^b$ よりも選好される ($\mathbf{x}^a \sim \mathbf{x}^b \prec \mathbf{x}^c$) というものである.

公理5.　強い凸性 (strong convexity)

　消費集合 X 上に選好関係が定まっているとする. X に含まれる任意の消費計画 $\mathbf{x}^a$, $\mathbf{x}^b$ および, $\mathbf{x}^c \equiv s\mathbf{x}^a + (1-s)\mathbf{x}^b$　$\forall s \in (0,1)$ について,

$$\mathbf{x}^a \sim \mathbf{x}^b \Rightarrow \mathbf{x}^i \prec \mathbf{x}^c, \quad i = a, b.$$

　換言すると, $\mathbf{x}^a$ と $\mathbf{x}^b$ が同一の無差別集合に属するとき, それらの凸結合 $\mathbf{x}^c$ は $\mathbf{x}^a$, $\mathbf{x}^b$ よりも強く選好され, $\mathbf{x}^a$, $\mathbf{x}^b$ を基準とした上方等位線集合に属する. このことから, $\mathbf{x}^a$, $\mathbf{x}^b$ を含む無差別集合に属する他の消費計画は, 線分 ab の左下方向にあることも帰結される. 例えば, 図 1.5 右図の $\mathbf{x}^d$ はこの条件を満たす. いま, $\mathbf{x}^a$ と $\mathbf{x}^d$ も無差別であるならば, これらの凸結合, つまり線分 ad 上の, a, d を除く全ての消費計画も, やはり $\mathbf{x}^a$ 並びに $\mathbf{x}^d$ よりも選好されることになる. 同じことは $\mathbf{x}^b$ と $\mathbf{x}^d$ についても成り立つ. 以上の考え方により, 選好関係が強い凸性を満たすならば, 無差別集合のグラフは図 1.5 右図

---

13)　消費計画の凸性の前提により, $\mathbf{x}^c$ は X に含まれる.

に描かれている曲線になる．財の数が 2 つの場合の無差別集合のグラフを**無差別曲線 (indifference curve)** という[14]．この図から，選好関係が強い凸性を満たすとき，上方等位線集合が狭義凸性 (p.5) を満たすことも分かる．選好関係の狭義凸性は，以下のように定義される．

公理 6. 狭義凸性 (strict convexity)

　消費集合 X 上に選好関係が定まっているとする．任意の消費計画 $\mathbf{x}^a \in X$ について，これを基準とした上方等位線集合が狭義凸集合であるとき，この選好関係は狭義凸性を満たすという．これは，ある消費計画 $\mathbf{x}^a$ について，これと同程度かそれ以上選好される，2 つの異なる消費計画 $\mathbf{x}^b$, $\mathbf{x}^c$ による凸結合は，$\mathbf{x}^a$ よりも強く選好されること，すなわち，以下が成り立つことを意味する

$$\mathbf{x}^a, \mathbf{x}^b, \mathbf{x}^c \in X, \quad \mathbf{x}^a \preceq \mathbf{x}^b, \mathbf{x}^a \preceq \mathbf{x}^c, \mathbf{x}^b \neq \mathbf{x}^c \Rightarrow \mathbf{x}^a \prec s\mathbf{x}^b + (1-s)\mathbf{x}^c \quad s \in (0,1).$$

選好関係の凸性も同様に定義される．

公理 7. 凸性 (convexity)

　消費集合 X 上に選好関係が定まっているとする．任意の消費計画 $\mathbf{x}^a \in X$ について，これを基準とした上方等位線集合が凸集合であるとき，この選好関係は凸性を満たすという．これは，ある消費計画 $\mathbf{x}^a \in X$ について，これと同程度かそれ以上選好される，2 つの消費計画 $\mathbf{x}^b$, $\mathbf{x}^c$ による凸結合は，$\mathbf{x}^a$ と同程度か，それ以上選好されること，すなわち，以下が成り立つことを意味する

$$\mathbf{x}^a, \mathbf{x}^b, \mathbf{x}^c \in X, \quad \mathbf{x}^a \preceq \mathbf{x}^b, \mathbf{x}^a \preceq \mathbf{x}^c \Rightarrow \mathbf{x}^a \preceq s\mathbf{x}^b + (1-s)\mathbf{x}^c \quad s \in [0,1].$$

図 1.6 左に描かれているように，選好関係が狭義凸性を満たすならば，上方等位線集合は狭義凸集合であり，直線部分を持たない．これに対して，図 1.6 右に描かれているように，選好関係が凸性を満たすならば，上方等位線集

---

14)　財の数が 3 つの場合は無差別曲面となる．

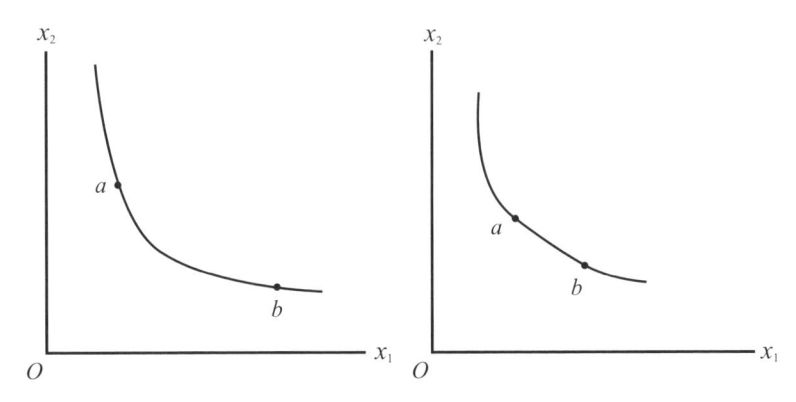

図 **1.6**　上方等位線集合の狭義凸性（左）と凸性（右）

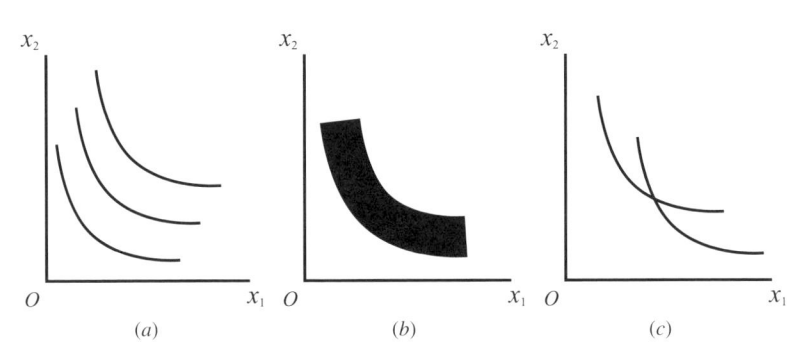

図 **1.7**　無差別曲線の特性．(b) は強い単調性を満たさず，(c) は推移性を満たさない．

合は凸集合であり，直線部分を持つ場合もある．本書では，特に断らない限り，選好関係は狭義凸性を満たすものとして考察する．

　選好関係の凸性の概念と定義は以上のとおりであるが，この公理は消費者の選好について次のような意味を持つ．すなわち，**消費者は 2 つの財を消費するとき，どちらか一方の財のみをたくさん消費することよりも，量はそれ程多くなくとも，両方の財を消費することをより選好する**．このことについては，限界代替率逓減の法則として再度言及することになる．

　無差別曲線を描くにあたり留意すべき点を幾つか挙げておく．

(a) 図 1.7(a)：無差別曲線は無数に描くことができ，**一般に**グラフを見て右
　　上方向にあるもの程より選好される消費計画の無差別集合である．この

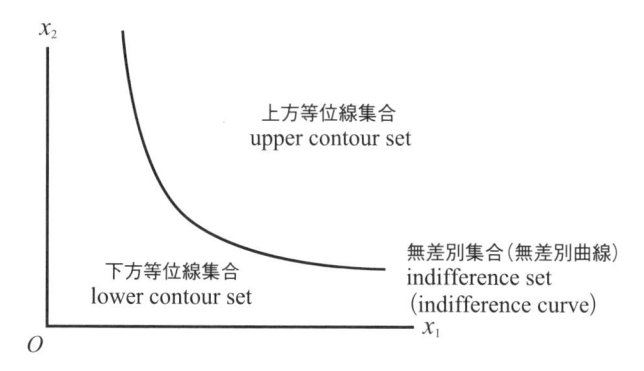

図 **1.8** 無差別曲線

特性は単調性による.

(b) 図 1.7 (b)：2 財の場合に，選好関係が強い単調性を満たすとき，無差別曲線は線，つまり幅を持たない点の集まりとして描かれる．特に断らない限り，本書では幅を持たない無差別曲線を想定する．なお，3 財の場合は曲面として描かれるが，同じ理由から厚さを持たない.

(c) 図 1.7 (c)：無差別曲線は無数に存在するが，選好関係が推移性を満たすとき，無差別曲線は交わらない．もちろん，異なる選好関係を表す無差別曲線が交わることは構わない.

命題 1 の条件であり，これまで留保してきた，選好関係の連続性の公理を紹介する.

公理8. 連続性 (continuity)

消費集合 $X \subset \mathbb{R}_+^l$ 上に選好関係が定まっており，任意の消費計画 $\mathbf{x} \in X$ について，これを基準とする上方等位線集合が閉集合◆であるとき，この選好関係は上半連続 (upper semi continuous) であるという．同様に，任意の消費計画 $\mathbf{x} \in X$ について，これを基準とする下方等位線集合が閉集合であるとき，この選好関係は下半連続 (lower semi continuous) であるという．そして選好関係が上半連続かつ下半連続であるとき，この選好関係は連続 (continuous) であるという.

21

連続性の公理が意味するのは，要するに**選好関係が連続性を満たすならば，無差別曲線は選好の順序を飛ばして描かれることや，順序が逆に描かれることはない**ということである[15].

命題 1 (p.14) により，連続性を満たす選好関係は連続関数によって表現されることが保証される．連続性を満たす選好関係は，順序が飛ばされることも逆になることもないわけだから，効用関数の値も同じように振舞う．このことを図 1.9 とともに考察する．図 1.9 は図 1.4 の各点について無差別曲線を描いたものである．描かれているように，選好関係は，

$$\mathbf{x}^a \prec \mathbf{x}^d \prec \mathbf{x}^c \sim \mathbf{x}^e \prec \mathbf{x}^f \prec \mathbf{x}^g \prec \mathbf{x}^b \tag{1.2}$$

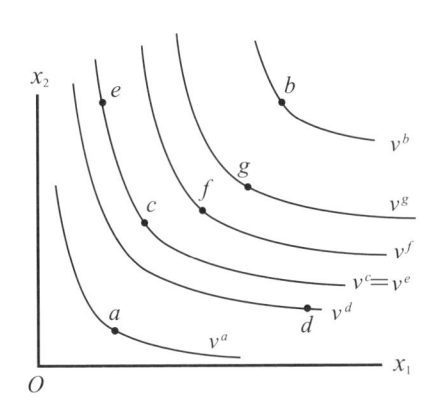

図 1.9　無差別曲線と効用関数値

である．各無差別曲線には対応して描かれている $v^i\, i = a, \ldots, g$ は，効用関数が与える実数値であり，例えば，$u\left(x_1^a, x_2^a\right) = v^a \in \mathbb{R}$ である．これらの大小関係が選好関係を保存 (preserve) する．選好関係を保存するとは，$v^i\, i = a, \ldots, g$ について，

$$v^a < v^d < v^c = v^e < v^f < v^g < v^b \tag{1.3}$$

という大小関係が成り立ち，(1.3)

---

15)　上方等位線集合とは，基準となる任意の消費計画 $\mathbf{x}$ が与えられているとき，$\mathbf{x}$ と少なくとも同等かそれ以上に選好される消費計画の集合であった．選好関係が上半連続であるとは，$\mathbf{x}$ を基準とした上方等位線集合には，$\mathbf{x}$ と無差別な消費計画の接触点 (adherent point)♠ を含め，$\mathbf{x}$ と同等かそれ以上選好される全ての消費計画が閉じ込められていることを意味する．比喩的な表現をするならば，無差別曲線上から（どれほど微小な距離でも）上方に離れた点は全て上方等位線集合に含まれるのである．下方等位線集合が閉集合であることも同様である．また，上方等位線集合には，$\mathbf{x}$ ほどは選好されず，下方等位線集合に含まれるべき消費計画は一切含まれない．同様に，下方等位線集合には上方等位線集合に含まれるべき消費計画は一切含まれない．ところで，無差別曲線は無数にあり，これを基準とする上方等位線集合と下方等位線集合も無数に定まり，これらは全て閉集合である．従って，選好関係が連続性を満たすならば，無差別曲線は選好の順序を飛ばして描かれることや，順序が逆に描かれることはない．

の大小関係から，(1.2) が表す選好順序を再現できるということである．

無差別曲線は等位線の経済用語であることは既に紹介した (p.15)．しかし，等圧線や等高線などの他の等位線とは異なり，**選好関係が連続性の公理を満たすなら，この選好関係によって定まる選好の順序には気圧の谷や断崖絶壁などに相当するものはなく，無差別曲線が表す値が，突如として大きく変わることはない．** これが連続性の意味することである[16]．

1.2 効用関数

本節では，効用関数を幾つか紹介する．効用関数とは具体的にはどのような関数であろうか．それは一つしか存在しないのであろうか，あるいは無数に存在するのであろうか．端的にいうと，効用関数は無数に，そして簡単に作ることができる．

■ Cobb-Douglas 型効用関数

先ず，効用関数としても用いられ，経済学の発展に多大な影響を及ぼしたと評価される関数を紹介する[17]．その関数は以下のようなものである

$$f(x_1, x_2) = x_1^\alpha x_2^{1-\alpha} \quad \alpha \in (0, 1).$$

16) 選好関係の連続性は，本文中で紹介している定義の他に，数列の収束を用いて定義することもできる．数学的理解という観点からは，前者については位相の概念を先に学んでいること，後者については数列の収束と関数の極限の関係とその周辺概念を学んでいることが望ましいが，それらは PDF ファイル（URL は vi ページ）でも紹介していないため，口語的な説明が直感的にも分かりやすいと思われる，前者を紹介することにした．これらの数学の概念を学ぶまでは，太字部分を了解すれば十分である．

17) 2011 年に経済学の学術誌の中で最も権威のあるものの一つである *American Economic Review* 誌が創刊 100 周年を記念して，過去 100 年間に掲載した論文のうち経済学の発展に最も大きな影響を与えたと考えられる 20 の論文を発表した (K. J. Arrow *et al.* "100 years of the american economic review：the top 20 articles." *American Economic Review*, 101(1)：1–8, 2011). この関数を最初に提唱した論文は，このうちの一つに数えられている．その論文は，C. W. Cobb and P. H. Douglas. "A theory of production." *American Economic Review*:139–165, 1928 である．タイトルが示唆するとおり，この関数はもともとはアメリカ経済の生産関数を推計するために用いられたが，本文中でも紹介するように，この関数の特性は消費者の理論で用いることにも適しているのである．

　経済学の教科書では大変よく用いられる関数であるが，経済学の外ではあまり用いられないかもしれない．なぜかというと，もともとこの関数はアメリカ経済の生産関数を推計する際に考案されたものだからである[18]．論文の二人の筆者の名前から，この関数は Cobb-Douglas 型関数と呼ばれる．生産関数として用いられたこの関数を消費者の理論でも用いるのは，この関数の数学的性質が，生産関数と効用関数に共通するものと考えられるからである．この関数による無差別曲線は図 1.9 のようになる．また，この関数は扱いが容易であり，実際に計算してみることが考察を助けるときに大変便利である．この関数を効用関数として扱う場合は，本書では f ではなく u つまり，

$$u(x_1, x_2) = x_1^\alpha x_2^{1-\alpha} \quad \alpha \in (0, 1) \tag{1.4}$$

と書く．

■ Leontief 型効用関数

　以下の関数は Leontief 型効用関数と呼ばれ，これもよく用いられる

$$u(x_1, x_2) = \min [ax_1, bx_2] \quad a, b > 0. \tag{1.5}$$

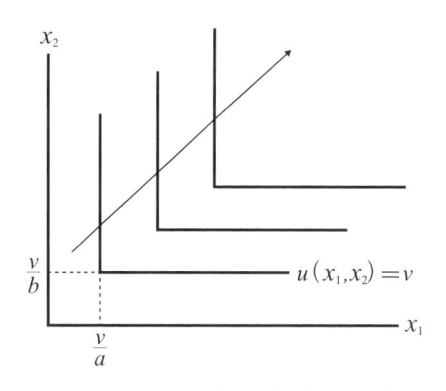

この関数は，x_1 と x_2 のうち，小さい方を関数値に定めるものである．例えば，$\min [2, 1] = 1$，$\min [3, 4] = 3$ となる．無差別曲線は図 1.10 のようになる．なお，矢印は効用関数の値が増加する方向を示している．描かれているように，Leontief 型効用関数の無差別曲線は，次に紹介する CES 型効用関数における $\rho \to \infty$ の場合と

図 1.10　Leontief 型効用関数の無差別曲線

同じ形状を持つ．Leontief 型効用関数が表現する選好関係には特徴がある．こ

---

18)　より具体的には，$f(x_1, x_2) = 1.01 x_1^{\frac{1}{4}} x_2^{\frac{3}{4}}$ であり，x_1 は資本投入量，x_2 は労働力投入量であった．

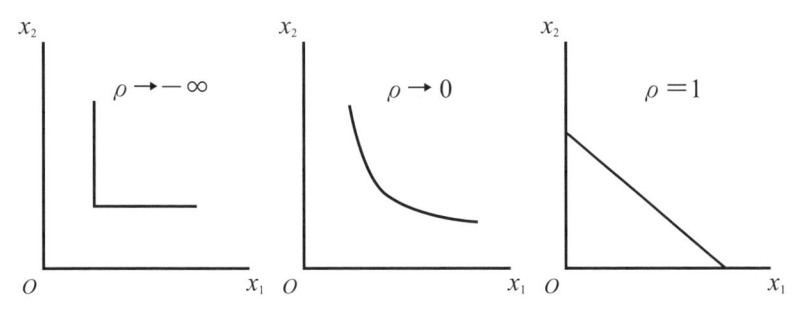

図 1.11 CES 型効用関数の無差別曲線

のことは無差別曲線の形状に現れているので，図 1.10 について考察する．描かれている点 $\left(\frac{v}{a}, \frac{v}{b}\right)$ は，$ax_1 = bx_2 = v$ を x_1 と x_2 について解くことで得られる．なぜなら，$u(x_1, x_2) = \min[ax_1, bx_2]$ であるから，例えば $ax_1 < bx_2$ の場合 $bx_2 - ax_1 > 0$ は，消費者の満足度になんら寄与せず，仮に $bx_2 - ax_1 > 0$ だけの財 2 を購入したとしても，予算の無駄遣いにしかならない．つまり予算を無駄遣いしない消費計画が $\left(\frac{v}{a}, \frac{v}{b}\right)$ であり，このとき $u\left(\frac{v}{a}, \frac{v}{b}\right) = v$ となる．なお，任意の $c > 0$ について，$u\left(\frac{v}{a} + c, \frac{v}{b}\right) = \min\left[\frac{v}{a} + c, \frac{v}{b}\right] = v$，$u\left(\frac{v}{a}, \frac{v}{b} + c\right) = \min\left[\frac{v}{a}, \frac{v}{b} + c\right] = v$ となることから，無差別曲線は図 1.10 のようになる．では，消費者が $ax_1 = bx_2$ となるように購入する財 1，財 2 は具体的にはどのようなものがあるだろうか．例えば万年筆とインクなどは，片方だけあっても役に立たない．あるいは，あるカクテルを作るときは必要なお酒類が適量揃っていなければ作れない．このような財はお互いを補完しあうという意味で**補完財 (complements)** と呼ばれる．

■ CES 型効用関数

以下の関数は CES 型効用関数と呼ばれる．

$$u(x_1, x_2) = \left(\alpha x_1^\rho + (1-\alpha) x_2^\rho\right)^{\frac{1}{\rho}} \quad 0 < \alpha < 1, \, \rho = 1 - \frac{1}{\sigma} \tag{1.6}$$

CES とは Constant Elasticity of Substitution の意味であり，代替の弾力性 (elasticity of substitution) が一定であるということである．代替の弾力性は (1.6) の σ のことであるが，その意味と導出は (1.6) を生産関数として扱う生産者

の理論で紹介する[19] (p.121)．さしあたり，CES 型関数は，ρ の値によって無差別曲線の形状が Leontief 型，Cobb-Douglas 型，そして線形になることを紹介しておく．

■基数効用と序数効用

　効用関数は無数に，簡単に作ることができることを紹介した．このことを説明するために，基数効用と序数効用の概念を紹介する．

　効用という言葉は utility という言葉を訳したものであるが，消費者の理論構築の歴史における初期の段階において，この言葉に込められた意味は satisfaction, pleasure, など主観的な感情であった．主観的な感情を効用関数の値によって客観的に測ることができると考えられていたのである．これが**基数効用 (cardinal utility)** の概念である．これによれば，効用関数の値が例えば 10 増加したとすれば，当該消費者の満足度も 10 増えたことになる．また，満足度の数値化を認めると，自らの関数値と他者のそれとを比較し，どちらが満足しているかを比較することが可能になる．しかし，このことにどの程度の現実味があるだろうか．昼食後の空腹が満たされた満足感を数値で表すことなど，経済学者でも行わないし，できもしないであろう．また，仮に関数値が倍になったとしたら，それは満足度も倍になったと解釈して構わないのだろうか．関数値に意味を見出すことができず，それが倍になることを客観的に確認することもできないのであれば，考察に意味を見出すことはできない．基数効用の概念は，この意味においては現実に即しているとは言えない．

　選好関係の表現について紹介した際 (p.11) では選好の順序を整理券を用いて保存する例を用いたが，この例をもとに比喩的な表現をすると，効用関数は整理券の発券機である．すなわち，発券機としての効用関数が選好順序を保存するために対応させる値は，整理券に記載される整理番号に過ぎず，整理番号には満足度といった意味は付随しない．一般の発券機とは異なり，効用関数は実数値を整理番号として用いる．そうすることで，この整理券は微分・

---

19)　代替の弾力性の概念は，もちろん消費者の選好の特性と捉えることもできるが，生産技術の特性と捉えることの方が自然に思われるので，本書では生産者の理論で，導出とともに紹介する．

積分の力によって稼働する整理券処理機に読み込ませることができ，この機械は，選好順序に反映される消費者の様々な知見に関する分析結果を output として返してくれるのである[20]．効用関数について重要なことは，関数値に意味を見出すことではなく，関数値が選好順序を保存することのみである．これが**序数効用 (ordinal utility)** の概念である．消費者の理論の多くの知見は，基数効用の概念を必要とせず，序数効用の概念の上に成り立っている[21]．効用関数を用いて消費者の行動について考察することは，選好関係を用いて消費者の行動について考察することに他ならない．

■限界効用

基数効用と序数効用の概念は互いに排他的なものというわけでもない．本書では，知見の解釈や理解の助けとなるならば基数効用の概念も適宜用いる．とりわけ**限界効用 (marginal utility)** の概念は解釈を助ける．限界効用とは消費している任意の財を微小単位余分に消費した際に効用，平たくいうと満足度，がどの程度増すかというものである．つまり，順序のみに留意するのではなく，満足度の概念を適用し，その変化について考察しようとするのである．もちろん，この考え方は，満足度の数値化は無意味であるとしたことに矛盾するように思われるが，限界効用の概念は，個人の満足度の変化のみに考察を限定するものであって，他者との比較，あるいは個人の消費に関する主観的な満足度の水準に意味を見出そうとするものではない．例えば，以下のような例を想定する．

ある大学生がフルマラソンに出場し完走したとする．ゴールした選手が休憩している場所では大会の運営スタッフがスポーツドリンクを，話を簡単にするために無料で配っているとする．完走後の大学生はこれを飲み，水分の補給ができたので大変嬉しい．しかし，コップが小さいので，あと 1 杯飲めるとさらに嬉しい．

限界効用の概念は，この大学生がスポーツドリンクを完走直後に 1 杯飲ん

---

20) この比喩を用いると，消費者の理論を構築するということは，この整理券処理機を構築するということになる．

21) 基数効用の概念が全く必要ないというわけではない．ゲーム理論や不確実性下の意思決定について考察するときは，基数効用の概念が用いられることもある．

だときの満足度，並びに，1 杯飲み終えたあとで，2 杯目を飲んだ際に得る満足度のことである．このとき，2 杯目を飲んだ際に得る満足度とは，すでに 1 杯飲み終えて，ある程度渇きが潤った状態から，さらにスポーツドリンクを 1 杯飲んだときの満足度を指す．この例では，スポーツドリンク最初の 1 杯目を飲むことで得られる満足度と，2 杯，3 杯と飲んで，渇きが潤った後で，さらに飲むことで得られる満足度を比較するとき，後者の方が小さいと考えることに不自然さはないであろう．

　厳密には，限界効用とは効用関数の偏微分係数♠に経済学的な解釈を施したものである．2 財の場合の効用関数 $u(x_1, x_2)$ においては，$\frac{\partial u}{\partial x_i}$，$i = 1, 2$ である．従って，効用関数の値が満足度を表すとすれば，効用関数の偏微分係数は，ある財の消費量を微小変化させたときの満足度の変化と解釈できる．スポーツドリンクの例によれば，限界効用は消費が増えるにつれて減少，つまり逓減すると考えることが妥当であろう．これは，

$$\frac{\partial}{\partial x_i}\left[\frac{\partial u}{\partial x_i}\right] \equiv \frac{\partial^2 u}{\partial x_i^2} < 0 \quad i = 1, 2$$

ということで，消費者は任意の財の消費量について，消費できる量が多い程好ましいとは思うが，量が増えるにつれて好ましいと思う度合いは小さくなるということである．このとき，我々は効用関数の値が 10 か 20 であるかはいささかも気にかけず，他者のそれとも比較しない．我々が意味を見出すのは，どのような関数値であったとしても，財の消費量が増えるにつれて，関数値の増加率，つまり二階偏微分係数♠，が減少するという性質のみである[22]．

　このことによって，次のような演繹ができる．引き続き，マラソン完走後の大学生の例を用いる．この大学生は勧められるままに数杯のスポーツドリンクを飲み続けるうちに，やがて渇きは潤ったと感じるであろう．すると今度は少しお腹が空いていることにも意識を向けることになり，何か食べ物を探すようになるかもしれない．そして，少し離れたところで一口サイズのサンドイッチも配られていることに気づいたなら，そこへ向かうであろう．

　この例は，限界効用の概念を用いて，次のように解釈することができる．大学生はすでに十分なスポーツドリンクで水分を補給した．この段階での大学

---

[22]　このことを限界効用逓減の法則 (law of diminishing marginal utility) と呼ぶ本もある．

生のスポーツドリンクからの限界効用はかなり低くなっている．それに比べれば，一つ目のサンドイッチを食べることによる満足度，つまりサンドイッチの消費量が0から1に変わる際の限界効用の方が大きい．大学生はスポーツドリンクをあと1杯飲むことで得られる限界効用よりも大きな限界効用が伴う，一つ目のサンドイッチを選択する．お腹が空いていることを満たす機会と，渇きを満たす機会を前にしてどちらを選択するかという意思決定は，限界効用の概念を用いることで，このように解釈できる．もちろん，日常生活で我々はこのような理論をもとに，次に何を選択するかを決めている訳ではないが，限界効用の概念は，理論によらない我々の日常の意思決定に，少なくとも不整合をきたさない解釈を与える．これは経済学の理論が持つ性質の一端である．また，後で明らかになるように，この解釈は消費者の需要の決定に直接的な役割を果たすものでもある．なお，経済用語には限界効用，限界費用など，限界という言葉が使われるものが多くあるが，これらは微分の概念が適用されているものと考えて差し支えない．

■効用関数の正の単調変換

　序数効用の考え方における効用関数は，選好順序を保存できるよう，考察対象の消費計画に実数値を対応させるものであればよく，どのような数の大小関係でも構わない．このことは効用関数が無数に存在しうることを意味する．つまり，**ある選好関係を表現する効用関数が与えられているとき，これをもとにして，同じ選好関係を表現する別の効用関数を幾つでも新たに考えることができる．** そのためには，効用関数に正の単調変換を施せばよい．すなわち，効用関数 $u(x_1, x_2)$ から，新たに関数，

$$\hat{u}(x_1, x_2) \equiv T(u(x_1, x_2)) \quad T' > 0 \tag{1.7}$$

を定めればよい．$T' > 0$ としているから，u が増加するとき $\hat{u}$ も増加する．従って選好の順は保存される．つまり，$\hat{u}$ は u と同じ選好順序を表現する効用関数である．例えば，$u(x_1, x_2) = x_1^\alpha x_2^{1-\alpha}$ が与えられたならば，$\hat{u}(x_1, x_2) = x_1^\alpha x_2^{1-\alpha} + 1$ もまた効用関数であるし，$\hat{u}(x_1, x_2) = 2x_1^\alpha x_2^{1-\alpha}$ もまた，同じ選好関係を表現する効用関数である．少し工夫した，$\hat{u}(x_1, x_2) = \alpha \ln x_1 + (1-\alpha) \ln x_2$ も同様であ

り[23]，後で紹介するように，この変換はよく用いられる．このことは，配布された全ての整理券に書かれている数字に 1 を足したり，2 を掛けたり，あるいは対数をとったとしても，順序が変わらないことを思えば直感にも従う．他方，配布された整理番号に −1 を掛けたり，その逆数をとったりすると，選好順序が逆になる．このような負の単調変換を施すと，異なる選好関係を表現する効用関数を作ることになってしまう．次章では，これらのことを具体的に再度紹介するとともに，効用最大化問題を解くことを通じて，消費行動に関わる様々な知見を導出する．

---

23)　$\ln x$ は対数関数である．詳しくはウェブで公開されている PDF ファイル（URL は vi ページ）を参照のこと．

第 2 章

効用最大化問題

　効用最大化問題について考察する．効用最大化問題を解くことが，消費者の行動に関する知見を抽出するという我々の目的に則していることを簡単に確認した後，効用最大化問題を等号制約条件式付き最適化問題として捉え，この解法について，関連する様々な経済学的概念とともに考察する．本書を通じて用いられる，Lagrange 乗数法についても，この章で紹介する．

2.1　効用最大化問題とその意味

　前章の終わりに言及した効用最大化問題とは，具体的には以下の問題をさす

$$\underset{x_1, x_2}{\text{Max}} \quad u(x_1, x_2) \quad \text{s.t.} \quad p_1 x_1 + p_2 x_2 \leq w. \tag{2.1}$$

s.t. は subject to あるいは such that を意味する．この問題を言葉にすると，「予算制約式を満たしつつ，x_1, x_2，すなわち財 1，財 2 の量を適宜選択することで，効用関数値を最大化する」となる．この問題の解が存在するとして，これを $\mathbf{x}^* \equiv \left(x_1^*, x_2^*\right)$ と表すことにすれば，この消費計画は，予算集合に含まれる消費計画の中で効用関数の値が最大のもの，従って消費者が最も選好する消費計画である．これを**最適消費計画 (optimal consumption plan)** と呼ぶ．

　繰り返しになることを気にせずに，効用最大化問題と消費行動の繋がりをもう一度確認する．前章の考察，とりわけ選好順序と効用表現の命題 (p.14) に留意すれば，予算を満たす消費計画の中で効用関数の値が最大である消費計画とは，消費者の選好順序に従って整理番号が付された消費計画の中で，番号が最も大きい消費計画，つまり購入可能な消費計画のうち，消費者が最

も選好する消費計画である．このことから，直面する選択肢と予算の範囲で最も選好する消費計画を特定することは，効用最大化問題を解くことと同義である．

　経済学を学ぶにあたり，もし (2.1) のみを見たとすれば，なぜこの問題を解くことが消費者の理論の構築につながるのか疑問に思われるかもしれない．加えて，財が 2 つしかないことを想定していることは，現実の消費者の行動とあまりにもかけ離れているので，たとえこの問題を解いて消費行動に関する知見が得られたとしても，現実の消費者の行動をどれくらい説明するものか疑問に思われるかもしれない．けれども，前章までの考察が示すように，効用最大化問題とは，消費行動を解析的な手続きを利用して考察するために，消費行動の意味を変えないように注意を払い，これを記述し直したものである．また，確かに現実の消費者は財が 2 つしかない消費行動を行うわけではないが，消費者の理論は，考察が容易な 2 つの財の場合の消費行動を詳細に考察することで，現実の消費者の行動についての知見を演繹することで得られるものであって，財が 2 つの場合しか考察しないということではない．財が 2 つという前提は，消費者の意思決定に関わる知見の核心部分を，最も単純な枠組みの中に捉えるためのものである．

　なお，(2.1) は制約条件付き最適化問題と呼ばれるものの一例である．この枠組みにおいて，効用関数 $u(x_1, x_2)$ は**目的関数 (objective function)** と呼ばれる．予算制約式は**制約条件 (constraint)** と呼ばれる．制約条件が等式である場合は等号制約条件 (equality constraint)，不等式の場合は不等号制約条件 (inequality constraint) とそれぞれ呼ばれる．次章では支出最小化問題について考察するし，生産者の理論でも利潤最大化問題や費用最小化問題について考察することになるが，これらは全て制約条件付き最適化問題である．

2.2　等号制約条件式付き最適化問題

(2.1) は不等号制約条件式が一つ付いた最適化問題であるが，選好関係が単

調性を満たすなら[1]，この問題の解では制約条件式は等号で満たされ，最適解では予算が全て使い切られる．このことは，我々が想定する消費者にとって，お金 (w) は手段であって目的ではないことを意味する．消費者が w を好ましいと考えるとすれば，それは w そのものを好ましいと考えるからではなく，w が財 1 と財 2 の購入を可能にするからである．そのような消費者は w を全て使い切るであろう[2]．(2.1) を解くにあたり，以下では消費者は予算を使い切ることを前提とする．つまり，我々は以下の問題を解く

$$\underset{x_1, x_2}{\text{Max}}\ u(x_1, x_2) \quad \text{s.t.} \quad p_1 x_1 + p_2 x_2 = w. \tag{2.2}$$

さて，(2.1) は等号を含む不等式であるから，わざわざ (2.2) と書き直す必要はないが，以下に説明する 2 つの理由から，書き直すことの方が都合が良いのでそうする．一つは上で説明したように，消費者は予算を使い切るからであり，もう一つは技術的な理由で，制約条件が等号の場合の方が，不等式の場合よりも解を探す範囲が狭くなるため，その分簡単に解くことができると同時に，そのことによって損なわれる知見はより上級の教科書に委ねて構わないと思われるからである[3]．

(2.2) を解くだけならば，数学的な手続きを実行するだけで事足りるが，それは経済学というよりはただの計算である．以下では消費行動に関わる様々

1)　厳密には，予算制約式が等号で成立するためには，選好関係について単調性よりも弱い，局所不飽和性 (local non-satiation) という前提が満たされていればよい．単調性よりも弱いとは，選好関係が局所不飽和性を満たすとき，単調性を満たすとは限らないことを意味する．つまり，局所不飽和性は単調性よりも一般的な前提であり，理論はできるだけ一般的な前提のもとに構築される方が好ましいが，これら 2 つの前提により導出される消費者の需要に関する知見については，一方がもう一方よりも一般的であるということにはならない．本書では単調性の前提を採用する．局所不飽和性は，位相の概念を把握している方が分かりやすいので，これを学んだ後，上級の教科書を学ばれるとよい．

2)　もちろん，この前提を緩和して，w を効用関数に含むこともできる．これに関する考察は上級の教科書に譲る．また，予算を使い切るという前提を "宵越しの銭を持たない" 消費者と解釈する必要はない．なぜなら，予算を全財産と解釈する必要は全くなく，w は消費者が，貯蓄等の判断を終えた後に当該財の購入に予め使い切ることを前提にした金額と解釈すればよいからである．このとき w がどのように決まるかは考察の外である．

3)　等号制約条件付き最適化問題と不等号制約条件付き最適化問題の解法は若干異なり，本書では前者の解法を紹介する．後者の解法は Kuhn-Tucker の条件を考える必要があり，手続きを覚えるだけなら簡単であるが，その証明は PDF ファイル（URL は vi ページ）でも紹介していないので，割愛する．詳しくは上級の教科書や最適化理論の教科書を参照されたい．

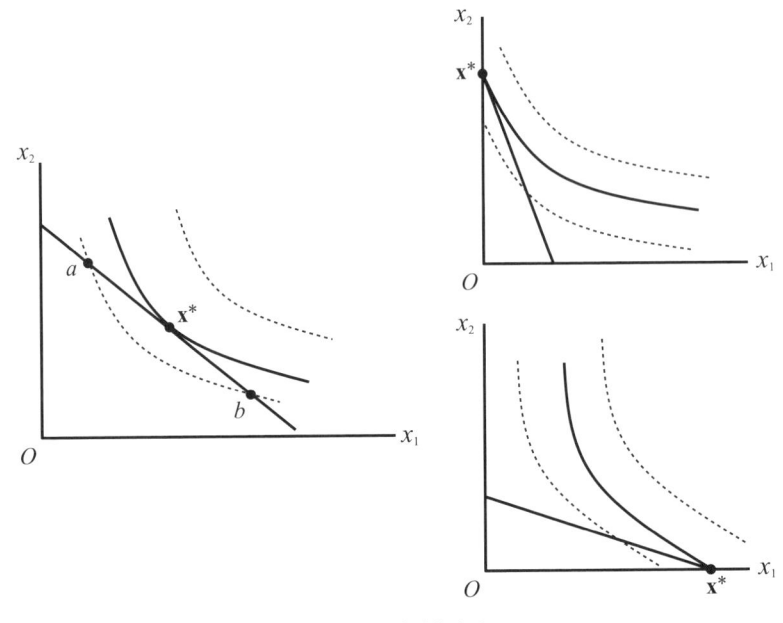

図 2.1　最適消費計画

な概念を紹介しながら考察し，最終的に (2.2) の解を求める．

　先ずは大まかな考え方を把握するために，(2.2) の解を図によって示す．図 2.1 には 3 つの図が描かれているが，これらの全てについて，最適消費計画は **x*** として描かれている[4]．

　図 2.1 左に描かれている最適消費計画は**内点解 (interior solution)** と呼ばれる．他方，同図右側に描かれている 2 つの図の最適消費計画は**端点解 (corner solution)** と呼ばれる．ミクロ経済学では多くの場合，内点解に考察の焦点をあてることになる[5]．

　最適消費計画は予算制約式を満たす．図 2.1（左）に描かれている消費計画 $a, b,$ **x*** は全て予算線上にあり，予算制約式を満たすから最適消費計画の候補である．前述したように，これら 3 つの消費計画のうち，最適消費計画は

---

4) 最適消費計画であることを明示するために，他の消費計画を表す点 a, b などとは異なる書き方をする．
5) その過程で紹介される概念は，端点解の理解も助ける．

$\mathbf{x}^*$ である．消費計画 a, b と $\mathbf{x}^*$ を分ける特徴は，a, b は**予算線と交わる**無差別曲線上にあるのに対して，$\mathbf{x}^*$ は**予算線と接する**無差別曲線上にあることである．破線で描かれ，予算線と交わっていない無差別曲線上の点は，描かれている 3 本の無差別曲線の中では消費者が最も選好する消費計画の集合であるが，この無差別曲線上の消費計画は全て予算制約式を満たさないから解の候補ではない．つまり，予算線と接する無差別曲線上にある $\mathbf{x}^*$ は予算制約を満たし，かつ消費者が最も選好する消費計画ということになる．消費計画 a, b も予算制約を満たすが，$\mathbf{x}^*$ 程は選好されない．この理由は後で詳しく考察する[6]．

以上は最適消費計画の大まかな特徴である．以下では，このことをさらに詳しく考察し，最適消費計画の特徴をさらに浮き彫りにする．そのために，先ず予算線と無差別曲線の特徴について，個別に詳しく考察する．次節では予算線の特徴として，機会費用の概念を紹介する．

2.3 機会費用

図 2.2 は予算制約式から導出した予算線：$x_2 = \frac{w}{p_2} - \frac{p_1}{p_2} x_1$ を描いたものである．予算線上の全ての点で予算制約式が等号で満たされる．

予算線の傾きについて考える．説明のために，仮に $-\frac{p_1}{p_2} = -2$ とする．このとき，財 1 の価格は財 2 の価格の

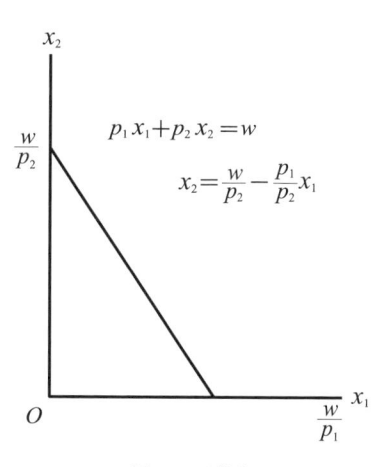

図 **2.2** 予算線

---

6) $\mathbf{x}^*$ が最適消費計画であることは，選好関係の凸性 (p.19) からも帰結できる．すなわち，図 2.1 に描かれている無差別曲線は強い凸性を満たすように描かれており，a, b は予算線上にあるが，逆の見方をすると，a, b を直線で結んだ割線が予算線に重なっていると捉えることもできる．このことと強い凸性の定義から $a \sim b \prec \mathbf{x}^*$ という選好関係が帰結できる．ただ，この解釈は，強い凸性という数学的特性と消費者の選好という経済学の概念の繋がりを理解することで得心がゆくものである．このことは 46 ページ以降で詳しく考察する．

2 倍ということであるから，消費者が財 1 を 1 単位購入するとき，その金額があれば，財 2 を 2 単位購入できる．換言すると，1 単位の財 1 を購入するということは，2 単位の財 2 を購入する機会を放棄することである．この意味で，消費者の 1 単位の財 1 の購入に伴う**機会費用 (opportunity cost)** は 2 単位分の財 2 であるという[7]．予算線の傾きの絶対値は消費者の選択において機会費用を表す．また，**予算線の傾きは，支出総額を一定に保つときに必要とされる財 1 と財 2 の交換レート**を表す．このことを，数式を用いて確認する．図 2.2 にも描かれているように，予算制約式を変形して

$$x_2 = \frac{w}{p_2} - \frac{p_1}{p_2} x_1 \tag{2.3}$$

を得る．この式から直ちに，財 1 の量を 1 単位増加させると，財 2 の量は $-\frac{p_1}{p_2}$ 単位減少することが分かる．

　機会費用の概念は様々な経済的状況を表現する際に用いられる．例えば，銀行の預金金利がゼロに近いときは，現金を財布に所持することの機会費用 (opportunity cost of holding money) が低いと表現できる．逆に，預金金利が高いときは現金を財布に所持することの機会費用は高いと表現できる．この場合の機会費用は，現金を財布に所持して，預金しなかったために得ることがない利息が低いか高いかを表している．何かをするということは，別の何かをする機会を放棄するということでもある．機会費用は，選択しようとする行動の価値[8]を，そのことによって選択できなくなる別の行動の価値と比較しようとする概念である．

　ところで，予算制約式を<u>陰関数</u>◆：$f(x_1, x_2, w) = p_1 x_1 + p_2 x_2 - w = 0$ と解釈すれば，$\frac{\partial f}{\partial x_2} = p_2$ であり，$p_2 \neq 0$ のとき<u>陰関数定理</u>◆より以下を得る

$$\frac{dx_2}{dx_1} = -\frac{p_1}{p_2}. \tag{2.4}$$

この導出の前に，先ず予算制約式を<u>全微分</u>◆して，

$$p_1 dx_1 + p_2 dx_2 = 0 \tag{2.5}$$

---

7)　もちろん，1 単位の財 2 を購入することに伴う機会費用は $\frac{1}{2}$ 単位分の財 1 である．
8)　この場合の価値とは，広義では金銭的に測る必要はなく，選択しようとする行動の意義や意味であってもよい．

を考えると，これら 2 つの式は同じ情報を持っているが，解釈の利便性という観点からは双方が有益である．(2.4) は上で説明した，予算線の傾きを表しており，(2.5) は，各財の量を微小変化させたときの支出額の変化がゼロであることを表しており，これを

$$dx_2 = -\frac{p_1}{p_2}dx_1 \tag{2.6}$$

としたものは，財 1 の量を dx_1 増加させたとき，予算制約式を維持し続けるために必要とされる財 2 の変化量を表す．この考え方は，次節で詳しく考察し，典型的な無差別曲線の性質を明らかにするときにも用いられる．

2.4 限界代替率

先ず限界代替率の概念を紹介する．次に，限界代替率の逓減と選好関係の凸性が同義であることを紹介する．最後に，同じく限界代替率の逓減と効用関数の準凹性が同義であることを紹介する．

2.4.1 限界代替率

図 2.3 は無差別曲線上の任意の点における接線と，その近傍を拡大したものである．陰関数定理を用いて•この接線の傾きを求めることができる．本節ではその経済学的な意味について考察する．

先ず，接線の傾きを求める．予算線について考察したように，$u(x_1, x_2) = v, v \in \mathbb{R}$ を全微分することで，

$$du = \frac{\partial u}{\partial x_1}dx_1 + \frac{\partial u}{\partial x_2}dx_2 = 0 \tag{2.7}$$

を得る．この式は財 1 と財 2 の消費量を微小変化させた消費計画は，もとの消費計画と同等に選好されることを意味する[9]．

---

9) どちらの財も微小量しか変化しないからといって，消費者がこのことに気づかず，結果的に無差別の選好が維持されるのではなく，2 財の量の変化の比率が消費者を無差別に保つのである．

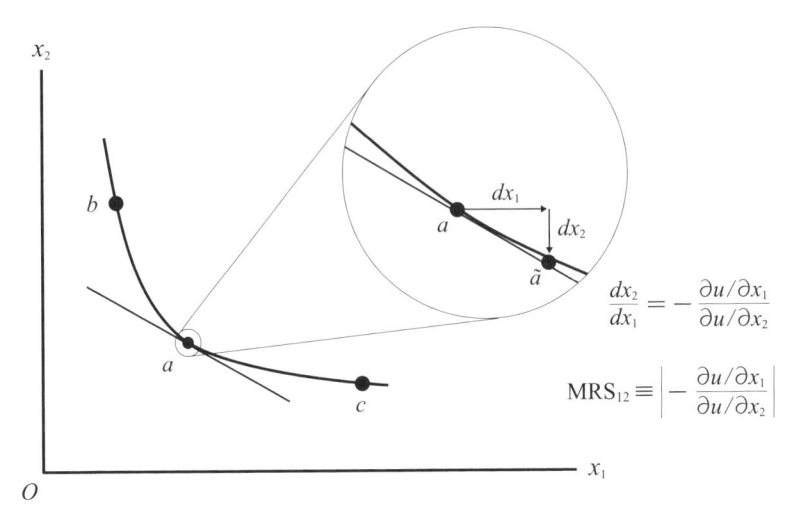

図 **2.3**　無差別曲線の任意の点における接線

(2.4) と (2.6) に対応する式は以下のようになる

$$\frac{dx_2}{dx_1} = -\frac{\partial u/\partial x_1}{\partial u/\partial x_2} \tag{2.8}$$

$$dx_2 = -\frac{\partial u/\partial x_1}{\partial u/\partial x_2}dx_1. \tag{2.9}$$

(2.8) が接線の傾きである．この式の右辺は限界効用の比にマイナスの符号が付されたものであり，単調性の前提から，限界効用が正であるとすれば，描かれているように，接線の傾きは負になる．この絶対値を**財 2 による財 1 の限界代替率 (marginal rate of substitution of good2 for good1)** と呼び，MRS_{12} と書く．つまり，

$$\mathrm{MRS}_{12} \equiv \left|\frac{dx_2}{dx_1}\right| = \left|-\frac{\partial u/\partial x_1}{\partial u/\partial x_2}\right| \tag{2.10}$$

である．**限界代替率とは，無差別曲線上の任意の点における接線の傾きの絶対値**のことであるが，その意味についてもう少し詳しく考察する．

図 2.3 において，a の近傍を拡大した円の中にある 2 つの消費計画 $a, \tilde{a}$ については，これらは同一無差別曲線上にあるので以下が成り立っている

$$a \equiv (x_1^a, x_2^a) \sim (x_1^a + dx_1, x_2^a - dx_2) \equiv \tilde{a}.$$

　つまり，a を基準としたとき，消費者は財 1 を dx_1 だけ余分に消費できるならば，そのことと引き換えに財 2 を dx_2 だけ消費できなくとも無差別でいられる．このことを踏まえれば，**限界代替率とは，消費計画を微小変化させるとき，消費者の選好が無差別であり続けるために必要とされる財 1 と財 2 の交換レート**と解釈できる．接線の傾きの絶対値を限界代替率と呼ぶのはこのような理由による[10]．なお，消費者が財 1 を微小量消費できるならば失ってもよいと考える財 2 の量とは，このとき**消費者が許容しうる機会費用**と捉えることもできる．(2.9) はこのことを端的に表す．すなわち，**財 1 の購入量を微小量 dx_1 だけ増加させた後に，消費者が無差別であるためには，代わりに財 2 の量が** $\left| -\frac{\partial u/\partial x_1}{\partial u/\partial x_2} \right| dx_1 = \mathrm{MRS} dx_1$ **だけ失われても構わない**．この情報は，消費者の意思決定を考察するときに重要な役割を果たす．

　もちろん，財 1 による財 2 の限界代替率も，以下のように定義することができる

$$\mathrm{MRS}_{21} \equiv \left| \frac{dx_1}{dx_2} \right| = \left| -\frac{\partial u/\partial x_2}{\partial u/\partial x_1} \right|.$$

MRS_{21} と MRS_{12} の違いは，どちらの財を基準としてその交換レートを測るかという点であり，式をみれば明らかなように，一方はもう一方の逆数である．なお，財の名称を財 1，財 2 と任意に定めているわけだから，どちらの財を基準とするかこだわることに意味はない．本書では他の多くの本にならい，特に断らない場合は MRS_{12} を採用することにして，下の添え字を省略する．

例　Cobb-Douglas 型効用関数を用いて限界代替率を求める．$u(x_1, x_2) = x_1^{\alpha} x_2^{1-\alpha}$ について，

$$x_1^{\alpha} x_2^{1-\alpha} = v \quad \alpha \in (0, 1)$$

であるとする．両辺を全微分して，

$$\alpha x_1^{\alpha-1} x_2^{1-\alpha} dx_1 + (1 - \alpha) x_1^{\alpha} x_2^{-\alpha} dx_2 = 0$$

を得る．これより，

---

10)　絶対値をとることで負の記号を省き，交換レート・代替率を表すと考えて差し支えない．

$$\frac{dx_2}{dx_1} = -\frac{\alpha}{1-\alpha}\frac{x_2}{x_1}$$

を得る．限界代替率はこの式の絶対値であるから，$\frac{\alpha}{1-\alpha}\frac{x_2}{x_1}$ である．いま，任意に例えば $\alpha = \frac{1}{2}$ を想定すると，上の式は $\frac{dx_2}{dx_1} = -\frac{x_2}{x_1}$ となる．このとき，任意の点 $(x_1, x_2) = (1, 2)$ における接線の傾きは，$\frac{dx_2}{dx_1} = -\frac{x_2}{x_1}$ に $(1, 2)$ を代入して，$\frac{dx_2}{dx_1} = -2$ となる．また，この点における限界代替率は 2 である．

さて，上の例で用いた効用関数に正の単調変換を施して，限界代替率を求めてみる．$\ln x$ は単調増加関数であるから，効用関数が $u(x_1, x_2) = x_1^\alpha x_2^{1-\alpha}$ であるとき，

$$\ln\left(x_1^\alpha x_2^{1-\alpha}\right) = \alpha \ln x_1 + (1 - \alpha)\ln x_2 \tag{2.11}$$

としたものは $x_1^\alpha x_2^{1-\alpha}$ と同じ選好関係を表現する．同じ選好関係を表現するならば，限界代替率も同じになるはずである．これを確認する．対数関数の微分♠：$\frac{d\ln x}{dx} = \frac{1}{x}$ に留意しつつ (2.11) の右辺を微分したものを変形して，

$$\frac{\alpha}{x_1}dx_1 + \frac{1-\alpha}{x_2}dx_2 = 0$$

$$\frac{dx_2}{dx_1} = -\frac{\alpha}{1-\alpha}\frac{x_2}{x_1}$$

を得る．計算結果は同じなのでどちらを用いても構わない．このことは Cobb-Douglas 型効用関数以外にも当てはまる．このことを確認する．

以下は，効用関数 $u(x_1, x_2)$ に正の単調変換を施して新たに定められた効用関数であった (p.29)

$$\hat{u}(x_1, x_2) = T(u(x_1, x_2)) \quad T' > 0.$$

効用関数は実数値を与えるから $\hat{u}(x_1, x_2) = v, \, v \in \mathbb{R}$ であるとして，この式を二変数関数の連鎖率♠に留意しつつ微分すると，

$$d\hat{u} = \frac{\partial T}{\partial u}\frac{\partial u}{\partial x_1}dx_1 + \frac{\partial T}{\partial u}\frac{\partial u}{\partial x_1}dx_2$$

$$= T'u_1 dx_1 + T'u_2 dx_2$$

$T' > 0, u_2 > 0$ であるから[11]，

---

11) $T' \equiv \frac{\partial T}{\partial u}, u_1 \equiv \frac{\partial u}{\partial x_1}$ である．微分係数の書き方は見やすさに応じて適宜変える．詳しくは PDF（URL は vi ページ）を参照のこと．

$$\frac{dx_2}{dx_1} = -\frac{T'u_1}{T'u_2} = -\frac{u_1}{u_2} \tag{2.12}$$

を得る．つまり，T' はキャンセルされる[12]．

さて，予算制約式や効用関数に陰関数定理を適用して $\frac{dx_2}{dx_1}$ を導出してきたが，この記述をみるだけでは，どの関数に陰関数定理を適用したかは明確ではない．以下では必要に応じて，例えば (2.12) を以下のように書くことにする

$$\left.\frac{dx_2}{dx_1}\right|_{d\hat{u}=0} = -\frac{u_1}{u_2}.$$

2.4.2 限界代替率の逓減と選好関係の凸性

図 2.4 の左は選好関係の狭義凸性について紹介したときのもので（図 1.5, p.18），これまでに考察してきた無差別曲線である．図 2.4 の右は，同左にも描かれている 2 点 a,b における接線を描いたものである．

図 2.4 右から，a,b における限界代替率：$\mathrm{MRS}^a, \mathrm{MRS}^b$ を比べると，後者の方が小さいことが分かる．さらにいうと，無差別曲線上を a から b へ移動するにつれて，限界代替率は逓減することも視認できる．選好関係が狭義凸性

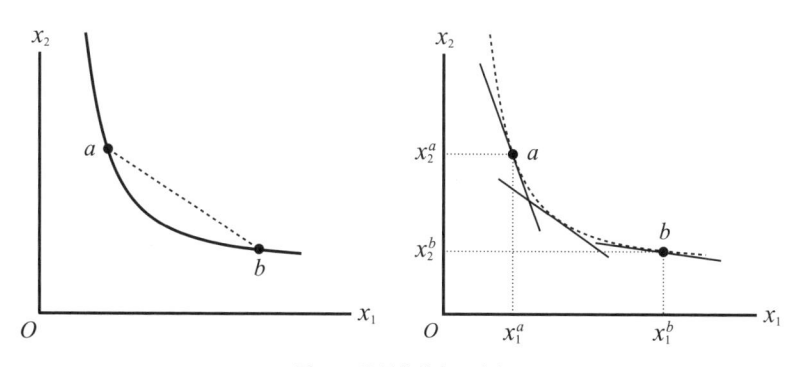

図 **2.4** 限界代替率の逓減

12) キャンセルされるのだから，T は負の単調変換でも構わないと考えることは厳密には正しくない．なぜなら，効用関数に負の単調変換を施したものは選好順序が逆になるので，u と $\hat{u}$ は計算上限界代替率が等しくなったとしても，それは同一の選好関係を表現する効用関数の限界代替率ではないからである．

を持つ場合の無差別集合を描いた同図左と，限界代替率が逓減するように描かれる無差別曲線が同じ形状をしているが，これは選好関係の狭義凸性と限界代替率が逓減することが本質的に同義であることによる．このことを理解するために，先ず限界代替率が逓減することについて考察する．

　図 2.4 右に描かれている a を同 b と比較すると，a は b よりも財 2 の量が多く，財 1 の量が少ない．これは，a と b について，a は相対的に財 2 が多く財 1 が少ないこと，並びに b は相対的に財 1 が多く財 2 が少ないことを意味する．このことを念頭に，a,b 各点における財 2 による財 1 の限界代替率 MRS_{12}，すなわち消費者が財 1 を新たに微小量消費できるために，失っても構わないと考える財 2 の量について，$\mathrm{MRS}_{12}^{a} > \mathrm{MRS}_{12}^{b}$ となっていることを考える．考察のために，仮に $\mathrm{MRS}_{12}^{a} = 2$, $\mathrm{MRS}_{12}^{b} = \frac{1}{2}$ とする．

　a は b と比べて財 2 が潤沢にあり財 1 が b と比べて希少である．このとき，財 1 を dx_1 だけ余分に消費する機会を得るために，失っても構わない比較的潤沢にある財 2 の量はその 2 倍である（$dx_2 = -2dx_1$）．他方，b で a と比べて希少なのは財 2 であり財 1 が a と比べて潤沢である．このとき，すでに潤沢にある財 1 を dx_1 だけ余分に消費する機会を得るために，失っても構わないと考える希少な財 2 の量はその半分である（$dx_2 = -\frac{1}{2}dx_1$）．限界代替率の逓減は，消費者が財 1 と財 2 の量を相対的に比較して，一方の財の消費に偏りが生じないように調整することを意味する．選好関係の凸性について紹介した際，消費者は 2 つの財を選択することができるならば，どちらか一方の財のみをたくさん消費することよりは，むしろ両方の財を消費することをより選好すると紹介した (p.17)．この意味で，限界代替率の逓減は選好関係の凸性と同義である．なお，各財の消費量を均等化というのは，各財の消費量を完全に一致させるという意味ではなく，むしろ一つの財を他の財と比べて極端に多く（または少なく）消費することを避けるという意味である．このことは，効用関数の準凹性として以下のように表すことができる．

2.4.3　限界代替率の逓減と効用関数の準凹性

　限界代替率と効用関数の準凹性について紹介するにあたり，先ず準凹関数

の定義を紹介する.

> **定義 7.** 準凹関数
>
> 凸集合 X を定義域とする関数 f について,$x \in X$ の上方等位線集合が凸集合であるとき,f を準凹関数 (quasi-concave function) という.この上方等位線集合が狭義凸集合であるならば,f を狭義準凹関数 (strictly quasi-concave function) という.

この定義から,選好関係が凸性を満たすなら,この選好関係を表現する効用関数は準凹関数であることが帰結できる.同様に,狭義凸性を満たすなら,この選好関係を表現する効用関数は狭義準凹関数である.さて,ある関数の上方等位線集合が凸性を満たすときに,この関数を,凸関数と呼んでもよさそうなのに,準凹関数と呼ぶことが奇妙に思えるかもしれないし,準凹関数と凹関数の違いも気になるので,これらを明らかにする.説明には,上で考察している効用関数を用いることにする.凹関数の定義*に従えば,消費集合 $X \subset \mathbb{R}^2_+$ に含まれる任意の消費計画 $\mathbf{x}^a \equiv \left(x_1^a, x_2^a\right)$ と $\mathbf{x}^b \equiv \left(x_1^b, x_2^b\right)$ について,

$$su(\mathbf{x}^a) + (1-s)u\left(\mathbf{x}^b\right) \leq u\left(s\mathbf{x}^a + (1-s)\mathbf{x}^b\right) \quad s \in [0,1] \tag{2.13}$$

が成り立つ.他方,消費集合 $X \subset \mathbb{R}^2_+$ に含まれる消費計画 $\mathbf{x}^a \equiv \left(x_1^a, x_2^a\right)$ の上方等位線集合は,

$$U^a \equiv \{\mathbf{x} \in X \mid u(\mathbf{x}) \geq u(\mathbf{x}^a)\} \tag{2.14}$$

である.(2.13) は,任意の $\mathbf{x}^a, \mathbf{x}^b \in X$ について成り立つから,$\mathbf{x}^b \in U^a$ となるような $\mathbf{x}^a, \mathbf{x}^b \in X$ についても成り立つ.従って,凹関数は準凹関数の定義も満たす.しかし,この逆は必ずしも正しくない.つまり,**凹関数は準凹関数でもあるが,準凹関数が凹関数であるとは限らない.** このことを説明するために,凹関数のもう一つの定義*を思い出すと,関数 $u(x_1, x_2)$ が凹関数であるとは,$d^2u \leq 0$ が成り立つことを意味する.この条件は二変数関数の最適化問題における二階条件を調べた際に紹介している*.それは,

$$u_{11}dx_1^2 + 2u_{12}dx_1dx_2 + u_{22}dx_2^2 \leq 0$$

が成り立つことであり，このことは，

$$u_{11} \leq 0 \leq u_{11}u_{22} - u_{12}^2 \tag{2.15}$$

が成り立つことを意味する．これに対して，関数 $u(x_1, x_2)$ が準凹関数であるとは以下が成り立つことを意味する

$$u_{11}u_2^2 - 2u_1u_2u_{12} + u_{22}u_1^2 \leq 0. \tag{2.16}$$

　この式は，限界代替率が逓減すること，従って上方等位線集合が凸集合であること，から導出される．以下にこれを示す．

　図 2.4 に描かれている無差別曲線上の全ての点 (x_1, x_2) は，

$$u(x_1, x_2) = v \quad v \in \mathbb{R} \tag{2.17}$$

を満たす．同一無差別曲線上では v の値が一定であるから，x_1 の値が与えられれば，それに応じて x_2 の値も定まる．この考え方は陰関数を紹介したときのものである．このことを明記する意味で，$x_2 \equiv x_2(x_1)$ とおき，(2.17) を以下のように書く．

$$u(x_1, x_2(x_1)) = v \tag{2.18}$$

なお，選好関係が単調性を満たすなら，陰関数定理を適用するときに必要な，$\frac{\partial u}{\partial x_2} \neq 0$ という条件は満たされるから，(2.18) を微分して，

$$\frac{du}{dx_1} = \frac{\partial u}{\partial x_1} + \frac{\partial u}{\partial x_2}\frac{dx_2}{dx_1} = 0, \tag{2.19}$$

$$\frac{dx_2}{dx_1} = -\frac{\partial u/\partial x_1}{\partial u/\partial x_2} = -\frac{u_1}{u_2} \tag{2.20}$$

を得る．限界代替率 $\mathrm{MRS} \equiv \left|-\frac{u_1}{u_2}\right|$ が逓減するということは，

$$\frac{d\mathrm{MRS}}{dx_1} = \frac{d}{dx_1}\left(\frac{u_1}{u_2}\right) \leq 0$$

ということである．以下にこれを計算する．$u_1 \equiv \frac{\partial u(x_1, x_2(x_1))}{\partial x_1}$, $u_2 \equiv \frac{\partial u(x_1, x_2(x_1))}{\partial x_2}$ に留意して，商の微分♣と合成関数の微分の公式♣を適用すれば，

$$\frac{d}{dx_1}\left(\frac{u_1}{u_2}\right) = \frac{1}{u_2}\left(\frac{du_1}{dx_1}\right) - \frac{u_1}{u_2^2}\left(\frac{du_2}{dx_1}\right) \tag{2.21}$$

となる. このとき,

$$\frac{du_1}{dx_1} = \frac{\partial^2 u}{\partial x_1^2} + \frac{\partial^2 u}{\partial x_1 \partial x_2}\frac{dx_2}{dx_1}$$

$$= u_{11} - u_{12}\frac{u_1}{u_2}$$

であり[13), 同様に,

$$\frac{du_2}{dx_1} = \frac{\partial^2 u}{\partial x_2 \partial x_1} + \frac{\partial^2 u}{\partial x_2^2}\frac{dx_2}{dx_1}$$

$$= u_{21} - u_{22}\frac{u_1}{u_2}$$

である. これらを (2.21) に代入して,

$$\frac{d}{dx_1}\left(\frac{u_1}{u_2}\right) = \frac{1}{u_2}\left(u_{11} - u_{12}\frac{u_1}{u_2}\right) - \frac{u_1}{u_2^2}\left(u_{21} - u_{22}\frac{u_1}{u_2}\right)$$

$$= \frac{1}{u_2^3}\left(u_{11}u_2^2 - u_1 u_2 u_{12} - u_1 u_2 u_{21} + u_1^2 u_{22}\right)$$

$$= \frac{1}{u_2^3}\left(u_{11}u_2^2 - 2u_1 u_2 u_{12} + u_1^2 u_{22}\right)$$

を得る[14). 従って ($u_2 \equiv \frac{\partial u}{\partial x_2} > 0$ であったから),

$$\frac{d}{dx_1}\left(\frac{u_1}{u_2}\right) \leq 0 \Leftrightarrow u_{11}u_2^2 - 2u_1 u_2 u_{12} + u_1^2 u_{22} \leq 0 \tag{2.22}$$

を得る. この式は (2.16) に他ならない. このことから, **限界代替率が逓減することは効用関数が準凹関数であることと同値である**ことが分かる.

凹関数と準凹関数の違いを視覚化したものが図 2.5 である.

[練習] 図 2.5 に描かれている関数 $u(x_1, x_2) = x_1^{\frac{1}{2}}x_2^{\frac{1}{2}}$ が (2.15) は満たさないが (2.22) を満たすこと, 並びに $u(x_1, x_2) = x_1^{\frac{1}{4}}x_2^{\frac{1}{4}}$ が (2.15) と (2.22) の両方を満たすことを確認しなさい.

---

13)　$\frac{dx_2}{dx_1} = -\frac{u_1}{u_2}$ を用いている.
14)　<u>Young の定理</u>♠ より $u_{12} = u_{21}$ である.

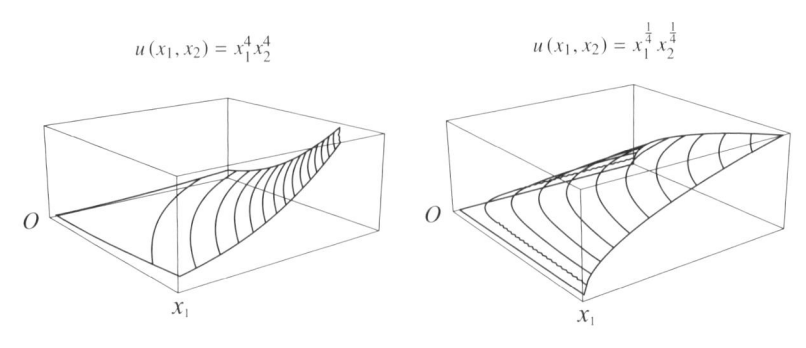

$$u(x_1, x_2) = x_1^4 x_2^4 \qquad u(x_1, x_2) = x_1^{\frac{1}{4}} x_2^{\frac{1}{4}}$$

図 **2.5** 準凹関数（左）と凹関数（右）

準凹関数の定義と同様に，準凸関数も定義される．準凸関数については，制約限定条件について紹介するときに再度言及する．

> **定義 8.** 準凸関数 (quasi-convex function)
> 　凸集合 X を定義域とする関数 f について，任意の $x \in X$ について，その下方等位線集合が凸集合であるとき，f を準凸関数 (quasi-convex function) という．この下方等位線集合が狭義凸集合であるならば，f を狭義準凸関数 (strictly quasi-convex function) という．

2.5　内点解の条件

　機会費用と限界代替率の概念をもとに，効用最大化問題の解が満たす条件について考察する．図 2.6 の上の図は，図 2.1 と同じものに，新たに消費計画 c と d を加えたものである．35 ページで用いた論法をもってすれば c と d は解の候補とはならないが，解の条件を理解することを助けることになる．

　すでに紹介したように，効用最大化問題の解は $\mathbf{x}^*$ である．本節では，このことを明らかにするにあたり，図 2.6 に描かれている a から d の各消費計画のうち，$\mathbf{x}^*$ 以外がなぜ最適消費計画とはなり得ないのか，比較しながら明らかにする．

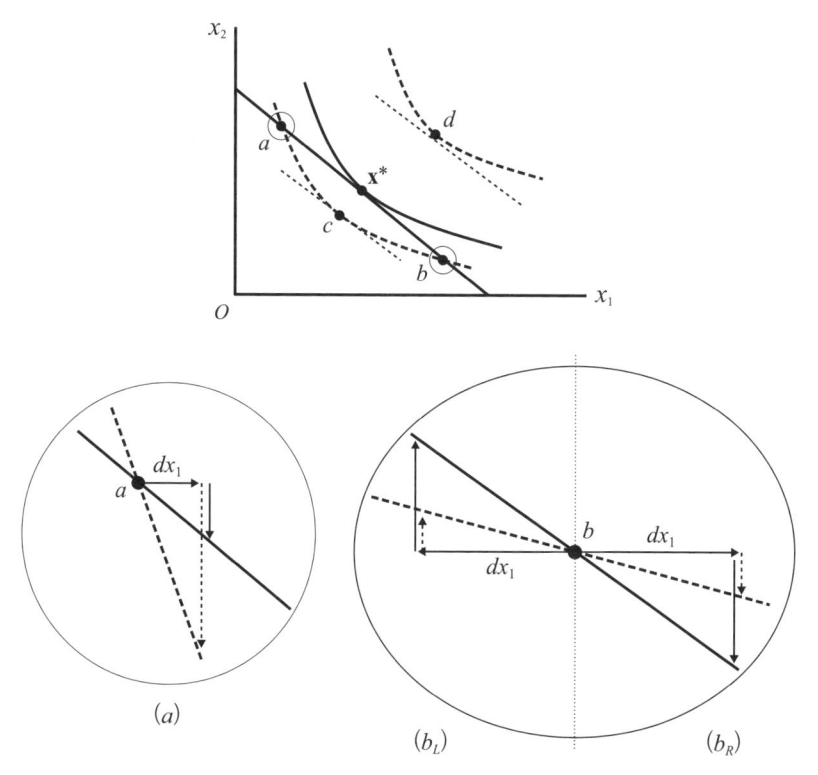

図 **2.6** 効用最大化問題の図解

2.5.1 消費計画 a, b が最適消費計画ではない理由

35 ページで紹介したように，**a, b は予算線と交わる無差別曲線上にあるのに対して，$\mathbf{x}^*$ は予算線と接する無差別曲線上にある**ことが消費計画 a, b と $\mathbf{x}^*$ の違いであるが，このことを予算線の傾きと限界代替率の概念を用いて解釈すれば以下のようになる．先ず，a, b では，予算線の傾きと限界代替率が異なる．両者の意味を踏まえれば，このことは，財 1 の購入量を dx_1 だけ余分に購入することに伴って購入できなくなる財 2 の量と，財 1 を dx_1 だけ余分に消費できるなら，そのことと引き換えに消費できなくとも構わない財 2 の

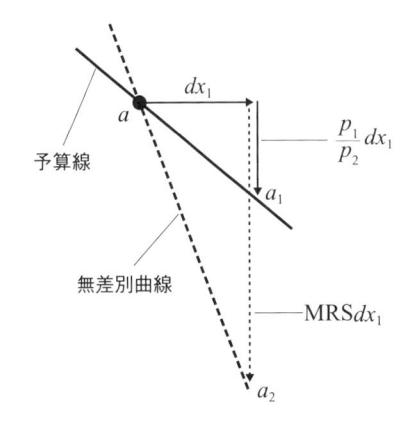

財1の購入量(消費量)を dx_1 だけ増加させる
とき，購入できなくなる財2の量.

財1を dx_1 だけ余分に消費できることと引
き換えに，消費者が消費できなくともかま
わない財2の消費削減量.

図 **2.7**　図 2.6(a) における機会費用と限界代替率

量が異なることを意味する．他方，$\mathbf{x}^*$ では両者が等しい．以下の式はこれら
のことを，より正確に，かつ端的に表す[15]．

$$\mathrm{MRS}_{12}^b < \frac{p_1}{p_2} = \mathrm{MRS}_{12}^* < \mathrm{MRS}_{12}^a \tag{2.23}$$

(2.23) について，$\frac{p_1}{p_2} < \mathrm{MRS}_{12}^a$ を視覚化したものが図 2.7 であり，これは図
2.6(a) を補足したものである．この図とともに，消費計画 a が最適消費計画
たりえるか考える．

　もし a が最適消費計画であるなら，少なくとも a の近傍には a よりも選好
される消費計画はないはずである．このことを確認するために，a の近傍に
ある任意の消費計画として財1の消費量を dx_1 だけ増加させた消費計画を考
える．この消費計画も予算制約を満たしていなければならないから，財2の
購入量は a よりも少なくなる．図2.7 に描かれている a_1 は，a と同じ予算線
上にあるからこの条件を満たす．もし a が最適消費計画であるなら，消費者
は a と a_1 について a をより選好するはずである．しかし，これは正しくない．
なぜなら，図2.7 に描かれているように，a と比較して，消費者が財1を dx_1
だけ余分に購入することに伴って購入できなくなる財2の量は，この消費者
が財1を dx_1 だけ余分に消費できることと引き換えに消費できなくなっても

---

15)　MRS_{12}^* は $\mathbf{x}^*$ における限界代替率である．

構わない財 2 の量よりも少ないからである $\left(\frac{p_1}{p_2}dx_1 < \mathrm{MRS}dx_1\right)$[16]. つまり，消費者にとって，購入できなくなる財 2 の量は十分に許容できるということである．換言すると，**財 1 の消費量を dx_1 だけ増やすとき，これに伴って予算制約上発生する財 2 の購入削減量は，消費者が許容できる財 2 の消費削減量よりも少なくてすむ**ということである．従って，消費者は a よりも a_1 を選好する $(a < a_1)$. 以上のことは，図 2.6 と図 2.7 に描かれている消費計画 a について，

$$\frac{p_1}{p_2} < \mathrm{MRS}^a_{12}$$

であることから，$dx_1 > 0$ について，

$$\frac{p_1}{p_2}dx_1 < \mathrm{MRS}^a_{12}dx_1$$

が成り立つことから帰結される．

　同じ考え方によって，消費計画 b も最適計画ではないことが分かる．このことについて考察するために，(2.23) について，$\mathrm{MRS}^b_{12} < \frac{p_1}{p_2}$ を視覚化したものが図 2.8 と図 2.9 である．これらは図 2.6(b_R) と 2.6(b_L) を補足したものである．

　図 2.8 に描かれているように，消費計画 b では消費計画 a とは逆のことが成り立っている．つまり，消費計画 b から財 1 の量を dx_1 だけ増やすことで消費できなくなる財 2 の量に対して，消費者が許容できる財 2 の削減量の方が少ない．許容できるよりも多くの削減を強いられるならば，消費者はこれを選好しないはずであろう．従って，消費者は消費計画 b より僅かでも多い量の財 1 の消費が伴う消費計画は選好しない．あるいは，a の場合と同様，b と同一無差別曲線上にある b_2 と比べて，b_1 は財 2 の量が少ないことから，$b_1 < b_2 \sim b$ を帰結してもよい．つまり，消費者は b と比較したとき，財 1 の消費量をこれ以上増やすことを選好しない．けれども，以上の考察から b が最適消費計画であると帰結することはできない．

　図 2.9 は，b から財 1 の量を dx_1 だけ減少させる場合，つまり b から予算線

---

16)　財 1 を微少量余分に消費できることと引き換えに消費できなくなっても構わない財 2 の量が $\mathrm{MRS}dx_1$ となることについては 39 ページで考察したとおりである．

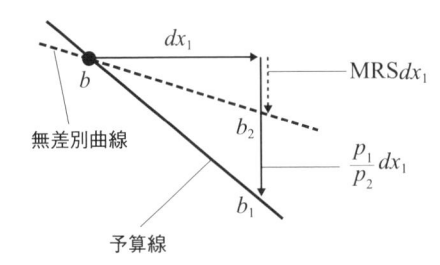

財 1 を dx_1 だけ余分に消費できることと引き換えに，消費者が消費できなくともかまわない財 2 の消費削減量．

財 1 の購入量(消費量)を dx_1 だけ増加させるとき，購入できなくなる財 2 の量．

図 **2.8**　図 2.6(b_R) における機会費用と限界代替率

財 1 の購入を dx_1 だけ削減することで，消費者が購入できる財 2 の量．

財 1 の消費を dx_1 だけ削減するとき，無差別でいるために必要とされる財 2 の増加量．

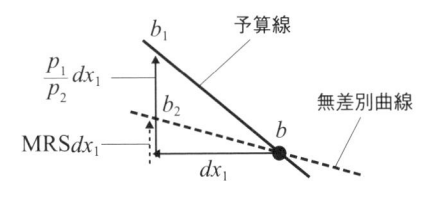

図 **2.9**　図 2.6(b_L) における機会費用と限界代替率

の左上方にある x^* へ向かうように消費計画を微少変化させる場合を描いたものである．図 2.9 に描かれているように，b においては，財 1 の購入量を dx_1 だけ少なくするとき，消費者が無差別でいるために必要とする財 2 の消費量の増加分は，浮いた予算で購入できる財 2 の量よりも少ないことが視認できる．必要とするよりも多くの財が消費できるのだから，消費者はこれをより選好する．従って b も最適消費計画ではない．

　さて，a, b ともに消費者が最も選好する消費計画ではないことが示された．このことを別の視点から考えてみると，a, b ともに，$\mathbf{x}^*$ よりも片方の財に偏った消費計画であることに気づく．a では，財 1 の消費量が少なく，逆に財 2 が多いために，消費者は財 2 の購入を減らし財 1 の購入量を増やすことを躊躇わない．消費者にとって，財 1 の購入量を微少増加させるために失っても構わない財 2 の量が大きい，つまり MRS_{12}^{a} は，機会費用よりも大きい可能性が高くなる．逆に，b では財 1 の消費量が多いので，消費者としては財 2 の消費を増やすために，財 1 の消費を減らすことをそれ程厭わない．これは選好関係の凸性の特性でもある．

最適消費計画 $\mathbf{x}^*$ では,

$$\frac{p_1}{p_2} = \text{MRS}_{12}^* \tag{2.24}$$

が成り立っている. $\mathbf{x}^*$ から財 1 の量を僅かでも増加させると,この等式は満たされず,図 2.9 を用いて考察したように,消費者は財 1 の消費量が少ない消費計画をより選好するから,財 1 の購入量を減らし財 2 の購入量を増やそうとする.逆に財 1 の量を僅かでも減少させても,この等式は満たされず,図 2.8 を用いて考察したように,消費者は財 1 の消費量が多い消費計画をより選好するから,財 1 の購入量を増やし財 2 の購入量を減らそうとする.このような購入量の調整は (2.24) が成り立つまで続く.逆の見方をすると,(2.24) が成り立つ消費計画が特定されたとき,消費者による各財の購入量の調整プロセスが終わる.

2.5.2　消費計画 c, d が最適消費計画ではない理由

予算線の傾きと限界代替率が等しいのは $\mathbf{x}^*$ のみではない.図 2.6 には,予算線と平行な線が 2 本描かれており,これらに接している消費計画 c 並びに d でも予算線の傾きと限界代替率は等しいことになる.しかし,消費計画 d は描かれている消費計画の中では消費者が最も選好するものであるが,予算を超えているので最適消費計画ではない.逆に,消費計画 c は予算に満たないので,残りの予算を片方あるいは両方の財を購入することで,より選好する消費計画を選択することが可能であるから,やはり最適消費計画ではない.最適消費計画 $\mathbf{x}^*$ は予算制約を満たすと同時に (2.24) も満たす.最適消費計画を特定するためには,これら 2 つの条件が必要なのである.

2.6　端点解の条件

これまでに考察してきた内点解の条件をもとに,端点解の条件を明らかにする.図 2.10 左の端点解は,$\mathbf{x}^* = \left(\frac{w}{p_1}, 0\right)$,つまり予算の全てを財 1 の購入に

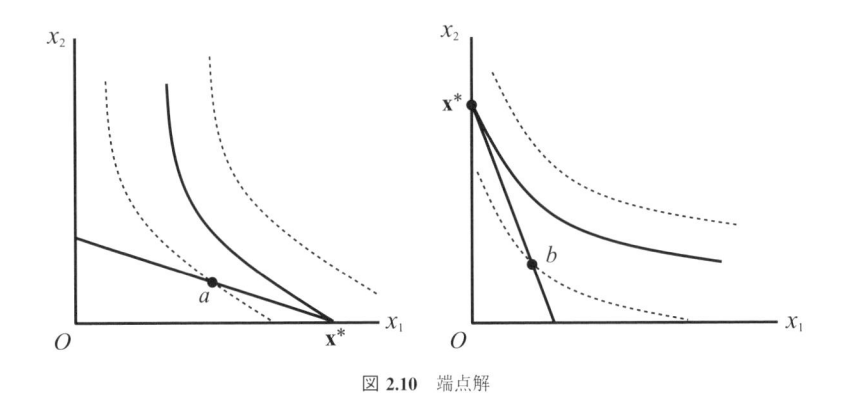

図 **2.10**　端点解

充て，財 2 は全く購入しないという消費計画である．消費者がこのような消費計画を選択するのは，要するに消費者が財 1 をもの凄く好きな場合か，財 1 の値段がもの凄く安い場合か，あるいはその両方の場合であろう．これらをもう少し注意深く場合分けすると以下のようになる．すなわち，

(i)　消費者が財 1 を財 2 よりも遥かに選好する場合．この場合は，財 1 の価格の方が財 2 の価格よりも高くとも，消費者が財 1 を財 2 より十分に選好している場合も含む．

(ii)　財 1 が財 2 よりも格段に安い場合．この場合は，消費者が財 1 よりも財 2 を選好していたとしても，財 1 の価格が財 2 の価格と比べて十分に安い場合も含む．

(iii)　消費者が財 1 を財 2 よりも遥かに選好し，かつ財 1 の価格が財 2 の価格と比べて格段に安い場合．

これら全ての場合は，以下の式によって説明される．

$$\frac{p_1}{p_2} < \mathrm{MRS}_{12}$$

(i) の場合というのは，この式の右辺が左辺よりも大きいことを言葉にしたものと解釈できる．右辺は，限界代替率，つまり消費者が財 1 を余分に消費できることと引き換えに失っても構わないと思う財 2 の量であるが，財 1 を財 2 よりも遥かに選好する消費者は，極端な場合，財 2 の消費ができなくと

も財 1 さえたくさん消費できれば構わないかもしれない．このことは，財 1 の価格が財 2 の価格よりも多少高い場合にも成り立つであろう．財 1 の価格が財 2 のそれよりも多少高い場合とは具体的にどの程度高い場合かという価格水準は，左辺の相対価格 $\frac{p_1}{p_2}$ によって示されている．財 1 の価格の方が高い場合は，相対価格は 1 より大きくなるが，限界代替率はそれよりも大きくなることを，この式は意味している．

（ⅱ）の場合は，同じ式の左辺が右辺よりも小さいことを言葉にしたものと解釈できる．つまり，財 1 の価格が財 2 の価格よりも格段に安い場合は，この式の左辺は 1 よりもはるかに小さくなる．限界代替率が少しくらい小さくとも，つまり消費者が，財 1 を余分に購入することと引き換えに消費できなくとも構わない財 2 の量が少なくとも，相対価格の方が小さければ，消費者は財 1 の消費に特化するであろう．（ⅲ）の場合は，(i), (ⅱ) の双方の場合であるから，説明は無用であろう．

以上のことは，図 2.10 左に描かれている消費計画 a についても当然成り立つ．実際，消費計画 a では，予算線と無差別曲線の交わり方が，内点解の場合で考察した図 2.6 に描かれている消費計画 a と同じである．従って，両者は全く同じ理由により最適消費計画ではなく，同じ条件が $\mathbf{x}^*$ についても成り立っている．

図 2.10 右の端点解の説明と解釈は，これまでの考察と同様であり，図 2.10 右に描かれている消費計画 b は図 2.6 に描かれている消費計画 b と同じ理由により最適消費計画ではなく，同じ条件が図 2.10 右の最適消費計画 $\mathbf{x}^*$ についても成り立っている．

端点解の場合は，最適消費計画 $\mathbf{x}^*$ においても，消費者はもし可能ならば，引き続き財 1（図 2.10 左）あるいは財 2（図 2.10 右）を購入したいはずであるが，予算制約によりこれ以上どちらの財も購入することができないので，$\mathbf{x}^*$ が等号制約条件つき最適化問題の解となる．これに対して，内点解の場合は，相対価格が限界代替率と等しくなるので，予算線上の他の消費計画を選択することが可能であるとき，$\mathbf{x}^*$ を選択する．次節では，内点解に考察の焦点を戻す．

2.7 内点解を求める

これまでの考察から，(2.2) の解が満たすべき条件が特定された．本節では，その条件をもとに，Cobb-Douglas 型効用関数を用いて，内点解の場合の解を求める．最適化問題は，

$$\underset{x_1, x_2}{\text{Max}} \quad x_1^\alpha x_2^{1-\alpha} \quad \text{s.t.} \quad p_1 x_1 + p_2 x_2 = w \tag{2.25}$$

である．最適消費計画が満たすべき (2.24) をこの問題について求める必要があるが，予算線の傾きと限界代替率はすでに導出が終わっている．これらを用いれば，(2.24) は以下のようになる

$$\frac{p_1}{p_2} = \frac{\alpha}{1-\alpha} \frac{x_2}{x_1}. \tag{2.26}$$

この式と予算制約式を用いて解を求める．(2.26) より，

$$p_1 (1 - \alpha) x_1 = \alpha p_2 x_2 \tag{2.27}$$

$$p_1 x_1 = \alpha (p_1 x_1 + p_2 x_2) \tag{2.28}$$

予算制約式を用いて，(2.28) の右辺を変形し，

$$p_1 x_1 = \alpha w \tag{2.29}$$

$$x_1 = \frac{\alpha w}{p_1} \tag{2.30}$$

を得る．(2.30) を予算制約式に代入したものを x_2 について解き，

$$x_2 = \frac{(1 - \alpha) w}{p_2} \tag{2.31}$$

を得る．(2.30), (2.31) が効用最大化問題 (2.2) の解である．一般に，効用最大化問題の解は**ワルラスの需要関数 (Walrasian demand function)** と呼ばれる[17]．

---

17) マーシャルの需要関数 (Marshallian demand function) とも呼ばれる．本書では，Mas-Colell Whinston, Green 共著による *Microeconomic Theory* にならい，後で紹介する，マーシャルによる部分均衡分析における効用最大化問題の解として導出される需要関数のことをマーシャルの需要関数と呼ぶことにする．

2.7.1 補足：Cobb-Douglas 型効用関数から導出される需要関数の特性

(2.30), (2.31) から，各財の需要は，それぞれの価格の減少関数であること
が分かる．このことから，市場における財の需要量も価格と負の相関関係を
持つこと，つまり「需要曲線は右下がり」であることも推察できる．また，各
財の需要量は，予算についての増加関数であることも示されており，これも
直感に従う．

(2.30) の導出に際して，(2.29) も導出された．つまり，最適消費計画は，

$$p_1 x_1 = \alpha w,$$

$$p_2 x_2 = (1 - \alpha) w$$

を満たす．これら 2 つから，消費者が，予算とこれが定める消費集合を前に
して最も選好する消費計画を特定する際に顕在化する，次のような行動原理
を見出すことができる．(2.29) は最適消費計画において，財 1 に関わる支出額
（左辺）が，αw と等しくなることを示している．同じように，財 2 に関わる
支出額は，$(1 - \alpha) w$ と等しくなる．ところで，α は Cobb-Douglas 型効用関数
$u(x_1, x_2) = x_1^\alpha x_2^{1-\alpha}$ に含まれる情報であり，(1.4) で紹介したように，$\alpha \in (0, 1)$
を満たす．つまり，**Cobb-Douglas 型効用関数 $u(x_1, x_2) = x_1^\alpha x_2^{1-\alpha}$ によってその
選好が表現される消費者の最適消費計画は，予算の α 分 (αw) を財 1 に費や
し，残りの $(1 - \alpha) w$ を財 2 に費やすものである．**

2.8 Lagrange 乗数法

本節では Lagrange 乗数法を紹介する．この方法は経済学の様々な問題を解
くことに用いられる．

2.8.1　Lagrange 乗数法

引き続き，以下の問題を解くことを通じて，Lagrange 乗数法の考え方から紹介する

$$\operatorname*{Max}_{x_1, x_2}\quad u(x_1, x_2)\quad \text{s.t.}\quad p_1 x_1 + p_2 x_2 = w. \tag{2.32}$$

これまでに考察してきたように，効用最大化問題の解は予算線上の点であり，その点における接線の傾きが予算線の傾きと等しいものである．つまり，**予算線が無差別曲線の接線でもあるような点が，内点解の場合の最適消費計画を表す．** このことは，以下のように書くことができる

$$\left.\frac{dx_2}{dx_1}\right|_{dB=0} = \left.\frac{dx_2}{dx_1}\right|_{du=0}, \tag{2.33}$$

$$p_1 x_1 + p_2 x_2 = w. \tag{2.34}$$

(2.33) は予算線の傾き（左辺）と無差別曲線上の点 (x_1, x_2) における限界代替率（右辺）が等しいことを意味する．より具体的には，

$$-\frac{p_1}{p_2} = -\frac{\partial u/\partial x_1}{\partial u/\partial x_2} \tag{2.35}$$

を意味するから，これを変形して，

$$\frac{\partial u/\partial x_1}{p_1} = \frac{\partial u/\partial x_2}{p_2} \tag{2.36}$$

を得る．もちろん，効用関数が (2.25) と同じであれば，(2.35) は (2.26) と一致する．(2.36) の両辺の分子は各財の限界効用であり，これを各財の価格で割ったものが等しいということは，**価格の異なる財を購入するにあたり，最適消費計画では 1 円あたりの限界効用が均等になる**ということである．

さて，限界効用について紹介した際は (p.29)，スポーツドリンクとサンドイッチの選択について，それぞれの価格を考慮せずに考察した．そのとき，価格を考慮する必要がない消費者は，より大きな限界効用を伴う方を選択すると帰結した．価格を考慮する場合，(2.36) から，消費者は，1 円あたりの各財

の限界効用が等しくなるよう需要することが分かる[18]. (2.36) の値は正の実数であるからこれを $\lambda > 0$ とおくことにして,

$$\frac{\partial u/\partial x_1}{p_1} = \frac{\partial u/\partial x_2}{p_2} = \lambda \tag{2.37}$$

とする. λ は Lagrange 乗数 (Lagrange multiplier) と呼ばれる. 最適消費計画はこの式を満たすと同時に (2.34) も満たす.

これらのことに留意しつつ, 以下の最大化問題を解くことを考える[19]. $\mathscr{L}$ のことを Lagrange 関数, または Lagrangian と呼ぶ.

$$\underset{x_1, x_2, \lambda}{\text{Max}} \quad \mathscr{L} \left[\equiv u(x_1, x_2) + \lambda(w - p_1 x_1 - p_2 x_2) \right] \tag{2.38}$$

(2.38) を眺めて, 予算制約式が成り立つならば $w - p_1 x_1 - p_2 x_2 = 0$ となるから, $\mathscr{L}$ に $w - p_1 x_1 - p_2 x_2$ が含まれることを奇妙に感じるとすれば, それは我々が, これまでの考察から最適消費計画では $p_1 x_1 + p_2 x_2 - w = 0$ が成り立つことを承知していることから生じる誤解である. (2.38) は, $p_1 x_1 + p_2 x_2 - w = 0$ という制約条件式を持たない最適化問題である.

(2.38) の一階条件[*]は,

$$\frac{\partial \mathscr{L}}{\partial x_1} = \frac{\partial u}{\partial x_1} - \lambda p_1 = 0, \tag{2.39}$$

$$\frac{\partial \mathscr{L}}{\partial x_2} = \frac{\partial u}{\partial x_2} - \lambda p_2 = 0, \tag{2.40}$$

$$\frac{\partial \mathscr{L}}{\partial \lambda} = w - p_1 x_1 - p_2 x_2 = 0 \tag{2.41}$$

であるが, (2.39), (2.40) より (2.37) を導出することができる. また, (2.41) は (2.34) と同じである. つまり, 等号制約条件式つき最大化問題 (2.32) の解は, 等号制約条件式を持たない Lagrange 関数 ($\mathscr{L}$) を x_1, x_2 そして λ について最大化することで求めることができる. これが Lagrange 乗数法である[20].

---

18) 消費者は, 予算を使い果すまで常に 1 円あたりの限界効用が最も大きい財を需要し続ける. その結果として, 最適消費計画では, どの財についても 1 円あたりの限界効用が等しくなる. (限界効用が逓減するという前提のもとでは, ある特定の財だけを需要し続けると, 1 円あたりの限界効用は逓減する $\left(\frac{\partial^2 u}{\partial x^2} < 0 \right)$ ことに留意).

19) 目的関数 ($\mathscr{L}$) の定義は [ ] の中に与えられている.

20) Lagrange の未定乗数法ともいう.

　Lagrange 乗数法は 2 つの特徴を持つ．一つは，等号制約条件付き最適化問題を制約無しの最適化問題として解くことを可能にすること，もう一つは後で紹介するように，Lagrange 乗数 (λ) に重要な情報が含まれていること，である．

2.8.2　設定の仕方

　効用最大化問題 (2.32) を Lagrange 乗数法により解く際，Lagrange 関数の設定の仕方には大別して 2 種類の方法が考えられる．一つは (2.38) でそうしたように，

$$\mathscr{L} \equiv u(x_1, x_2) + \lambda(w - p_1 x_1 - p_2 x_2) \tag{2.42}$$

とするか，あるいは同様に，

$$\mathscr{L} \equiv u(x_1, x_2) - \lambda(p_1 x_1 + p_2 x_2 - w) \tag{2.43}$$

とする方法である．これら 2 つの Lagrange 関数を x_1, x_2, λ について最大化するとき，一階条件は (2.39), (2.40)，および (2.41) となる．
　もう一つの可能性として，

$$\mathscr{L} \equiv u(x_1, x_2) - \lambda(w - p_1 x_1 - p_2 x_2), \tag{2.44}$$

$$\mathscr{L} \equiv u(x_1, x_2) + \lambda(p_1 x_1 + p_2 x_2 - w) \tag{2.45}$$

とする方法もある．これらを x_1, x_2, λ について最大化するとき，一階条件は以下のようになる．

$$\frac{\partial \mathscr{L}}{\partial x_1} = \frac{\partial u}{\partial x_1} + \lambda p_1 = 0, \tag{2.46}$$

$$\frac{\partial \mathscr{L}}{\partial x_1} = \frac{\partial u}{\partial x_2} + \lambda p_2 = 0, \tag{2.47}$$

$$\frac{\partial \mathscr{L}}{\partial \lambda} = p_1 x_1 + p_2 x_2 - w = 0 \tag{2.48}$$

2 つの方法の違いは一階導関数が異なる点である．
　結果的には，この違いは大きな問題とはならないので，どちらの方法を用

いても構わない．しかし，後で紹介することになる，効用最大化問題におけ
る，Lagrange 乗数の経済学的な意味に照らし合わせると，より自然な方法は
(2.42)，または (2.43) である．

　2つの方法の違いを明らかにするために，Cobb-Douglas 型の効用関数を想定
して，効用最大化問題を解く．λ 以外の解はすでに導出しているが，Lagrange
乗数法の例題の意味を兼ねて，解き方を少し工夫する例とあわせて紹介する．
解くべき効用最大化問題は引き続き，

$$\underset{x_1,x_2}{\text{Max}} \ x_1^\alpha x_2^{1-\alpha} \quad \text{s.t.} \quad p_1x_1 + p_2x_2 = w \tag{2.49}$$

である．先ず，Lagrange 関数を (2.42) と同じように設定して (2.49) を解く．
最大化問題は，

$$\underset{x_1,x_2,\lambda}{\text{Max}} \ \mathscr{L} \left[\equiv x_1^\alpha x_2^{1-\alpha} + \lambda \left(w - p_1x_1 - p_2x_2\right) \right]$$

である．一階条件は，

$$\frac{\partial \mathscr{L}}{\partial x_1} = \alpha x_1^{\alpha-1} x_2^{1-\alpha} - \lambda p_1 = 0,$$

$$\frac{\partial \mathscr{L}}{\partial x_2} = (1-\alpha) x_1^\alpha x_2^{-\alpha} - \lambda p_2 = 0,$$

$$\frac{\partial \mathscr{L}}{\partial \lambda} = w - p_1x_1 - p_2x_2 = 0$$

である．

[**練習**]　導出された一階条件を x_1, x_2, λ について解き，

$$x_1 = \frac{\alpha w}{p_1}, \quad x_2 = \frac{(1-\alpha)w}{p_2}, \quad \lambda = \frac{1}{w} \tag{2.50}$$

となることを確認しなさい．

　次に，すこし計算上の工夫をして，もう一つの Lagrange 関数を解く．(2.49)
は以下の効用最大化問題と同じ解を持つ

$$\underset{x_1,x_2,\lambda}{\text{Max}} \ \alpha \ln x_1 + (1-\alpha) \ln x_2 \quad \text{s.t.} \quad p_1x_1 + p_2x_2 = w. \tag{2.51}$$

なぜなら，これら 2 つの効用関数は同じ選好関係を表現するからである[21]．Lagrange 関数を (2.44) と同じように設定して (2.51) を解く．最大化問題は，

$$\underset{x_1, x_2, \lambda}{\text{Max}} \ \mathscr{L} \left[\equiv \alpha \ln x_1 + (1 - \alpha) \ln x_2 - \lambda (w - p_1 x_1 - p_2 x_2) \right]$$

である．連鎖率♠に留意して一階条件を求めると以下のようになる

$$\frac{\partial \mathscr{L}}{\partial x_1} = \frac{\alpha}{x_1} + \lambda p_1 = 0,$$

$$\frac{\partial \mathscr{L}}{\partial x_2} = \frac{1 - \alpha}{x_2} + \lambda p_2 = 0,$$

$$\frac{\partial \mathscr{L}}{\partial \lambda} = -w + p_1 x_1 + p_2 x_2 = 0.$$

[練習]　導出された一階条件の連立方程式を解いて

$$x_1 = \frac{\alpha w}{p_1}, \quad x_2 = \frac{(1 - \alpha) w}{p_2}, \quad \lambda = -\frac{1}{w} \tag{2.52}$$

となることを確認しなさい．

このように，2 つの方法で Lagrange 関数を設定しても，λ の符号が異なることを除いて，同じ解が得られる．この意味で，Lagrange 関数の設定の仕方は大きな問題とはならない．従って，どちらを用いても構わない．ただ，前述したように，(2.42) の方が自然である．なぜなら，(2.42) の方が，66 ページで明らかになる λ が持つ情報に即しているからである．

2.8.3　補足：制約限定条件

Lagrange 乗数法により，等号制約条件つき最小化問題も解くことができる．極値を求めるときに考察したように♠，Lagrange 乗数法を用いるとき，導出した一階条件を解くだけでは，Lagrange 関数の停留点が特定されるだけで，停留点において目的関数が極大値，あるいは極小値をとるのかは分からない．これまで考察してきた効用最大化問題については，無差別曲線の凸性，つまり

---

21)　このことは 40 ページで明らかにした．

効用関数の準凹性と，単調性の前提などをグラフを用いて考察してきた経緯から，一階条件から特定された Lagrange 関数の停留点では，この関数が極大値かつ最大値をとること，従って<u>停留点</u>*が最適消費計画であることが分かっていた．そのような考察を経ないならば，Lagrange 乗数法により最適化問題を解く際も，<u>関数の最適化について考察したように</u>*，二階条件を調べる必要がある．また，経済学の教科書（わけても学部のもの）では特に扱う理由はないが，解こうとする最適化問題の解が存在しない場合や，解は存在しても Lagrange 乗数法では解けない場合もある．これらについて考察することは，数学的には興味深いものの，経済学を学ぶ際に最も重要というほどではない．このような場合を避けるという実用的な意味から，解こうとする制約条件付き最適化問題が解を持つための条件を予め知っておくことは便利である．そのような条件のことを**制約限定条件 (constraint qualification)** という．制約限定条件の考察には線形代数を学んでおくことが望ましく，それは本書の射程の外にあるので，より上級の教科書や最適化の教科書に譲る．本書で考察する最適化問題は，全て制約限定条件を満たすものである．制約限定条件に加えて，一階条件を解いて得られた停留点において目的関数が最大値，あるいは最小値をとるための条件を予め知っていれば，二階条件を個別に確認する手間も省ける．この目的のために，以下の定理を紹介しておく．

定理 1.　等号制約条件付き最大化問題

$$\underset{\mathbf{x}}{\text{Max}} \ f(\mathbf{x}) \quad \text{s.t.} \quad g(\mathbf{x}) = 0$$

について，f, g はともに増加関数で，$f(\mathbf{x})$ が狭義準凹関数であり，$g(\mathbf{x})$ が準凸関数であるならば，この最大化問題の解はただ一つ存在し，極大値は最大値でもある．

　なお，$f(\mathbf{x})$ と $g(\mathbf{x})$ は一変数関数でも多変数関数でも構わない．この定理により，最適化問題を解くにあたり，目的関数と制約条件を表す関数の性質を把握することで，二階条件を計算せずに極値の判定ができる．これまでに考察してきた効用最大化問題では，目的関数：$f(\mathbf{x})$ は効用関数である．ちなみ

に，Cobb-Douglas 効用関数：$u(x_1, x_2) = x_1^\alpha x_2^{1-\alpha}$, $\alpha \in (0, 1)$ は狭義準凹関数であり，予算制約式は制約条件式：$g(\mathbf{x}) = 0$ であり，準凸である．双方とも $\mathbf{x}$ の増加関数であるから，この定理の条件を満たす．従って，導出された解は効用関数を最大化する最適消費計画である．

　本書では，以降の考察で二階条件について言及しない場合には，これが満たされているものとする．

[**練習**]　消費者の選好が CES 型効用関数 (1.6) によって表現されているとき，効用最大化問題は以下のように定義される

$$\underset{x_1, x_2}{\text{Max}} \quad \left(\alpha x_1^\rho + (1-\alpha) x_2^\rho\right)^{\frac{1}{\rho}} \qquad 0 < \alpha < 1, \quad \rho < 1, \rho \neq 0$$
$$\text{s.t.} \quad p_1 x_1 + p_2 x_2 = w.$$

1. Lagrange 関数を設定し，一階条件を導出したのち，それらから以下が成り立つことを確認しなさい

$$\frac{x_1}{x_2} = \left(\frac{1-\alpha}{\alpha} \frac{p_1}{p_2}\right)^{-\sigma}, \quad \sigma \equiv \frac{1}{1-\rho}.$$

σ が代替弾力性 (elasticity of substitution) と呼ばれ，CES 型関数の名称の由来はこの値が一定であることは簡単に紹介した．

2. この式を用いれば予算制約式が以下のように書けることを確認しなさい

$$p_1 x_2 \left(\frac{1-\alpha}{\alpha} \frac{p_1}{p_2}\right)^{-\sigma} + p_2 x_2 = w.$$

3. この式が以下のように変形できることを確認しなさい

$$\left(\frac{p_2}{1-\alpha}\right)^\sigma x_2 \left(\alpha^\sigma p_1^{1-\sigma} + (1-\alpha)^\sigma p_2^{1-\sigma}\right) = w.$$

4. この式を x_2 について解き，

$$x_2 = \left(\frac{1-\alpha}{p_2}\right)^\sigma \frac{w}{\alpha^\sigma p_1^{1-\sigma} + (1-\alpha)^\sigma p_2^{1-\sigma}}$$

となること，並びに，同様の計算から，

$$x_1 = \left(\frac{\alpha}{p_1}\right)^\sigma \frac{w}{\alpha^\sigma p_1^{1-\sigma} + (1-\alpha)^\sigma \, p_2^{1-\sigma}}$$

となることを確認しなさい.

2.9 各財の需要曲線

　各財の需要曲線は, 考察対象の財以外の財の価格と予算に変化がなく, 考察対象の財の価格のみが変化することに伴い, その財の需要がどのように変化するか描いたものである. あるいは, 考察対象の財の価格のみ異なる値を幾つかとると仮定して, その都度効用最大化問題を解いて, 価格とその財の需要量をグラフにしたと考えてもよい. 図 2.11 はこのことを財 1 について描いたものである. 同図の上には, 3 つの最適消費計画が描かれており, これらは全て同一の p_2 と w が想定されており (このことは 3 本の予算線の x_2 軸の切片が同一であることに示されている), 財 1 の価格 p_1 については 3 つの異なる値が想定されている. 描かれている予算線の x_1 軸の切片から $p_1^a > p_1^b > p_1^c$ であることも言を俟たない. 同図の下に描かれているのは, p_2 と w が固定されているとき, p_1 の異なる値に対応する財 1 の最適な消費量の組をグラフにしたものである. この図を財 1 の需要曲線と呼ぶ. 留意しておくべきことは, この需要曲線は, 他の財と予算が固定されていることである. 例えば, 他の財の価格は固定されていて, 予算が変化した場合は, 予算線の x_2 軸の切片も異なるものになるので, 需要曲線も異なるものになる. 同様に p_2 が固定されており, 予算 w が増えた場合は, 財 1 の需要曲線は図 2.11 に描かれているものよりも右側に描かれることが予想されるであろう. このようなとき, 経済学では需要曲線が "右にシフトする" という. しかし, 予算が増えればいつも自動的に財の需要量も増えると結論づけることはできない. このことについては, スルツキー分解について紹介するときに考察することになる.

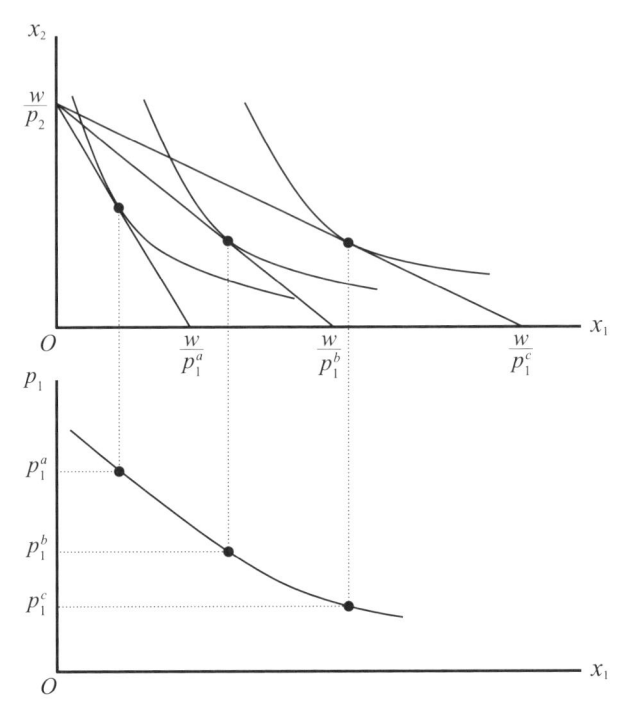

図 **2.11**　財 1 の需要曲線

2.10　間接効用関数

効用最大化問題の考察で得られた知見を足掛かりとして，さらに考察を重ねる．先ず，これまでに考察してきた効用最大化問題をあらためて眺めてみる

$$\underset{x_1, x_2}{\text{Max}}\ u(x_1, x_2) \quad \text{s.t.} \quad p_1 x_1 + p_2 x_2 = w.$$

この問題を解くとき，x_1, x_2 は，その値を適宜選択することで効用関数の値を最大化しようとする変数であり，消費者の意思決定の及ぶ範囲内にある．このような変数のことを**内生変数 (endogenous variables)** という．他方，効用最大化問題を解くとき，価格 p_1 と p_2，並びに予算 w は所与とされており，消

費者の意思決定の及ぶ範囲の外にある[22]. このような変数のことを**外生変数 (exogenous variables)** という.

これまでの考察で導出した最適消費計画は，内生変数を外生変数の関数で表すものである．最適消費計画を $\left(x_1^*, x_2^*\right)$ と表すことにすれば，これらは外生変数の関数として，

$$x_1^* \equiv x_1^*(p_1, p_2, w), \quad x_2^* \equiv x_2^*(p_1, p_2, w) \tag{2.53}$$

と書くことができる．つまり，p_1，p_2，並びに w が与えられたならば，効用水準を最大化する各財の消費量や最大化される効用関数値を求めることができる．本節では後者について考察する[23].

例えば，効用関数が $u(x_1, x_2) = \alpha \ln x_1 + (1 - \alpha) \ln x_2$ の場合，(2.53) は以下のようになる

$$x_1^* \equiv x_1^*(p_1, p_2, w) = \frac{\alpha w}{p_1}, \quad x_2^* \equiv x_2^*(p_1, p_2, w) = \frac{(1 - \alpha) w}{p_2}.$$

これらを効用関数に代入したものは，

$$u\left(x_1^*(p_1, p_2, w), x_2^*(p_1, p_2, w)\right) = \alpha \ln\left(\frac{\alpha w}{p_1}\right) + (1 - \alpha) \ln\left(\frac{(1 - \alpha) w}{p_2}\right) \tag{2.54}$$

である．効用関数は各財の消費量の関数であったが，(2.54) は財の価格 p_1, p_2 と予算 w の関数であり，関数値は与えられた財の価格と予算によって消費者が特定する最適消費計画に伴う値である．そこでこれを新たな関数として以下のように定義する

$$v(p_1, p_2, w) \equiv u\left(x_1^*(p_1, p_2, w), x_2^*(p_1, p_2, w)\right). \tag{2.55}$$

このように，効用関数に最適消費計画（ワルラスの需要関数）を代入して得られる関数を**間接効用関数 (indirect utility function)** という．この場合は，

$$v(p_1, p_2, w) = \alpha \ln\left(\frac{\alpha w}{p_1}\right) + (1 - \alpha) \ln\left(\frac{(1 - \alpha) w}{p_2}\right) \tag{2.56}$$

---

22) もちろん，現実には予算は消費者の意思決定の及ぶ範囲内にあるが，効用最大化問題を解くときは，予算がすでに決定しているという意味で，消費量を決定する際は意思決定の対象ではない．なお，現実には価格も消費者が影響を及ぼしうることがある.

23) 前者についてはスルツキー分解の考察で用いることになる.

となる．なお，間接効用関数は，前述したように，各財の価格と予算が与えられているとき，最適化（この場合は最大化）される関数値（これを最適値という）を与えるので，一般に**最適値関数 (value function)** と呼ばれるものの一つである．

いま，消費者が最適消費計画を特定した後で，w が微少変化したとする．消費者はどのような影響を受けるであろうか．このことを調べるには，(2.55) を w について偏微分すればよい．この操作により，

$$\frac{\partial v}{\partial w} = \frac{\partial u}{\partial x_1^*}\frac{\partial x_1^*}{\partial w} + \frac{\partial u}{\partial x_2^*}\frac{\partial x_2^*}{\partial w} \tag{2.57}$$

を得る．x_1^*, x_2^* は最適消費計画であるから効用最大化問題の一階条件を満たす．従って，(2.39), (2.40) から，$\frac{\partial u}{\partial x_1^*} = \lambda p_1$, $\frac{\partial u}{\partial x_2^*} = \lambda p_2$ である．これを利用すれば，

$$\frac{\partial v}{\partial w} = \lambda \left(p_1\frac{\partial x_1^*}{\partial w} + p_2\frac{\partial x_2^*}{\partial w} \right) \tag{2.58}$$

となる．さらに，x_1^*, x_2^* は最適消費計画であるから予算制約式も満たす．つまり，

$$p_1 x_1^*(p_1, p_2, w) + p_2 x_2^*(p_1, p_2, w) = w \tag{2.59}$$

であり，この式を w について微分すると，

$$p_1\frac{\partial x_1^*}{\partial w} + p_2\frac{\partial x_2^*}{\partial w} = 1$$

なので，

$$\frac{\partial v}{\partial w} = \lambda \tag{2.60}$$

を得る．これが効用最大化問題における Lagrange 乗数 λ の意味である．すなわち，λ は最適消費計画を選択した消費者の所得（予算）が微少変化したときの最適値の変化を表す．この意味で，λ を**所得の限界効用 (marginal utility of income)** と呼ぶ．一般に，w など外生変数の微小変化に伴い，最適値がどのように変わるか調べることを**感度分析 (sensitivity analysis)** という．

(2.60) の導出に際して，もし (2.46), (2.47) を用いて $\frac{\partial u}{\partial x_1} = -\lambda p_1$, $\frac{\partial u}{\partial x_2} = -\lambda p_2$

を導出していたならば，$\frac{\partial v}{\partial w} = -\lambda$ を得ていた．その場合，効用が最大化された状態から w が微少増加して，さらに財を購入することが可能になっても，関数値が減少する（消費者はそのことを選好しない）ことを意味するが，これは不自然であろう．この意味で，効用最大化問題を Lagrange 乗数法で解く際には，(2.39) と (2.40) の導出につながる (2.42) または (2.43) を用いる方が自然である．

連鎖律に留意して (2.56) を w について微分してみると，

$$\frac{\partial v}{\partial w} = \alpha \frac{1}{\frac{\alpha w}{p_1}} \frac{\alpha}{p_1} + (1 - \alpha) \frac{1}{\frac{(1-\alpha)w}{p_2}} \frac{(1 - \alpha)}{p_2}$$

$$= \frac{\alpha}{w} + \frac{(1 - \alpha)}{w}$$

$$= \frac{1}{w} = \lambda$$

を得る．(2.50) で導出したものと同じ結果が確認された．

[練習]　連鎖率に留意して (2.56) を p_1, p_2 について微分し，以下を確認しなさい

$$\frac{\partial v}{\partial p_1} = -\frac{\alpha}{p_1}, \quad \frac{\partial v}{\partial p_2} = -\frac{1 - \alpha}{p_2}.$$

2.11　ロワの恒等式

間接効用関数 (2.55) を価格について偏微分すると，

$$\frac{\partial v}{\partial p_1} = \frac{\partial u}{\partial x_1} \frac{\partial x_1}{\partial p_1} + \frac{\partial u}{\partial x_2} \frac{\partial x_2}{\partial p_1},$$

$$\frac{\partial v}{\partial p_2} = \frac{\partial u}{\partial x_1} \frac{\partial x_1}{\partial p_2} + \frac{\partial u}{\partial x_2} \frac{\partial x_2}{\partial p_2}$$

を得る．所得の限界効用を導出したときと同じ計算から，これらは以下と同値である

$$\frac{\partial v}{\partial p_1} = \lambda \left(p_1 \frac{\partial x_1}{\partial p_1} + p_2 \frac{\partial x_2}{\partial p_1} \right),$$

$$\frac{\partial v}{\partial p_2} = \lambda \left(p_1 \frac{\partial x_1}{\partial p_2} + p_2 \frac{\partial x_2}{\partial p_2} \right).$$

(2.59) を価格 p_1, p_2 でそれぞれ微分すると,

$$x_1^* + p_1 \frac{\partial x_1^*}{\partial p_1} + p_2 \frac{\partial x_2^*}{\partial p_1} = 0,$$

$$p_1 \frac{\partial x_1^*}{\partial p_2} + x_2^* + p_2 \frac{\partial x_2^*}{\partial p_2} = 0.$$

これらと (2.60) を用いて,

$$\frac{\partial v}{\partial p_1} = -\lambda x_1^* = -\frac{\partial v}{\partial w} x_1^*, \quad \frac{\partial v}{\partial p_2} = -\lambda x_2^* = -\frac{\partial v}{\partial w} x_2^*. \tag{2.61}$$

あるいは同様に,

$$x_1^* = -\frac{\frac{\partial v}{\partial p_1}}{\frac{\partial v}{\partial w}}, \quad x_2^* = -\frac{\frac{\partial v}{\partial p_2}}{\frac{\partial v}{\partial w}} \tag{2.62}$$

を得る.間接効用関数から最適消費計画を導出しなおすことができた.(2.61), (2.62) を**ロワ**[24]**の恒等式 (Roy's identity)** という.

[**練習**]　ロワの恒等式を用いて,(2.56) から (2.50) を導出しなさい.

---

24)　Rene Roy (1894–1977) はフランスの経済学者.英語圏ではロワではなく,英語の綴り通りに発音する.

第 3 章

支出最小化問題

　効用最大化問題の解として最適消費計画を求めることができたが，最適消費計画はこの章で紹介する支出最小化問題の解としても求めることができる．これは**双対性 (duality)** と呼ばれる．この章では，支出最小化問題について考察することを通じて，消費者の行動に関わる知見を抽出する．特に，双対性に関わる 4 つの恒等式は，次章で紹介する Slutsky の方程式 (Slutsky equation) の導出につながる．

3.1　効用最大化問題と支出最小化問題

　支出最小化問題とは，財の価格と，実現したい任意の効用水準が与えられているとき，最小限の支出額でこれを可能にするような消費計画を特定する問題である．つまり，

$$\underset{x_1, x_2}{\text{Min}} \ p_1 x_1 + p_2 x_2 \quad \text{s.t.} \quad u(x_1, x_2) \geq \bar{u} \qquad \bar{u} \in \mathbb{R}$$

という問題である．

　効用最大化問題と支出最小化問題は表裏一体のものと解釈してよく，このことは図 3.1 に描かれている．

　効用最大化問題では，財の価格，従って予算線の傾き：$-\frac{p_1}{p_2}$，並びに予算 w が与えられている．これは予算線が予め決まっていることを意味する．比喩的な表現をすると，効用最大化問題は，無差別曲線を動かすことで，予め固定されている予算線と接する点を求める問題である．これに対して支出最小化問題では，財の価格と効用関数の値 $\bar{u}$ が予め与えられており，予算 w は与え

効用最大化問題

予算線を固定して，無差別曲線を動かす
ことで接点を求める．

支出最小化問題

無差別曲線を固定して，予算線を動かす
ことで接点を求める．

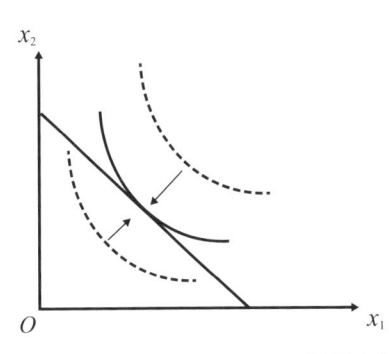
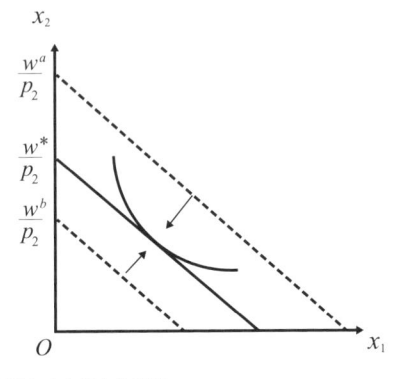

図 **3.1**　効用最大化問題と支出最小化問題

られていない．これは予算線の傾きと無差別曲線が予め与えられていること
を意味する．同じく比喩的な表現をすると，支出最小化問題は，予算線を動
かすことで，予め固定されている無差別曲線と接する点を求める問題である．
**もし仮に，図 3.1 の 2 つのグラフについて，実線で描かれている予算線と無
差別曲線が同一のものであれば，両者が接する点も当然同じになる．**つまり
このとき，効用最大化問題と支出最小化問題は同じ解を持つ．これを**双対性
(duality)** という[1]．この意味で，支出最小化問題は，消費行動を効用最大化問
題とは別の視点から考察することであり，この考察を経て，我々は Slutsky 分
解 (Slutsky decomposition) と呼ばれる知見を直接的な方法で得ることになる．
なお，図 3.1（右）に描かれているように，複数の予算線のうち，無差別曲線
と接する予算線の x_2 軸の切片に描かれている w^* が必要最小限の支出（予算）
である．

---

1) 　任意に，例えば効用最大化問題を**原問題 (primal)** と呼ぶとき，もう一方の支出最小化
問題を**双対問題 (dual)** という．もちろん，支出最小化問題を原問題と呼ぶことにするな
ら，双対問題は効用最大化問題である．

3.2 解を求める

効用最大化問題を解く際に説明した理由から (p.32)，本書では等号制約条件付き最適化問題として，以下の支出最小化問題について考察する

$$\operatorname*{Min}_{x_1, x_2} \ p_1 x_1 + p_2 x_2 \quad \text{s.t.} \quad u(x_1, x_2) = \bar{u}. \tag{3.1}$$

Lagrange 乗数法を用いる．解くべき最適化問題は，

$$\operatorname*{Min}_{x_1, x_2, \mu} \mathscr{L} \left[\equiv p_1 x_1 + p_2 x_2 + \mu (\bar{u} - u(x_1, x_2)) \right] \tag{3.2}$$

である[2]．一階条件は，

$$\frac{\partial \mathscr{L}}{\partial x_1} = p_1 - \mu \frac{\partial u}{\partial x_1} = 0, \tag{3.3}$$

$$\frac{\partial \mathscr{L}}{\partial x_2} = p_2 - \mu \frac{\partial u}{\partial x_2} = 0, \tag{3.4}$$

$$\frac{\partial \mathscr{L}}{\partial \mu} = \bar{u} - u(x_1, x_2) = 0 \tag{3.5}$$

なので，(3.3) と (3.4) から，

$$\frac{p_1}{p_2} = \frac{\partial u / \partial x_1}{\partial u / \partial x_2} \tag{3.6}$$

を得る．効用最大化問題の考察で明らかになったように，この式は予算線の傾きの絶対値と限界代替率が等しいことを意味する．このことからも，支出最小化問題と効用最大化問題の解が同一になることが分かる．これはしかし，解の記述が同一になるということを意味しない．Cobb-Douglas 型効用関数を用いて，このことを示す．解くべき問題は，

$$\operatorname*{Min}_{x_1, x_2, \mu} \mathscr{L} \left[\equiv p_1 x_1 + p_2 x_2 + \mu \left(\bar{u} - x_1^{\alpha} x_2^{1-\alpha} \right) \right]$$

である．一階条件は，

---

2) 本書では支出最小化問題を解くときに用いる Lagrange 乗数を μ とするが，λ でも構わない．

$$\frac{\partial \mathscr{L}}{\partial x_1} = p_1 - \mu \alpha \left(\frac{x_2}{x_1}\right)^{1-\alpha} = 0, \tag{3.7}$$

$$\frac{\partial \mathscr{L}}{\partial x_2} = p_2 - \mu (1-\alpha) \left(\frac{x_2}{x_1}\right)^{-\alpha} = 0, \tag{3.8}$$

$$\frac{\partial \mathscr{L}}{\partial \mu} = \overline{u} - x_1^\alpha x_2^{1-\alpha} = 0. \tag{3.9}$$

(3.7)，(3.8) から，

$$\frac{p_1}{p_2} = \frac{\alpha}{1-\alpha}\frac{x_2}{x_1}$$

を得ることは効用最大化問題と同じである．これをもとに，$x_1 = \frac{\alpha}{1-\alpha}\frac{p_2}{p_1}x_2$ とした後，(3.9) に代入して，

$$\left(\frac{\alpha}{1-\alpha}\frac{p_2}{p_1}x_2\right)^\alpha x_2^{1-\alpha} = \overline{u}$$

$$\left(\frac{\alpha}{1-\alpha}\frac{p_2}{p_1}\right)^\alpha x_2 = \overline{u}$$

$$x_2 = \left(\frac{1-\alpha}{\alpha}\frac{p_1}{p_2}\right)^\alpha \overline{u}. \tag{3.10}$$

同様の計算により

$$x_1 = \left(\frac{\alpha}{1-\alpha}\frac{p_2}{p_1}\right)^{1-\alpha} \overline{u} \tag{3.11}$$

を得る．導出された (3.11)，(3.10) は p_1, p_2 と $\overline{u}$ の関数である[3]．一般に，支出最小化問題の解を**ヒックスの需要関数 (Hicksian demand function)** という．ワルラスの需要関数と区別するために，以下のように書くことにする

$$h_1(p_1, p_2, \overline{u}), \quad h_2(p_1, p_2, \overline{u}).$$

つまり，(3.10)，(3.11) などは

$$h_1(p_1, p_2, \overline{u}) = \left(\frac{\alpha}{1-\alpha}\frac{p_2}{p_1}\right)^{1-\alpha} \overline{u}, \quad h_2(p_1, p_2, \overline{w}) = \left(\frac{1-\alpha}{\alpha}\frac{p_1}{p_2}\right)^\alpha \overline{u} \tag{3.12}$$

と書くことにする．

---

[3]　ワルラスの需要関数は価格と予算の関数であった．

3.3 支出関数

間接効用関数を定義したように (p.65)，支出関数と呼ばれるものを定義する．支出関数とは支出最小化問題の解であるヒックスの需要関数を，その目的関数に代入したものである．支出関数も最適値関数の一つである．具体的には，

$$e(p_1, p_2, \overline{u}) = p_1 h_1(p_1, p_2, \overline{u}) + p_2 h_2(p_1, p_2, \overline{u}) \tag{3.13}$$

であり，効用関数が Cobb-Douglas 型の場合は，

$$e(p_1, p_2, \overline{u}) = p_1 \left(\frac{\alpha}{1-\alpha} \frac{p_2}{p_1} \right)^{1-\alpha} \overline{u} + p_2 \left(\frac{1-\alpha}{\alpha} \frac{p_1}{p_2} \right)^{\alpha} \overline{u}$$
$$= \left(\frac{p_1}{\alpha} \right)^{\alpha} \left(\frac{p_2}{1-\alpha} \right)^{1-\alpha} \overline{u} \tag{3.14}$$

となる[4]．(3.14) を見ると，この関数は価格と効用水準について連続であることが分かる．一般に，効用関数が連続なら，支出関数も連続である．後で使うので，以下を紹介しておく．

> **命題2.** 効用関数が連続性と単調性を満たすなら，支出関数は価格について凹である*.

Cobb-Douglas 型の効用関数について導出した支出関数 (3.14) を眺めてみる

---

4) この式の導出は以下のようになる．(3.14) の前の式から導出を続けると，

$$p_1^{\alpha} p_2^{1-\alpha} \left(\frac{\alpha}{1-\alpha} \right)^{1-\alpha} \overline{u} + p_1^{\alpha} p_2^{1-\alpha} \left(\frac{1-\alpha}{\alpha} \right)^{\alpha} \overline{u} = p_1^{\alpha} p_2^{1-\alpha} \overline{u} \frac{\alpha}{1-\alpha} \left(\frac{1-\alpha}{\alpha} \right)^{\alpha} + p_1^{\alpha} p_2^{1-\alpha} \left(\frac{1-\alpha}{\alpha} \right)^{\alpha} \overline{u}$$
$$= p_1^{\alpha} p_2^{1-\alpha} \overline{u} \left(\frac{1-\alpha}{\alpha} \right)^{\alpha} \left(\frac{\alpha}{1-\alpha} + 1 \right)$$
$$= p_1^{\alpha} p_2^{1-\alpha} \overline{u} \left(\frac{1-\alpha}{\alpha} \right)^{\alpha} \left(\frac{1}{1-\alpha} \right)$$
$$= p_1^{\alpha} p_2^{1-\alpha} \overline{u} \left(\frac{1}{\alpha} \right)^{\alpha} \left(\frac{1}{1-\alpha} \right)^{-\alpha} \left(\frac{1}{1-\alpha} \right)$$
$$= \left(\frac{p_1}{\alpha} \right)^{\alpha} \left(\frac{p_2}{1-\alpha} \right)^{1-\alpha} \overline{u}.$$

と，この式の $\frac{p_1}{\alpha}$, $\frac{p_2}{1-\alpha}$ が x_1, x_2 に置き換えられたとすれば，Cobb-Douglas 型効用関数のかたちになることに気づく[5]．このことから，(3.14) のグラフを描いたなら，図 2.5 右のように描かれることが分かる[6]．

さて，支出関数が凹であるとは以下を意味する[7]．2 財の価格の組 $\mathbf{p^a} \equiv \left(p_1^a, p_2^a\right)$, $\mathbf{p^b} \equiv \left(p_1^b, p_2^b\right)$ と $s \in [0,1]$ について，

$$s\,e(\mathbf{p^a}, \overline{u}) + (1-s)\,e\left(\mathbf{p^b}, \overline{u}\right) \leq e\left(\mathbf{p^c}, \overline{u}\right), \qquad \mathbf{p^c} \equiv s\,\mathbf{p^a} + (1-s)\,\mathbf{p^b}.$$

あるいは同様に，支出関数の定義 (3.13) に従えば，

$$s\left(p_1^a h_1^a + p_2^a h_2^a\right) + (1-s)\left(p_1^b h_1^b + p_2^b h_2^b\right) \leq \left(s\,p_1^a + (1-s)\,p_1^b\right)h_1^c + \left(s\,p_2^a + (1-s)\,p_2^b\right)h_2^c$$
$$(3.15)$$

ただし，h_1^c, h_2^c は各財の価格がそれぞれ，$sp_1^a + (1-s)\,p_1^b$, $sp_2^a + (1-s)\,p_2^b$ のときの，支出最小化問題の解である．以下にこの式が成り立つことを示す．

証明．$e(\mathbf{p^a}, \overline{u}) = p_1^a h_1^a + p_2^a h_2^a$ は，価格 $\mathbf{p^a}$ が与えられたとき，$\overline{u}$ を実現する最小支出額である．従って，同じ価格 $\mathbf{p^a}$ が与えられたとき，$\left(h_1^a, h_2^a\right)$ 以外で $\overline{u}$ を実現する消費計画，例えば $\left(h_1^c, h_2^c\right)$ を購入しようとすれば，その場合の支出額は $e(\mathbf{p^a}, \overline{u})$ よりも小さくなることはない．従って，

$$p_1^a h_1^a + p_2^a h_2^a \leq p_1^a h_1^c + p_2^a h_2^c$$

である．同じ理由から，

$$p_1^b h_1^b + p_2^b h_2^b \leq p_1^b h_1^c + p_2^b h_2^c$$

である．これらに以下の操作を施す

$$s\left(p_1^a h_1^a + p_2^a h_2^a\right) \leq s\left(p_1^a h_1^c + p_2^a h_2^c\right),$$
$$(1-s)\left(p_1^b h_1^b + p_2^b h_2^b\right) \leq (1-s)\left(p_1^b h_1^c + p_2^b h_2^c\right) \quad s \in [0,1].$$

これらの不等式を各辺ごとに足せば (3.15) を得る． □

---

5)　$\overline{u}$ は実数値である．

6)　もちろん，このグラフの 2 つの軸は p_1, p_2 となる．

7)　ここで用いられている定義は (2.13) でも用いている．

3.3.1 シェパードの補題

間接効用関数からロワの恒等式を得たことと同様に，支出関数からシェパード[8]の補題を得る．

> **補題 1** (Shephard)．　支出関数 $e(p_1, p_2, \overline{u})$ について以下が成り立つ
> $$\frac{\partial e}{\partial p_i} = h_i(p_1, p_2, \overline{u}) \quad i = 1, 2.$$

証明．　$\frac{\partial e}{\partial p_1} = h_1(p_1, p_2, \overline{u})$ となることを証明する．(3.13) を p_1 について偏微分したものは，

$$\frac{\partial e}{\partial p_1} = h_1(p_1, p_2, \overline{u}) + p_1 \frac{\partial h_1}{\partial p_1} + p_2 \frac{\partial h_2}{\partial p_1}$$

である．(3.3), (3.4) より，$p_i = \mu \frac{\partial u}{\partial x_i}, i = 1, 2$ であり，これらと (3.5) を x_1, x_2, μ について解いたものを h_1, h_2 と定義していたので，この式は，

$$\frac{\partial e}{\partial p_1} = h_1(p_1, p_2, \overline{u}) + \mu \left(\frac{\partial u}{\partial h_1} \frac{\partial h_1}{\partial p_1} + \frac{\partial u}{\partial h_2} \frac{\partial h_2}{\partial p_1} \right)$$

と同値である．右辺第 2 項の括弧の中がゼロならば補題の式が示せたことになる．さて，

$$\frac{\partial u}{\partial h_1} \frac{\partial h_1}{\partial p_1} + \frac{\partial u}{\partial h_2} \frac{\partial h_2}{\partial p_1} \equiv \frac{\partial u(h_1(p_1, p_2, \overline{u}), h_2(p_1, p_2, \overline{u}))}{\partial p_1}$$

であることに気づく．また，ヒックスの需要関数は (3.1) の制約条件を満たすのだから，

$$u(h_1(p_1, p_2, \overline{u}), h_2(p_1, p_2, \overline{u})) \equiv \overline{u}$$

も成り立つ[9]．$\overline{u}$ は実数値であるから $\frac{\partial u(h_1(p_1,p_2,\overline{u}),h_2(p_1,p_2,\overline{u}))}{\partial p_1} = \frac{\partial \overline{u}}{\partial p_1} = 0$ である．　□

---

8)　英語の発音では Shephard の ph 部分は α(alpha) の ph 部分と同じように発音する．

9)　Cobb-Douglas 型効用関数について計算した (3.11), (3.10) を用いて計算してみると，

ロワの恒等式は間接効用関数からワルラスの需要関数を導出できることを示すものであったが，シェパードの補題は支出関数からヒックスの需要関数を導出できることを示している．なお，ヒックスの需要関数は以下に紹介する補償需要関数の導出を可能にするので，**補償需要関数 (compensated demand function)** とも呼ばれる．

3.3.2 補償需要曲線

図 3.2 下は図 2.11 と同じ考え方で描かれた，補償需要曲線と呼ばれるものである．補償需要曲線は，図 2.11 に描かれている財 1 の需要関数と同じように，財 2 の価格は固定されていることが前提とされているが，予算 w ではなく，効用水準 $\overline{u}$，つまり無差別曲線が固定されていることが前提とされている．

図 3.2 を理解するために，同図上が Cobb-Douglas 型効用関数によってその選好が表現される消費者の無差別曲線であるとする．この消費者のヒックスの需要関数は以下に再掲する (3.12) である．

$$h_1\left(p_1, p_2, \overline{u}\right) = \left(\frac{\alpha}{1-\alpha}\frac{p_2}{p_1}\right)^{1-\alpha}\overline{u}, \quad h_2\left(p_1, p_2, \overline{w}\right) = \left(\frac{1-\alpha}{\alpha}\frac{p_1}{p_2}\right)^{\alpha}\overline{u}$$

$\alpha \in (0,1)$ は効用関数の変数であったので所与である．$\overline{u}$ が固定されているという前提は無差別曲線が固定されていることと同義である．p_2 も固定されているならば，h_1, h_2 はともに p_1 のみによって変わる．$h_1\left(p_1, p_2, \overline{u}\right) = \left(\frac{\alpha}{1-\alpha}\frac{p_2}{p_1}\right)^{1-\alpha}\overline{u}$ であるから，財 1 の需要量は p_1 の減少関数であり，p_2 の増加関数である．逆に，財 2 の需要量は p_2 の減少関数であり，p_1 の増加関数である．$p_1^a > p_1^b > p_1^c > 0$ を満たす任意の価格について，ヒックスの需要関数の組 (h_1, h_2) が図 3.2 上に描かれている．図 3.2 下は，p_1^a, p_1^b, p_1^c に対応する財 1 の需要量を描いたもの

$$\begin{aligned}u\left(h\left(p_1, p_2, \overline{u}\right), h_2\left(p_1, p_2, \overline{u}\right)\right) &= \left(\left(\frac{\alpha}{1-\alpha}\frac{p_2}{p_1}\right)^{1-\alpha}\overline{u}\right)^{\alpha}\left(\left(\frac{1-\alpha}{\alpha}\frac{p_1}{p_2}\right)^{\alpha}\overline{u}\right)^{1-\alpha}\\&= \left(\frac{\alpha}{1-\alpha}\frac{p_2}{p_1}\right)\overline{u}^{\alpha}\left(\frac{1-\alpha}{\alpha}\frac{p_1}{p_2}\right)\overline{u}^{1-\alpha}\\&= \overline{u}\end{aligned}$$

となることが確認できる．

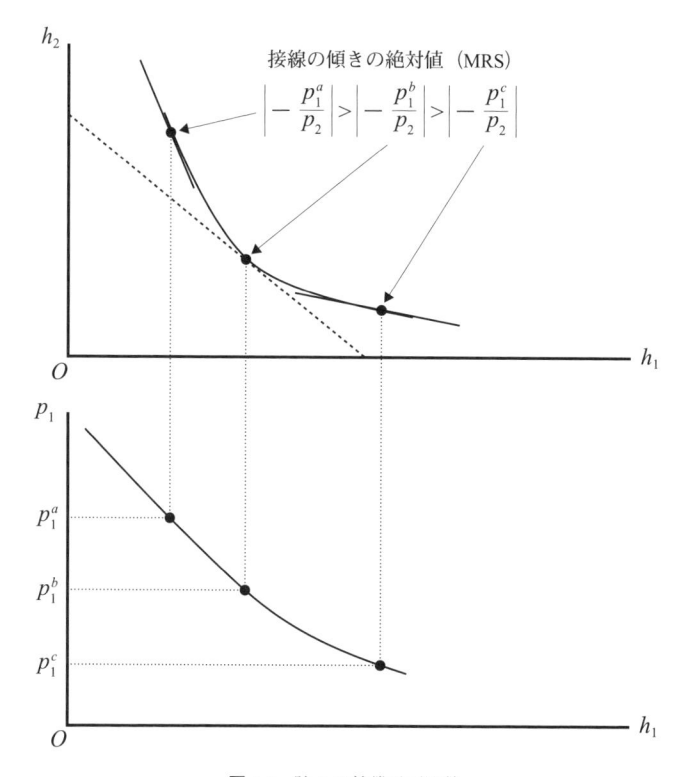

図 3.2 財 1 の補償需要関数

である.

なぜこの需要曲線が補償需要関数と呼ばれるか明らかにするために,図 3.3 を用いる.同図左には,財 1 と財 2 の価格がそれぞれ p_1^a, p_2 の場合の予算線,並びに最適消費計画 a と,財 1 の価格が $p_1^b > p_1^a$,財 2 の価格が p_2 の場合の予算線が描かれている.つまり,何らかの理由により財 1 の価格のみが上昇した場合を想定している[10].描かれているように,財 1 の価格が p_1^a から p_1^b に上昇すると,予算線は $\frac{w}{p_2}$ を起点として原点に近くなるように回転する.予算線が内側に回転した際,予算 w に変化がなければ,消費者はこの予算線上に別の最適消費計画を特定することになる.財 1 の需要はこのようにして決

---

10) 例えば,原油の値段の変動などによって,航空チケットの値段は変動するが,大学の授業料などは必ずしも変動しないであろう.

まるのであった．そのことによって，消費者は財 1 の価格が p_1^a のままであった場合よりも選好しない消費計画を選択することになる．つまり消費者の効用水準が下がる．

さて，財 1 の価格が p_1^b に上昇した後でも，消費者の効用水準に変化がないようにするためには，消費者の予算が幾ら補償されればよいだろうか．このことは図 3.3 右に描かれている．同図には価格変動前後の予算線に加えて，価格変動後の予算線が無差別曲線と接するまで外側に平行移動したものが描かれている．この予算線の x_1 軸，x_2 軸の切片はそれぞれ $\frac{\hat{w}}{p_2}, \frac{\hat{w}}{p_1^b}$ である（$\frac{\hat{w}}{p_1^b}$ は描かれていない）．縦軸の切片をみれば明らかなように，$w < \hat{w}$ である．つまり，この消費者は財 1 の価格が p_1^a から p_1^b に上昇したとしても，$\hat{w} - w$ だけ予算が補償されたなら，a とは異なる消費計画 b を選択するものの，無差別でいることができる．補償需要と呼ばれる所以である．

■代替効果

図 3.3 に示されている最適消費計画 a は，財 1 の価格 p_1 の上昇後に消費計画 b に変わる．つまり消費者は，一方の財の価格が上昇すると，その財の需要量を減らし，割安となった財で代替する．これを**代替効果 (substitution effect)** という．換言すると，代替効果は，**予算の補償：$\hat{w} - w$ によって，消費者の実質的な所得が価格の変動前と同じ水準に保たれた状態における，価格の変動に対する最適消費計画の変化**である．もちろん，p_1 が上昇して補償がないとき，その分消費者の実質的な所得は減ることになる[11]．このことは所得効果 (income effect) として後で考察することになる．代替効果についても，後で紹介する Slutsky 分解で再度言及することになるが，さしあたり，代替効果についてもう少し考察する．

図 3.3 右に描かれている代替効果では，財 1 の価格のみ p_1^a から p_1^b に上昇し，財 2 の価格は変化していないことを想定していた．この前提のもとで，代替効果の正負を明らかにする．なお，複数の財があり，その中の任意の一つの財

---

11) p_1 が上昇して w が変わらないならば，消費者が購入できる財 1 の量は少なくなる．これを経済学では，財 1 で測った**実質所得 (real income)** $\frac{w}{p_1}$ は p_1 上昇後に小さくなるという．なお，このとき p_2 は変化していなければ，財 2 で測った実質所得は一定ということになる．実質所得については，利潤最大化問題の章でもう少し詳しく紹介する．

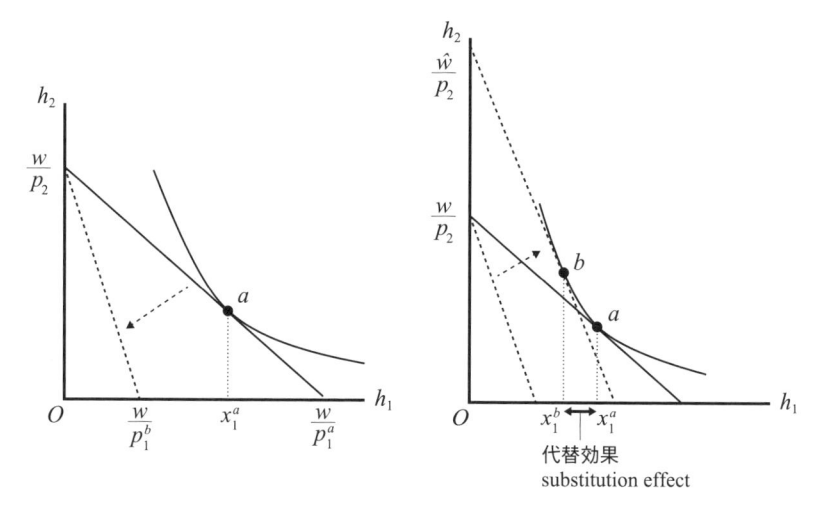

図 **3.3** 補償需要の考えと代替効果

の価格のみの変化に伴う，その財の代替効果を**自己代替効果 (own substitution effect)** という．

以下では，計算の必要が生じた際に，図 3.3 右に描かれている消費計画 a, b を $a \equiv \left(h_1^a, h_2^a\right), b \equiv \left(h_1^b, h_2^b\right)$ と書き直す．価格についても同様に，$\left(p_1^a, p_2\right), \left(p_1^b, p_2\right)$ と書くことにする．p_2 には変化がないという前提であったから上の添え字は必要ない．

消費計画 a, b は，それぞれ $\left(p_1^a, p_2\right), \left(p_1^b, p_2\right)$ と $\overline{u}$ が与えられたときの支出最小化問題の解である．従って，以下が成り立つ[12]．

$$e\left(p_1^a, p_2, \overline{u}\right) = p_1^a h_1^a + p_2 h_2^a \leq p_1^a h_1^b + p_2 h_2^b$$
$$e\left(p_1^b, p_2, \overline{u}\right) = p_1^b h_1^b + p_2 h_2^b \leq p_1^b h_1^a + p_2 h_2^a$$

［練習］ 上の 2 つの不等式から，以下を導出しなさい

$$\left(p_1^b - p_1^a\right)\left(h_1^b - h_1^a\right) \leq 0.$$

---

12) この不等式は，命題 2 の証明で用いた考え方による．

$p_1^b > p_1^a$ であったから，$h_1^b - h_1^a \leq 0$ が成り立つ．つまり，自己代替効果は非正 (non-positive) である．また，$p_1^b - p_1^a \equiv \delta$ とすると

$$\lim_{\delta \to 0} \frac{h_1\left(p_1^a + \delta, p_2, \overline{u}\right) - h_1\left(p_1^a, p_2, \overline{u}\right)}{\delta} \equiv \frac{\partial h_1}{\partial p_1} \leq 0$$

が成り立つ．

$\frac{\partial h_i}{\partial p_i} \leq 0$ となることは，シェパードの補題と支出関数が凹であることから，以下のように直接的に帰結できる．シェパードの補題により，$\frac{\partial e}{\partial p_i} = h_i$ であるから，自己代替効果は支出関数の二階導関数 $\left(\frac{\partial^2 e}{\partial p_i^2}\right)$ である．命題 2 (p.73) と凹関数の 2 つめの定義[*]により，直ちに，

$$\frac{\partial h_i}{\partial p_i} = \frac{\partial^2 e}{\partial p_i^2} \leq 0.$$

命題 3.　自己代替効果は非正 (non-positive) である．また，効用関数が連続であれば以下が成り立つ

$$\frac{\partial h_i}{\partial p_i} \leq 0.$$

3.4　双対性に関わる恒等式

効用最大化問題と支出最小化問題が表裏一体のものであることは既に紹介した．このことについては，本節の終わりに Cobb-Douglas 効用関数を用いた例とともに，計算して確認もする．以下では先ず，2 つの最適化問題が表裏一体のものであることを示す 4 つの恒等式を紹介する．

間接効用関数と支出関数はともに最適値関数であるが，これら 2 つの関数については以下の 2 つの恒等式が成り立つ

$$v(p_1, p_2, e(p_1, p_2, \overline{u})) \equiv \overline{u}, \tag{3.16}$$

$$e(p_1, p_2, v(p_1, p_2, w)) \equiv w. \tag{3.17}$$

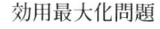

効用最大化問題

支出最小化問題

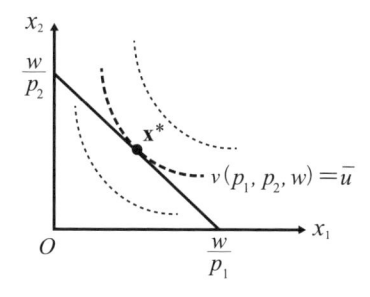

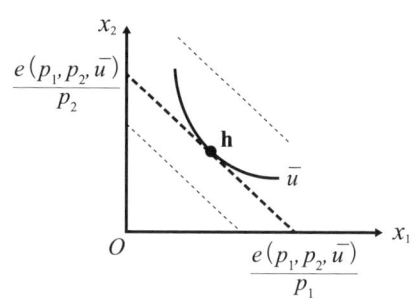

図 **3.4**　双対性の恒等式 (3.16), (3.17) の補足

これらの恒等式を図 3.4 を眺めながら考察する．この図はこれまでに考察してきた，効用最大化問題と支出最小化問題を描いたものであり，これら 2 つの最適化問題の解は等しくなるので，$\mathbf{x}^* = \mathbf{h}$ である．

先ず，(3.16) について考える．効用最大化問題を解くことで，最適消費計画 $\mathbf{x}^* = \left(x_1^*, x_2^* \right)$ が得られる．この消費計画に伴う効用関数の値は，間接効用関数によって与えられる．つまり，

$$u\left(x_1^*(p_1, p_2, w), x_2^*(p_1, p_2, w) \right) \equiv v(p_1, p_2, w) = \overline{u}$$

であり，このことが図 3.4 左に描かれている．

次に，支出最小化問題を解くことで，最適消費計画 $\mathbf{h} = (h_1, h_2)$ が得られる．この消費計画に伴う支出額は，支出関数によって与えられる．つまり，

$$p_1 h_1 (p_1, p_2, \overline{u}) + p_1 h_2 (p_1, p_2, \overline{u}) \equiv e (p_1, p_2, \overline{u})$$

である．この額にもとづいた予算線の各軸における切片は $\frac{e(p_1, p_2, \overline{u})}{p_1}, \frac{e(p_1, p_2, \overline{u})}{p_2}$ である．

さて，$\mathbf{x}^* = \mathbf{h}$ であるなら，図 3.4 に描かれていることから分かるように，

$$w = e(p_1, p_2, \overline{u}), \quad v(p_1, p_2, w) = \overline{u}$$

が成り立つ．これらより直ちに，

$$v(p_1, p_2, w) = v(p_1, p_2, e(p_1, p_2, \overline{u})) = \overline{u},$$

$$e(p_1, p_2, \overline{u}) = e(p_1, p_2, v(p_1, p_2, \overline{u})) = w$$

を得る.

これらの恒等式を，Cobb-Douglas 型の効用関数について確認する．効用関数を，

$$u(x_1, x_2) = x_1^{\alpha} x_2^{1-\alpha}$$

としたとき，効用最大化問題の解は $x_1^* = \frac{\alpha w}{p_1}$, $x_2^* = \frac{(1-\alpha)w}{p_2}$ であったから，間接効用関数は，

$$v(p_1, p_2, w) = \left(\frac{\alpha w}{p_1}\right)^{\alpha} \left(\frac{(1-\alpha)w}{p_2}\right)^{1-\alpha} = \left(\frac{\alpha}{p_1}\right)^{\alpha} \left(\frac{1-\alpha}{p_2}\right)^{1-\alpha} w$$

である．(3.16) は上の式の w を (3.14) で置き換えたものであるから，

$$v(p_1, p_2, e(p_1, p_2, \overline{u})) = \left(\frac{\alpha}{p_1}\right)^{\alpha} \left(\frac{1-\alpha}{p_2}\right)^{1-\alpha} \left(\frac{p_1}{\alpha}\right)^{\alpha} \left(\frac{p_2}{1-\alpha}\right)^{1-\alpha} \overline{u} = \overline{u}$$

となる．同様に，(3.17) は (3.14) について，$\overline{u}$ を $\left(\frac{\alpha}{p_1}\right)^{\alpha} \left(\frac{1-\alpha}{p_2}\right)^{1-\alpha} w$ で置き換えたものであるから，

$$e(p_1, p_2, v(p_1, p_2, w)) = \left(\frac{p_1}{\alpha}\right)^{\alpha} \left(\frac{p_2}{1-\alpha}\right)^{1-\alpha} \left(\frac{\alpha}{p_1}\right)^{\alpha} \left(\frac{1-\alpha}{p_2}\right)^{1-\alpha} w = w$$

となる[13].

---

13)　実際，

$$v(p_1, p_2, w) = \left(\frac{\alpha}{p_1}\right)^{\alpha} \left(\frac{1-\alpha}{p_2}\right)^{1-\alpha} w = \overline{u}$$

としたとき，この式を w について解けば，

$$w = \left(\frac{p_1}{\alpha}\right)^{\alpha} \left(\frac{p_2}{1-\alpha}\right)^{1-\alpha} \overline{u}$$

であるが，この式は (3.14) にほかならない．また，

$$e(p_1, p_2, \overline{u}) = \left(\frac{p_1}{\alpha}\right)^{\alpha} \left(\frac{p_2}{1-\alpha}\right)^{1-\alpha} \overline{u} = w$$

として，これを $\overline{u}$ について解けば，

$$\overline{u} = \left(\frac{\alpha}{p_1}\right)^{\alpha} \left(\frac{1-\alpha}{p_2}\right)^{1-\alpha} w = v(p_1, p_2, w)$$

となることが確認できる.

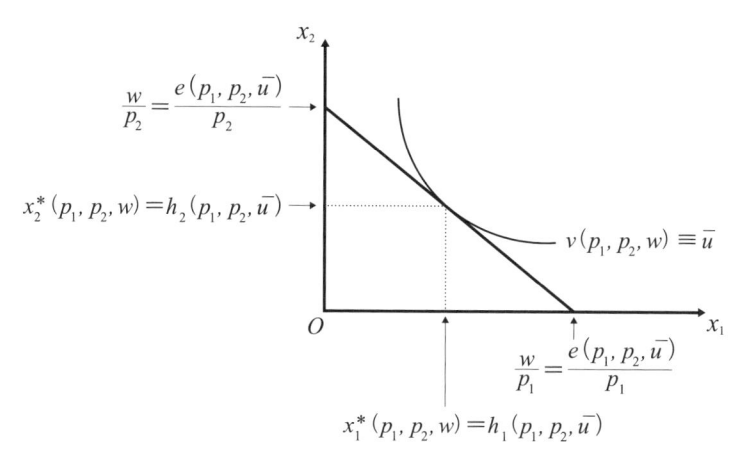

図 3.5 双対性の恒等式 (3.18), (3.19) の補足

残る 2 つの恒等式は，ワルラスの需要関数とヒックスの需要関数について成り立つ以下である

$$x_i^*(p_1, p_2, w) \equiv h_i(p_1, p_2, v(p_1, p_2, w)) \quad i = 1, 2, \tag{3.18}$$

$$h_i(p_1, p_2, \overline{u}) \equiv x_i^*(p_1, p_2, e(p_1, p_2, \overline{u})) \quad i = 1, 2. \tag{3.19}$$

これらは，双対性を直接的に表すものである．これらが成り立つことは，図 3.5 を眺めながら，(3.16), (3.17) について考察したときと同じように，

$$x_i^*(p_1, p_2, w) \equiv h_i(p_1, p_2, \overline{u}), \ \overline{u} = v(p_1, p_2, w) \Rightarrow$$

$$x_i^*(p_1, p_2, w) \equiv h_i(p_1, p_2, v(p_1, p_2, w)) \quad i = 1, 2,$$

$$h_i(p_1, p_2, \overline{u}) \equiv x_i(p_1, p_2, w), \ w = e(p_1, p_2, \overline{u}), \ \Rightarrow$$

$$h_i(p_1, p_2, \overline{u}) \equiv x_i(p_1, p_2, e(p_1, p_2, \overline{u})) \quad i = 1, 2$$

と考えれば得心がゆくであろう．

(3.16), (3.17) についてそうしたように，Cobb-Douglas 型効用関数の場合における (3.18), (3.19) を確認する．

これまでに導出したように，

$$x_1^*(p_1, p_2, w) = \frac{\alpha w}{p_1}, \quad h_1(p_1, p_2, \overline{u}) = \left(\frac{\alpha}{1-\alpha}\frac{p_2}{p_1}\right)^{1-\alpha}\overline{u}$$

$$x_2^*(p_1, p_2, w) = \frac{(1-\alpha)w}{p_2}, \quad h_2(p_1, p_2, \overline{u}) = \left(\frac{1-\alpha}{\alpha}\frac{p_1}{p_2}\right)^{\alpha}\overline{u}$$

であった. (3.18) は $\overline{u}$ を間接効用関数 $\left(\frac{\alpha}{p_1}\right)^{\alpha}\left(\frac{1-\alpha}{p_2}\right)^{1-\alpha}w$ で置き換えたものであるから, $x_1^*(p_1, p_2, w)$ については,

$$\begin{aligned}
h_1(p_1, p_2, v(p_1, p_2, \overline{u})) &= \left(\frac{\alpha}{1-\alpha}\frac{p_2}{p_1}\right)^{1-\alpha}\left(\frac{\alpha}{p_1}\right)^{\alpha}\left(\frac{1-\alpha}{p_2}\right)^{1-\alpha}w \\
&= \frac{\alpha}{p_1}w = x_1^*(p_1, p_2, w)
\end{aligned}$$

が確認できる. $x_2^*(p_1, p_2, w)$ についての確認は練習問題とする. (3.19) は, w を支出関数 $\left(\frac{p_1}{\alpha}\right)^{\alpha}\left(\frac{p_2}{1-\alpha}\right)^{1-\alpha}\overline{u}$ で置き換えたものであるから, $h_1(p_1, p_2, \overline{u})$ については,

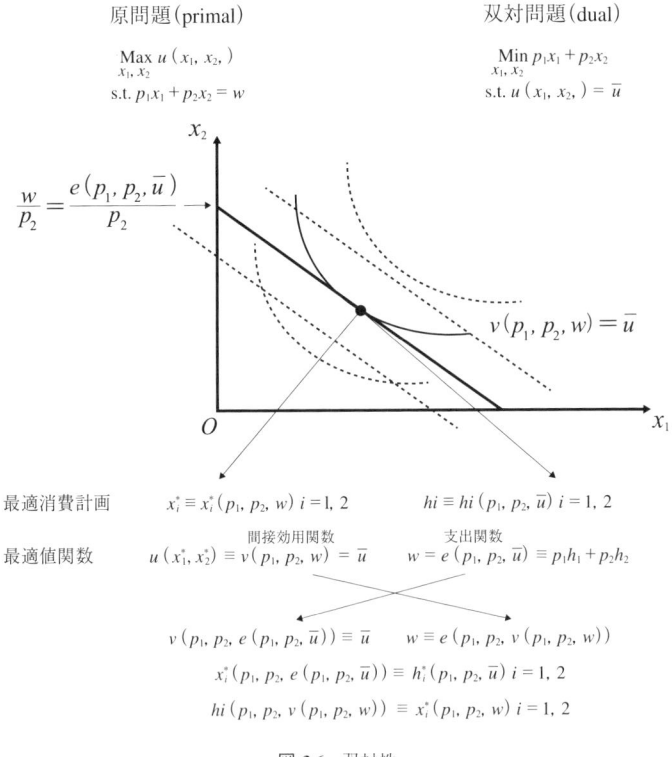

図 **3.6**　双対性

$$x_1^* (p_1, p_2, w) = \frac{\alpha}{p_1} \left(\frac{p_1}{\alpha} \right)^\alpha \left(\frac{p_2}{1-\alpha} \right)^{1-\alpha} \overline{u}$$

$$= \frac{\alpha}{p_1} \left(\frac{\alpha}{p_1} \right)^{-\alpha} \left(\frac{p_2}{1-\alpha} \right)^{1-\alpha} \overline{u}$$

$$= \left(\frac{\alpha}{1-\alpha} \frac{p_2}{p_1} \right)^{1-\alpha} \overline{u} = h_1 (p_1, p_2, \overline{u})$$

が確認できた[14]. $h_2 (p_1, p_2, \overline{u})$ についての確認は練習問題とする.

以上が双対性に関する恒等式である. これらは, 図 3.6 に描かれているように, 効用最大化問題と支出最小化問題という 2 つの最適化問題が同じ解を与えることを利用して, それぞれの解から導出される間接効用関数と支出関数を, お互いの最適消費計画に代入することで得られるものである.

次章の後半では, これらの恒等式のうち, (3.19) を用いてスルツキーの方程式を導出し, Slutsky 分解について紹介することになる.

---

14) このように, 効用最大化問題と支出最小化問題は同じ解を与える. 支出最小化問題が効用最大化問題と同じ解を与える点について考えてみると, 少し意味は異なるものの "1 円を笑うものは 1 円に泣く" という諺が想起される. 支出を最小化するということは, 任意の効用水準を実現するために 1 円も無駄にはしないことを意味し, そのような消費行動によって予算を使い切ったときには, 効用水準が最大化され, 効用最大化問題の解と一致する.

第 4 章

比較静学

　目的関数の最適値が外生変数の変化 (p.65) に伴ってどのように変化するか調べることを感度分析というのであった．これに対して，最適化問題の解が外生変数の変化に伴ってどのように変化するか調べることを**比較静学分析 (comparative static analysis)** という．以下では，その例として，最適消費計画が価格や所得の変化に伴ってどのように変わるか調べる．消費税率の改定などによる価格の変化は，消費者の意思決定が行われる条件の変化であり，そのことによって，需要がどのように変化するか明らかにすることは，政策決定などの際に有益な情報となる．

4.1　所得の変化に伴う需要の変化

　財の価格に変化がないときに，所得のみが変化した場合を想定する．価格の変化がないのだから，予算線の傾きにも変化はなく，所得の変化は各軸の切片：$\frac{w}{p_1}, \frac{w}{p_2}$，を変える．つまり，予算線は平行移動することになる．各予算線を所与としたときに定まる最適消費計画の軌跡を**所得消費曲線 (income consumption path)** という．図 4.1 では，予算線が原点から離れるように平行移動する，つまり所得が増加することに伴って財 1，財 2 の需用量も増加している．**所得の増加に伴って，**

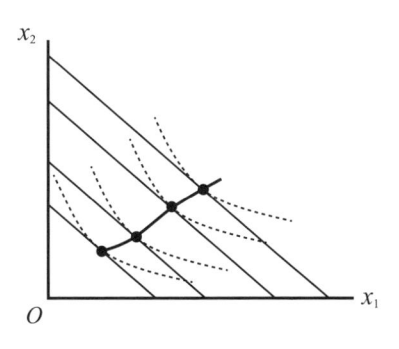

図 4.1　所得消費曲線 (income consumption path)

その需要が増加する財のことを正常財 (normal goods) という．所得が増加することで，バスからタクシーを利用する機会が増えたり，外食するときに価格帯がより高くなるけれども雰囲気が良いレストランに行く機会も増えるかもしれない．結果的に，所得の増加にともなって需要が減る財もある．このように，**所得の増加に伴って需要が減少する財のことを下級財 (inferior good)** という．なお，どの財が正常財か，あるいは下級財かは消費者の選好によって決まるので，一概にこれを定めることはできない．

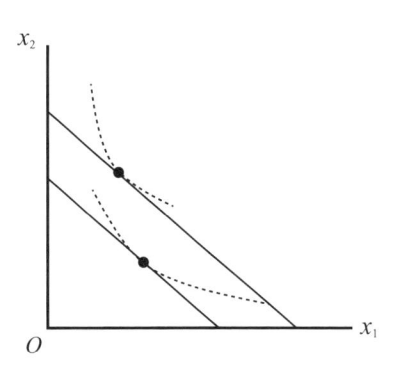

図 4.2 財 1 は下級財，財 2 は正常財

図 4.2 は，財 1 が下級財で財 2 が正常財の場合を描いている．なお，所得の増加にともなって全ての財の需要が減少すること，つまり全ての財が下級財であることは，論理的にあり得ない．このことを理解するために，所得が増加する前の所得と最適消費計画をそれぞれ $w^a, \left(x_1^a, x_2^a\right)$ とし，所得が増加した後の所得と最適消費計画をそれぞれ $w^b, \left(x_1^b, x_2^b\right)$ とする．全ての財，この場合は財 1 と財 2 の双方，が下級財ならば，所得が増加する前後の支出について，

$$p_1 x_1^b + p_2 x_2^b < p_1 x_1^a + p_2 x_2^a = w^a < w^b$$

が成り立つことになる．従って，消費計画 $\left(x_1^b, x_2^b\right)$ は所得が w^b のときに，その所得未満の予算で購入することができる消費計画ということになる．51 ページで考察した理由から，$\left(x_1^b, x_2^b\right)$ は最適消費計画ではありえず，矛盾をきたすことになる．

4.2 価格の変化に伴う需要の変化

ある財の需要が価格の変動に伴ってどのように変化するかという問題は，

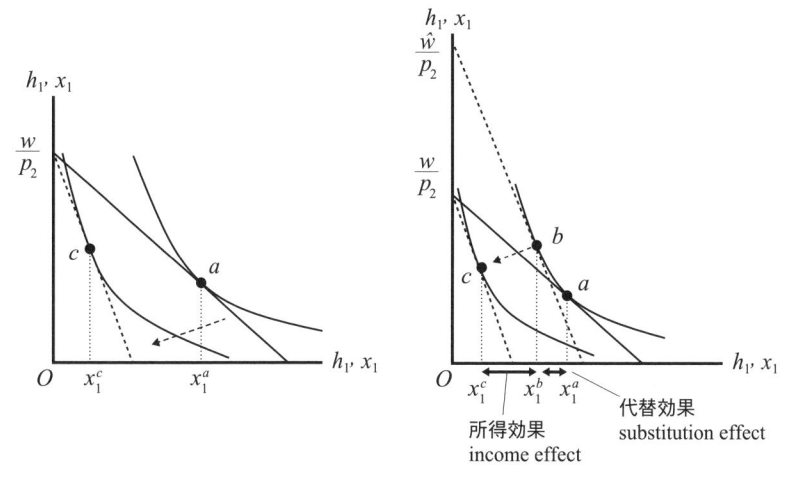

図 **4.3** スルツキー分解

各財の需要曲線を描く際に既にグラフを用いて考察している (p.64). また, 価格の変動に伴う需要量の変化として代替効果を図 3.3 とともに紹介した. 以下では所得効果について紹介し, 価格の変化に伴う需要の変化が代替効果と所得効果に分解できることを紹介する.

図 4.3 左は, 図 3.3 と同じ条件, つまり, 財 2 の価格は一定で, 財 1 の価格のみ上昇したときに, 最適消費計画が財 1 の価格が上昇する前の a から, 上昇後には c になることを示している. この変化の内訳は, 図 4.3 右に描かれている. 同図に描かれている, 消費計画 a から b への変化が代替効果であることは既に紹介した. b から c までの変化を**所得効果 (income effect)** という. なぜ所得効果と呼ばれるかについては, 以下にスルツキーの方程式を導出してから説明する. 図 4.3 右に描かれている最適消費計画 $\left(x_1^a, x_2^a\right)$ が, 財 1 の価格の微小変化に伴ってどのように変化するか考える. 恒等式 (3.19) について, x_1^*, h_1 を, 図 4.3 右に即してそれぞれ x_1^a, h_1^a に置き換え, 財 1 の価格 p_1 について微分すると,

$$\frac{\partial h_1^a}{\partial p_1} = \frac{\partial x_1^a}{\partial p_1} + \frac{\partial x_1^a}{\partial e}\frac{\partial e}{\partial p_1} \tag{4.1}$$

である. 同じ操作を財 2 についても行えば, この式の添字を 2 に替えるだけ

で良いことも明らかであろう．従って，

$$\frac{\partial x_i^a}{\partial p_i} = \frac{\partial h_i^a}{\partial p_i} - \frac{\partial x_i^a}{\partial e}\frac{\partial e}{\partial p_i} \tag{4.2}$$

$$= \frac{\partial h_i^a}{\partial p_i} - \frac{\partial x_i^a}{\partial e}h_i^a \qquad i = 1, 2 \tag{4.3}$$

を得る．(4.3) の導出にはシェパードの補題 (p.75) を用いている．この方程式が**スルツキーの方程式 (the Slutsky equation)** である．

　スルツキーの方程式の意味するところを，図 4.3 をもとに考察する[1]．財 1 の価格 p_1 が上昇した後（従って，予算線の傾きが変わった後），消費者の予算（所得）が $\hat{w} - w$ だけ補償されたなら，消費者は p_1 が上昇する前と同じ効用水準を保つことができる．これが代替効果であった $\left(\frac{\partial h_1^a}{\partial p_1}\right)$．また，代替効果は，予算（所得）の補償 $\hat{w} - w$ によって，消費者の実質的な所得が価格の変動前と同じ水準に保たれた状態における，価格の変動に対する最適消費計画の変化であるが，p_1 が上昇して補償がないとき，その分消費者の実質所得は減ることになる．その場合，つまり**価格の変動後（従って予算線の傾きが変わった後）実質所得が減少したことによる財 1 の需要量の変化が所得効果** $\left(-\frac{\partial x_1^a}{\partial e}h_1^a\right)$ **である**．図 4.3 に描かれているのは，所得効果が負の場合，つまり価格の上昇に伴い需要が減少する場合である．

　以上の考察をもとに，スルツキーの方程式を解釈する．すなわち，**ある財の価格の変化に伴うその財の需要量の変化は 2 つに分けることができる．一つは，実質所得を維持できたものと仮定し，相対価格の変化のみによって生じる需要量の変化を表す，右辺第 1 項の自己代替効果．もう一つは，相対価格の変化後に，実質所得の変化のみによって生じる需要量の変化を表す，右辺第 2 項の所得効果**．このように，最適消費計画が価格の変動によって受ける影響を自己代替効果と所得効果に分けることを**スルツキー分解 (Slutsky decomposition)** という．

　例えば，Cobb-Douglas 型効用関数の場合，財 1 についてのワルラスの需要関数とヒックスの需要関数はそれぞれ，

---

[1]　スルツキーの方程式は価格の微小変化に伴う需要の変化を表す式であるが，この式を視覚化するために，図 4.3 は必ずしも微小ではない価格の変化を描いている．

$$x_1^* (p_1 p_2, w) = \frac{\alpha w}{p_1}, \quad h_1 (p_1, p_2, \overline{u}) = \left(\frac{\alpha}{1 - \alpha} \frac{p_2}{p_1} \right)^{1-\alpha} \overline{u}$$

であった. これらより, (4.2) の左辺は,

$$\frac{\partial x_1^*}{\partial p_1} = - \frac{\alpha w}{p_1^2}$$

であり, 右辺は代替効果:

$$\begin{aligned} \frac{\partial h_1}{\partial p_1} &= - (1 - \alpha) \left(\frac{\alpha}{1 - \alpha} \frac{p_2}{p_1} \right)^{-\alpha} \overline{u} \left(\frac{\alpha}{1 - \alpha} \right) \frac{p_2}{p_1^2} \\ &= - \frac{(1 - \alpha)}{p_1} \left(\frac{\alpha}{1 - \alpha} \frac{p_2}{p_1} \right)^{1-\alpha} \overline{u} \\ &= - (1 - \alpha) \frac{h_1}{p_1} \end{aligned}$$

と, 所得効果:

$$- \frac{\partial x_1^*}{\partial w} h_1 = - \frac{\alpha}{p_1} h_1 \tag{4.4}$$

を足したものだから,

$$- (1 - \alpha) \frac{h_1}{p_1} - \alpha \frac{h_1}{p_1} = - \frac{h_1}{p_1} = - \frac{\alpha w}{p_1^2}$$

である. スルツキーの方程式が成り立つことが確認できた[2].

さて, 命題 3 (p.80) によれば, 代替効果は非正であったが, 所得効果はどうであろうか. 所得効果の正負は (4.4) の左辺にある, $\frac{\partial x_1^*}{\partial w}$ の符号に依存することが分かる. すなわち, $\frac{\partial x_1^*}{\partial w} > 0$, つまり財 1 が正常財ならば所得効果は負になる. 代替効果と所得効果の双方が負であるので, 図 4.3 に描かれているように, 財 1 の価格 p_1 の上昇による需要 x_1^* の変化は, 代替効果と所得効果双方の負の効果を合わせたものになる. 他方, $\frac{\partial x_1^*}{\partial w} < 0$, つまり財 1 が下級財ならば所得効果は正になる. 代替効果はゼロまたは負であるが, 所得効果が正の場合は 2 つの効果が打ち消しあうことになる. 図 4.4 は財 1 が下級財の場合に, 財 1 の価格の増加に伴う所得効果と代替効果を描いたものである. 財 1 の価格が上昇することに伴って, 所得効果が代替効果をある程度は相殺するものの, 財 1 の需要は減少するように描かれている.

---

2) 最後の等式は双対性の恒等式 (3.19), $h_1 = x_1^*$, $x_1^* = \frac{\alpha w}{p_1}$ による.

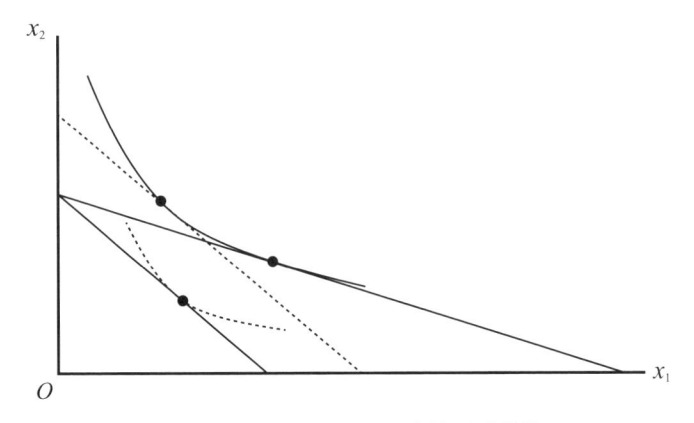

図 **4.4**　財 1 が下級財の場合の所得効果と代替効果

　この図では代替効果は所得効果によって完全に打ち消されてはいないが，もし所得効果が代替効果よりも大きければ，$\frac{\partial x_1^*}{\partial p_1} > 0$ つまり，価格が高いほど需要が高くなることになる．そのような財は **Giffen 財 (Giffen good)**[3]と呼ばれ，右上がりの需要曲線を持つことになる．スルツキーの方程式は，Giffen 財の存在を理論的に排除しないが，実在することを証明するものでもない[4]．

　高級装飾品などは，価格が高いことが需要を喚起しているようにも思われるが，例えば，2 つの全く同じ高級腕時計に異なる価格が設定されていたときに，消費者は価格が高い方を選好するだろうか．この例では，高級腕時計が正真正銘同じものであることも重要になる．もし，価格があまりにも安すぎることで，偽造されたものかもしれないという疑念が働けば，消費者は安すぎるものの購入を控えるかもしれない．関連して，中古車の市場について考えてみると，安すぎる中古車は廃車寸前の劣悪なものかもしれず，消費者は値段がある程度高い方が性能面での懸念が少ないと考えることで，価格が高い中古車ほどよく売れるかもしれない．この考えが正しければ，中古車の

---

3)　Robert Giffen (1837–1910) は Scotland の統計学者・経済学者.

4)　1845 年から 1849 年のアイルランドで観測されたジャガイモの価格が，この期間のジャガイモが Giffen 財であった可能性があるとされていたが，1984 年に発表された論文ではこのことを否定する見解が示されている．詳しくは以下を参照のこと．G. P. Dwyer and C. M. Lindsey, "Robert Giffen and the Irish Potato," *American Economic Review* (March 1984)：188–192.

需要曲線は右上がりのものになる[5]．けれどもこの場合は，価格が中古車の品質に関する情報を持っており，消費者の選好は中古車の価格を包括して決まる．Giffen 財は，価格を包括して選好関係が定まることを想定していないので，高級装飾品や中古車などは，右上がりの需要曲線を持つかもしれない財であっても Giffen 財とはいえない．

このように，ある特定の財が Giffen 財かどうか判断することは必ずしも適切ではない．しかし経済情勢によって，例えば極度の貧困状態にあるとき，消費行動について，価格と需要に正の相関関係が発生することもある．これは **Giffen behavior** と呼ばれる[6]．

4.3 所得と価格が同じ割合で変化する場合

所得と全ての財の価格がともに n 倍になった場合，最適消費計画はこの影響を受けない．直感的にも，仮に給与が n 倍になったとき，全ての財の価格も同じく n 倍になったとすれば，実質的な所得に変化はないのだから，消費行動は変わらないと考えるのが自然であろう．このことは，予算制約式：

$$p_1 x_1 + p_2 x_2 = w$$

について，予算と各財の価格を n 倍すると，

$$n p_1 x_2 + n p_2 x_2 = nw$$

$$n(p_1 x_1 + p_2 x_2) = nw$$

となること，つまり予算制約式は実質的に変化がないことからも分かる．また，Cobb-Douglas 型効用関数の場合，各財の需要は，

---

5) 関心のある読者は以下の論文を参照のこと．G. A. Akerlof. "The market for "lemons"： Quality uncertainty and the market mechanism.", *The Quarterly Journal of Economics*：488–500, 1970.

6) 実証分析で Giffen behavior が確認された例については，以下を参照のこと．R. T. Jensen and N. H. Miller. "Giffen behavior and subsistence consumption." *American Economic Review*, 98(4):1553, 2008.

$$x_1 = \frac{\alpha w}{p_1}, \quad x_2 = \frac{(1-\alpha)w}{p_2}$$

であったが，この式からも同じことが分かる．なお，この特性は Cobb-Douglas 型効用関数のみに該当するものではなく，ワラスの需要関数の特性であり，価格と予算についての**ゼロ次同次性**と呼ばれる．ゼロ次同次性については，生産者の理論で紹介するオイラーの定理 (Euler's theorem) とともに 116 ページで紹介する．

4.4　総需要

4.4.1　市場における需要

考察対象となっている財について，各消費者の需要を足したものが市場におけるこの財の需要量である．本書では，個別の消費者を i で表すことにして，消費者の総数を I で表すことにする．財の数がこれまで同様 2 つの場合，消費者 $i = 1, \ldots, I$ による各財の需要関数は，

$$x_{1i} \equiv x_{1i}(p_1, p_2, w_i) \quad i = 1, \ldots, I$$
$$x_{2i} \equiv x_{2i}(p_1, p_2, w_i) \quad i = 1, \ldots, I$$

と書くことができる．なお，w_i は消費者 i の予算であり，下の添字は，財と消費者を表す．

例えば，市場における財 1 の需要は，

$$D_1 \equiv \sum_{i=1}^{I} x_{1i}(p_1, p_2, w_i) \tag{4.5}$$

と書くことができる．簡単な例として 2 名 2 財の場合を考える．両名の選好は Cobb-Douglas 型の効用関数で表現され，

$$u_1(x_{11}, x_{21}) = x_{11}^{\alpha} x_{21}^{1-\alpha} \quad \alpha \in (0, 1)$$
$$u_2(x_{12}, x_{22}) = x_{12}^{\beta} x_{22}^{1-\beta} \quad \beta \in (0, 1)$$

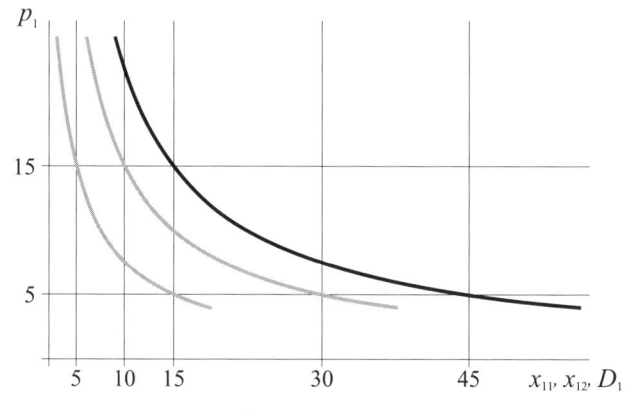

図 **4.5** 財 1 の需要

である．これまでに導出したように，各人の各財の需要は，

$$x_{11} \equiv \frac{\alpha w_1}{p_1}, \quad x_{12} \equiv \frac{\beta w_2}{p_1}, \quad x_{21} = \frac{(1-\alpha)w_1}{p_2}, \quad x_{22} = \frac{(1-\beta)w_2}{p_2}$$

である．いま仮に，

$$\alpha = 0.5, \quad w_1 = 150, \quad \beta = 0.3, \quad w_2 = 500$$

とすると，財 1 の価格が $p_1 = 15$ ならば，

$$x_{11} = 5, \quad x_{12} = 10, \quad D_1 = x_{11} + x_{12} = 15$$

である．同様に価が $p_1 = 5$ ならば，

$$x_{11} = 15, \quad x_{12} = 30, \quad D_1 = 45$$

である．市場における財 1 の需要 D_1 も価格 p_1 の減少関数である．図 4.5 は消費者 1, 2 の財 1 の需要と，両者の需要を足したもの，つまり 2 名からなる市場における総需要のグラフである．財 2 についても同様のグラフを描くことができるが，割愛する．総需要曲線は市場均衡を形成する重要な情報である．

4.4.2　L 財 I 人の場合における需要の書き方

　市場における各財の需要は前節で紹介したとおりである．均衡の理論では，消費者，生産者，そして財の数を，それぞれ I, J, L という任意の数に設定する場合がある．このような場合の各財の需要の書き方について触れておく．

　総数 L の各財を $\ell = 1, \ldots, L$ で表すことにすれば，消費者 $i = 1, \ldots, I$ の消費計画は，

$$\mathbf{x_i} = (x_{1i}, \ldots, x_{Li}) \quad i = 1, \ldots, I \tag{4.6}$$

と書くことができる．このとき，任意の財 ℓ の市場における需要は，(4.5) と同じ，

$$D_\ell \equiv \sum_{i=1}^{I} x_{\ell i} \tag{4.7}$$

である．また，全ての消費者による，全ての財の需要は，

$$D \equiv \sum_{\ell=1}^{L} D_\ell \tag{4.8}$$

である．あるいは，個別の消費者の消費計画をもとに算出したい場合には，より直接的に，

$$\mathbf{x} \equiv \sum_{\ell=1}^{L} \sum_{i=1}^{I} x_{\ell i} = \sum_{i=1}^{I} \sum_{\ell=1}^{L} x_{\ell i} \tag{4.9}$$

と書くこともある．均衡の理論での考察では，考察に都合のよい書き方を適宜用いる．

生産者の理論

第 5 章

生産者の行動をどのように捉えるか

　市場の均衡について考察するために，次に生産者の行動について考察する．このことを通じて，生産者が財の供給をどのように決めるか明らかにすると同時に，産業全体，つまり市場での財の供給量がどのように決まるか明らかにする．基礎的なミクロ経済学において，生産者とは市場に財やサービスを供給する企業，個人，あるいは組織を指す．自動車会社，学習塾，あるいは農家などは等しく生産者である．日々の活動が到底同じとは考えられないような生産者について，共通して当てはまるような知見を抽出することが，生産者の理論の目的である．それをもとに，財やサービスが市場にどのように供給されるか考察でき，市場でのそれらの需要とともに，市場の均衡についての考察が可能になるからである．逆に，基礎的な生産者の理論では企業の経営戦略や資金調達の方法，あるいは流通ルートの新規開拓等，個別の産業にしか該当しない問題には焦点をあてない[1].

5.1　生産者と完全競争市場

　生産者の行動をどのように捉えれば，様々に異なる生産者に共通する知見を抽出できるだろうか．消費者の理論でもそうしたように，異なる生産者の行動を具体的に捉えるのではなく，ある程度抽象的に捉えることになる．それは以下のようなものである．

　財やサービスの生産にあたっては，無から有を創ることはできないから，財やサービスに変換される原材料や労働力などがある．これらは**生産要素 (factors of production)** と呼ばれる．生産要素が，市場に提供される財やサービスに変

---

1)　これに類する考察は経営工学の範疇にある．

換される過程は**生産関数 (production function)** によって記述される．加えて，生産者は生産要素を調達する際に発生する費用も考慮する必要がある．役にたたない生産要素を調達するわけにはいかないし，不必要な量まで調達することはいたずらに費用を高める．これらは**費用関数 (cost function)** によって記述される．これらより，生産者の利潤が定義される．**利潤 (profit)** とは**収益 (revenue)** から**費用 (cost)** を引いたものとして定義される．つまり，

$$利潤 \equiv 収益 - 費用$$

である．収益とは，生産者が市場に供給した財の量に販売価格を掛けたもの，つまり売り上げのことである．

　消費者の理論で，最適化問題を解くことを通じて消費行動について考察したように，生産者の理論でも最適化問題を解くことを通じて生産行動について考察する．多くの知見は，利潤最大化問題 (profit maximization problem) を解くことを通じて抽出されることになる．つまり我々は，生産者は利潤を最大にすることを念頭に行動するという前提を設け，この前提のもとに考察を進める．この前提を設けることは，様々な業種の生産者の行動に該当すると考えられる知見を抽出するためには有益である．けれども，この前提がどのくらい現実に即しているかは自明ではない．利潤最大化の前提が採用される根拠として挙げられるのは，もしこのことを前提としない生産者が競争に直面しているとすれば，利潤の最大化を前提として行動する生産者によって遠からず淘汰されてしまうであろうという考えである[2]．また，例えば株式市場に上場する企業の株価は企業が将来獲得するであろう利潤を含めた，企業の価値の割引現在値と考えられるので[3]，株式会社が株主配当の最大化を念頭にして行動するとすれば，その行動は利潤の最大化を試みる生産者の行動と整合する．では果たして，株式会社の経営陣は株主配当を最大化すること

---

2)　利潤の最大化を前提としない生産者とは，前述したような，役にたたない生産要素を調達したり，不必要な量まで調達していたずらに費用を高めるような生産者を指す．利潤の最大化は，このような枠組みの概念であり，当然のことながら，遵守すべき法律や社会的・道義的責任を顧みず不当に利益を得ようとする行為を意味しない．実際，遵守すべき法令を守らず，不正に利益を得た企業は，不正が明らかになったとき莫大な違約金や法的措置に直面することになり，結果的には存続すら危うくなる例も少なくない．
3)　この議論は経営工学，とりわけコーポレートファイナンス (corporate finance) による．

を念頭に行動しているのであろうか．経営陣は，自らが得る給与やボーナス
などを最大化することに整合する限り，株主配当を最大にすることを念頭に
行動し，両者が不整合をきたす場合には前者を優先するように行動するので
はないだろうか．このような考察は，ゲーム理論の派生分野である契約理論
(contract theory) で行われており，経営陣が株主配当の最大化を念頭に行動す
るためには，どのような法制度や企業の仕組みが必要かといった問題も考察
されている．このような理由から，少なくとも基礎的な価格理論では，生産
者の行動原理がどのようなものであっても，その行動の結果は，概ね利潤最
大化の前提に基づく行動の結果と整合するであろうと考え，この前提を採用
する．

　生産者による供給量は，利潤最大化問題を解く生産者が，どのような競争に
直面しているかにも依存する．もし仮に，ある財が単一の生産者によって市
場に供給されているとき，この企業は利潤最大化のために高い価格を設定し
ようとするであろう．この目的のためには供給量を少なくして，当該財の希
少性を高める必要があるかもしれない．他方，同じことを，安価で市場に財
を提供する無数の競争相手が存在する市場で行ったなら，収益がゼロになっ
てしまう可能性もある．このように，利潤を最大にするような価格や供給量
の設定は，生産者が活動する市場の競争形態 (mode of competition) に依存す
る．市場の競争形態はこの意味で大変重要ではあるが，競争形態の違いは生
産者の理論において，特殊性を要求するものではない．換言すると，生産者
の理論は様々な競争形態において競争する生産者の行動を包括的に記述する
ものであり，競争形態の違いは均衡の様相を大きく左右するので，個別に考
察して異なる競争形態ごとに違いを確認する必要はあるが，生産者の理論そ
のものを競争形態ごとに構築する必要はない．なぜなら，生産者の利潤最大
化のための条件は，競争形態によらない形で記述できるからである．

　異なる競争形態について考察するにあたり，我々は完全競争市場と呼ばれ
る競争形態について考察する．完全競争市場の考察は幾つかの意味から極め
て重要である．先ず，この競争形態は厚生経済の第一基本定理と第二基本定
理が要求する競争形態である．これらの定理は Adam Smith が「神の見えざる
手」と表現した市場の仕組みを数学的に記述するものであり，近代経済学の

大きな成果である．完全競争市場における均衡の考察は，他の競争形態下での均衡を考察するときの比較対象となる．また，他の競争形態と比べて，完全競争市場は計算が比較的容易である．この意味でも初めに考察する競争形態として適切であると思われる．以下では完全競争市場について紹介する．

5.2　完全競争市場

5.2.1　成立条件と競争の状態

完全競争と完全競争市場が成立する条件は幾つかあるが，本書では以下の 5 つを挙げる．

1. 価格受容行動 (price taking behavior).
2. 市場には無数の生産者と消費者が存在する (many sellers and buyers).
3. 当該の財は同一の性質を持ち，代替が可能である (homogenous product).
4. 情報の対称性 (symetric information).
5. 参入と撤退には障壁が存在しない (free entry and exit).

これらのうち，最も重要なのは条件 1 である．価格受容行動とは，生産者も消費者も価格に影響を及ぼすことができないことを意味する．これは，生産者が調達する原材料の価格についても影響を及ぼすことができないことを含む．従って，完全競争とは恣意的に価格に影響を及ぼす消費者あるいは生産者が存在しない状況化での競争であり，完全競争市場とはそのような状態の市場である．完全競争市場下の均衡の特性は後に詳細に考察することになる．

条件の 2〜5 は全て，条件 1 を満たすために不可欠な条件を列挙したものである[4]．逆の見方をするならば，条件 2〜5 のどれか一つが欠けた場合，任意の生産者あるいは消費者が恣意的に価格に影響を及ぼし得ることを意味する．以下にその理由を紹介する．

---

4)　教科書によっては上で紹介している条件と若干異なるものを挙げることがあるが，条件 1 は共通している．条件 1 を成立させる条件として挙げられる条件 2 以降に若干の違いがある．

条件 2：もしある財を生産する企業が市場に一つしかない場合[5]は，消費者が無数に存在したとしても，独占企業の言い値で財を購入しなければならないという状況が発生しかねない．同様に，もし消費者が 1 人，あるいは単一の団体である場合[6]，無数の生産者がいたとしても，買い手側の言い値でなければ，財を売ることができないという状況が発生しかねない．逆にもし無数の生産者が存在する市場で，ある特定の企業が恣意的に高い値段で財を市場に供給していても，消費者はより安価な財が他社から提供されているならば，そちらの財を購入するであろう．そして，このことが成り立つためには条件 3 が必要である．

条件 3：もし無数の生産者によって提供される財の代替が不可能であるならば，結局は生産者が単一の場合と同様に，生産者は恣意的に価格を設定することができる．

条件 4：もし無数の生産者と消費者が存在し，財が同一の性質を持つものであっても，そのことがごく一部の生産者あるいは消費者にしか知られていないならば，幾つかの企業が恣意的に価格を高く設定しているとき，代替の財を探すことなく，高い価格を支払って財を購入する消費者が存在するであろう．

条件 5：この条件により，市場に無数に生産者が存在しうること，つまり無数の潜在的な生産者が現実に存在するならば，それら生産者が実際に市場に参入したり撤退できること，が保証される．同時に財やサービスの市場供給量が新規参入や撤退によって調整されることも意味する．この条件は長期の均衡に影響を及ぼすので然るべき箇所で再度考察する．

　完全競争の概念について検討するために，次のことを考える．経済学では独占は社会的に好ましいものではないと考えるのに対して，経営工学では，企業が市場を独占するための手段について明らかにすることを試みる．経済学と経営工学の立場は真逆のように思われるが，以下の理由から，両者の立場はそれほど異ならないのである．

　例えば，今から何十年も前に市販されていた歯ブラシの種類は現在市販されているものほど多様性がなく，せいぜい手で持つ部分の色が異なったり，大人用と子供用で大きさが異なる程度のものであった．このような財であれば，あるいは上記の条件が満たされたかもしれない．現在の歯ブラシの市場についても，調べてみれば実は完全競争市場なのかもしれないが，昔よりも遥かに多い種類のものがあり，条件 3 の財の代替性について，昔よりも成立しにくいと考えられよう．

　前述のように，独占企業は消費者にある程度は言い値で財を売ることができる，つまり価格設定の際には利潤を最大化するような価格を設定することができる．独占企業になるためには，例えば条件 3 について，他社の製品では代替することができないような，独自の財を市場に提供することができたならば，無数の競争相手と競争する必要もなくなり，恣意的に価格を設定することができる．加えて，条件 4 について，ある企業が消費者に自社製品は他社の製品よりも格段に優れているから代替はできないという消費者の信用を得ることができれば，同じように価格を恣意的に決定できる．マーケティングでのイメージ戦略やブランド化戦略とは基本的に他社の製品との差別化を図ることであり，それは独占に近づくための努力と言える．では，経済学では，企業がこのように行動すること，つまり独占を目指すことを是としないのだろうか．換言するならば，経済学の観点から見れば，歯ブラシは昔のままで良かったとするのであろうか．答えが否であることは言を俟たない．経済学では企業が創意工夫の限りを尽くして市場独占を目指す企業努力を全て織り込み，これを完全競争と呼ぶ．あるいはこの意味において，自由競争とも呼ぶ．もちろん，虚偽の宣伝などによって他社製品との代替ができないという誤解を与えることは規制の対象となる．

　完全競争市場における競争とは，インサイダー取引や産業スパイといった違法行為を肯定せず，規制無しの競争を意味しない．競争だから企業は何をやっても良いということはないし，競争を維持するために必要な規制もある．例えるなら，完全競争下の生産者は決められたルールに則り全力でプレーするスポーツ選手のようなものである．完全競争とは，全ての企業が同種の財を，改良する努力を怠った結果として継続して生産する停滞の状態ではなく，

常に他の生産者よりも優れた財やサービスを生み出すべく試行錯誤をしている状態のことである．スポーツのプレーヤーが状況に応じて戦略を変えるように，生産者も需要や生産技術等の変化に応じて財やサービスを変更することで，他者と競争するのである．

スポーツ競技で選手がドーピングなどの反スポーツ的行為をしないことが当然とされるように，生産者にも守るべき責任がある．スポーツ競技にはドーピングが行われないような検査の体制が整っているように，生産者には遵守すべき法律がある．このような条件下で生産者が自由闊達な競争をしている状態が，完全競争市場である．完全競争が行われた結果，何らかの理由である特定の企業が競争に生き残り，勝者として独占企業になる場合もある．そのような状態は，後で考察して明らかになるように，経済学的には好ましくないが，無数の生産者が競争している状態は経済学の立場からも好ましいのである．

5.2.2 存在と意義

さて，これらの条件は，全ての市場に自動的に発生するようなものではない．もしこれらの条件が全て整っている市場が存在するとしたら，それは稀であろう．「神の見えざる手」という有名な言葉に例えられる市場の機能は，完全競争市場の特性を述べたものであるが，全ての市場がいつも完全競争市場になるというような根拠ではない．条件の 2 から 5 全てが整っているかという観点から考えれば，大多数の市場は完全競争市場ではないと考える方がむしろ自然かもしれない．従って，以下で紹介する完全競争市場下での生産者の理論や，均衡の理論は必ずしも市場の実情についての考察ではない．にもかかわらず，経済学で完全競争市場について分析を行うことについて疑念を抱かれるかもしれないが，杞憂である．経済学は，完全競争市場を所与とはせず，完全競争ではない，不完全競争市場の分析も含め，どのような市場が社会にとって好ましい特性を持つのか，もし関心を持つ市場がそのような特性を持たないとき，どのような政策によって是正が可能か考察することを目的とするからである．

第 6 章

生産技術

　生産者の理論における生産技術とは，自動車がどのように生産されるか，あるいは伝統工芸品がどのような匠の技をもって作られるかといった，具体的な生産技術の考察ではなく，これらの生産活動に共通すると考えられる特性をもつ生産関数によって記述される．以下では，生産技術に関する経済学的な概念と，その数学的な特性，およびその特性を備える生産関数について紹介する．生産技術に関する概念の中には効用関数の解説に際して用いられた概念が，異なる言葉で表されているだけのものもある[1]．

6.1　生産関数

　消費者の理論でそうしたように，考察を簡単にするために，生産要素が2つの場合を想定する．これらをそれぞれ生産要素 1，生産要素 2 と呼ぶことにして，それらの投入量を $\mathbf{x} = (x_1, x_2)$, $x_1, x_2 \in \mathbb{R}_+$ と表すことにする[2]．このとき，$\mathbf{x}$ を**投入計画 (input plan)** と呼ぶ．投入計画によって生産される財の量を $y \in \mathbb{R}_+$ で表すことにする．

　また，生産には生産要素 1 と生産要素 2 の双方が不可欠であるとする．この前提は**不可欠性 (essentiality)** と呼ばれる．生産関数 $f(\mathbf{x}) \equiv f(x_1, x_2)$ は，投

---

1)　とりわけ，Cobb-Douglas 型の関数はもともと生産関数として考案されたものであったが，一次同次性や扱いの平易さなどから，消費者の選好を表現するものとしても利用してきた．以下では，一部例外はあるものの，Cobb-Douglas 型の効用関数で紹介された概念を想起しつつ読み進めることが理解を助けると思う．

2)　消費者の理論では x_i は各財の需要量であったが，生産者の理論では各生産要素の投入量を表す．なお，資本と労働力を生産要素として扱う場合は，これらをそれぞれ K, L と表すこともある．

入計画 $\mathbf{x} = (x_1, x_2)$ によって生産される財の量の最大値を与える関数とする．このことは，例えばあるコンピューターを 10 台作るだけの生産要素があるならば，同じコンピューターを 5 台作ることも可能なはずであるが，そのような場合を排除するための前提である．この前提は，投入された生産要素が無駄のないように活用されることを意味し，このことを**生産量について効率的 (output efficient)** であるという．無から有を創ることができないということは，$f(0, 0) = 0$ と記述できる．前述した不可欠性は，$f(0, x_2) = f(x_1, 0) = 0$ と書くことができる．また，$f(\mathbf{x})$ は増加関数であり，考察に必要なだけ微分可能[3]な連続関数であるとする．

6.1.1　等量線

先ず，ある一定量の財を生産することができる投入計画について考える．このような投入計画が複数あるならば，生産者はその中から，生産要素の価格に応じて最も費用が小さくなる投入計画を選択するであろう．この考え方は，支出最小化問題の考え方と同じである．この枠組みのために，無差別曲線と同じ概念である等量線について紹介する．

任意の生産量 y を実現するために必要とされる投入計画 $\mathbf{x} \equiv (x_1, x_2)$ の集合，すなわち，

$$I(y) = \{\mathbf{x} \mid f(\mathbf{x}) = y\}$$

のグラフを**等量線 (isoquant)** という．消費者の理論で紹介した無差別曲線とは，無差別集合のグラフであったが，等量線はこれに対応するものである．無差別曲線の形状が効用関数によって異なることと同様，等量線の形状は生産関数によって異なる．消費者の理論で紹介した Cobb-Douglas，CES，Leontief 型効用関数は，全て生産関数としても用いることができる．それらを生産関数として用いるとき，等量線は無差別曲線と同じ形状を持つことは言を俟たない．特に，Cobb-Douglas 関数は，もともと生産関数として推計された関数であったことを思い出せば，Cobb-Douglas 関数の等位線 (level curve) のこと

---

3)　大抵の場合，二階微分が存在すれば十分である．

を，消費者の理論では無差別曲線と呼び，生産者の理論では等量線と呼び分けているだけに過ぎないことに気づく．

6.1.2 限界生産性

限界生産性 (marginal productivity) とは，他の生産要素の投入量を保ちつつ，ある一つの生産要素の投入量を微小変化させることで生じる生産量の変化率を指す[4]．これは消費者の理論における限界効用と同じ概念であり，限界生産性とは生産関数の偏微分係数に他ならない．生産要素 1 の限界生産性：$\frac{\partial f(x_1, x_2)}{\partial x_1} \equiv f_1$ を MP_1 と書くこともある．限界生産性は，限界効用と同様，逓減すると考えられる[5]．なお，生産者の理論では「過ぎたるは及ばざるが如し」という場合を排除しない．例えば，畑の作付け面積が一定のとき，用いる肥料を増やし続ければ，やがて収穫が落ち込む可能性も想定するべきであり，この可能性を排除しない[6]．このことは，以下に紹介する技術的限界代替率は正の符号を持つ可能性があることを意味する．

6.1.3 技術的限界代替率

技術的限界代替率 (marginal rate of technical substitution) とは限界代替率に対応する概念で，ある生産要素を微小変化させたときに同一の生産量を維持するために必要とされるもう一方の生産要素の変化量，つまり，同一等量線上に留まるために必要とされる 2 つの生産要素の交換レートのことである．技術的限界代替率は限界代替率 (MRS) を求めたときと同じ方法で求めることができる．いま，任意の生産量 $\bar{y}$ を与える生産関数 $f(x_1, x_2) = \bar{y}$ について，こ

---

4) 限界生産性は生産要素 i の限界生産物 (marginal product of i) と呼ばれることもある．

5) 例えば，サッカーの試合などではゲームの後半に選手が交代した際，解説者が "交代して入った選手が，積極的にボールを追いかけるべきです" といった旨の発言をすることがある．このことは，同一選手の限界生産性はプレーにつぎ込まれる運動量や走行距離について逓減し，交代直後の選手の限界生産性は，他の選手よりも高いからだと解釈してもよい．

6) 排除はしないものの，役に立たない生産要素を投入することは，利潤最大化を試みる生産者が自ずと避けるであろう．

れを全微分したものは，

$$\frac{\partial f}{\partial x_1}dx_1 + \frac{\partial f}{\partial x_2}dx_2 = d\overline{y} = 0.$$

これより，$\frac{\partial f}{\partial x_2} \neq 0$ のとき，

$$\left.\frac{dx_2}{dx_1}\right|_{dy=0} = -\frac{\partial f/\partial x_1}{\partial f/\partial x_2} \tag{6.1}$$

であるから，

$$-\left.\frac{dx_2}{dx_1}\right|_{dy=0} = \frac{\partial f/\partial x_1}{\partial f/\partial x_2} = \frac{\mathrm{MP}_1}{\mathrm{MP}_2}$$

である．これが技術的限界代替率である．つまり，

$$\mathrm{MRTS}_{12} \equiv \frac{\partial f/\partial x_1}{\partial f/\partial x_2} \equiv \frac{\mathrm{MP}_1}{\mathrm{MP}_2}$$

である．式からも明らかなように，技術的限界代替率は限界生産性の比にほかならない．(6.1) により，$\frac{\partial f}{\partial x_1}$, $\frac{\partial f}{\partial x_2}$ のどちらか一方が負のときは，その生産要素は「過ぎたるは及ばざるが如し」の場合であり，等量線の傾き (6.1) が正の値をとる．もちろん，このことは無駄に生産要素を投入しても総生産量が増えないことを意味するので，非効率的である．無駄な生産要素を投入して生産活動を行う生産者は，これをしない生産者との競争を維持できず，やがて市場から淘汰されるであろう．このことを踏まえ，等量線を描いたものが図 6.1 である．

　図 6.1 では 3 本の等量線 I^a, I^b, 並びに I^c が描かれている．生産量は投入される生産要素の量が双方とも最も多い I^c が最も高いことは言を俟たないであろう．それぞれの等量線について描かれている 2 本の破線は水平線と垂直線であり，技術的限界代替率がそれぞれ 0，および定義不可能 (∞) の状態である．これらは，各生産要素の限界生産性が負になり，技術的限界代替性が正となる境界である．例えば，等量線 I^b について，これに接する水平線について考える．生産要素 1 を，この接点が示す量 x_1^b よりも多く投入したとする．生産量を I^b に保つのであれば，生産要素 2 の投入量は減らしても良いはずである．しかし，x_2^b が与えられたとき，生産要素 1 は x_1^b を超えて投入されると，

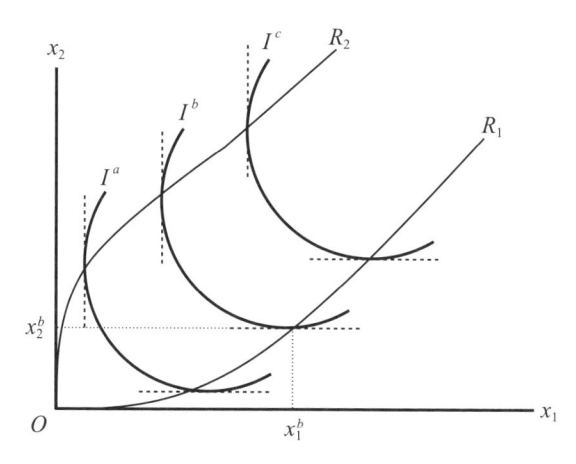

図 **6.1** 等量線と経済的効率性を伴う要素投入量

生産について，もはやマイナス要因となっている[7]．このため，x_1^b 以上の生産要素を投入して，I^b と同等の生産量を維持するためには x_2 も増やさなければならない，これが等量線が正の傾きを持つ理由である．生産量を一定に保つために，片方の生産要素をより多く投入して，もう片方の生産要素の投入量を減らせるなら，生産要素の価格によっては費用が削減できる可能性もある．しかし，片方の生産要素をより多く投入したとき，もう片方の生産要素の投入量もより多く投入しなければならないならば，生産に関わる費用は必ず増加する．これは無駄であり，このことを**経済的非効率性 (economic inefficiency)** と呼ぶ．OR_1 および OR_2 は任意の等量線について，各生産要素の限界生産性が 0 となる点の軌跡である．OR_1 と OR_2 の内側の点であれば，双方の生産要素の限界生産性が負にならず，技術的限界代替率は逓減する．このことは，前述のような無駄が生じないことと同義であり，この意味において OR_1 と OR_2 の内側の点は**技術的効率性 (technical efficiency)** を持つという．従って，等量線上にあり，かつ OR_1 と OR_2 の内側にある点のみが生産量についての効率性と技術的効率性を備えている．以降では，**生産量についての効率性と技術的効率性を備えた生産要素の組み合わせを想定して考察を続ける．**

---

7) 限界生産性の概念は偏微分のそれである．従って，限界生産性を考えるときは，別の生産要素の投入量が一定に保たれているものと考える．

6.1.4　収穫の規模

　生産量は投入計画によって変わる．各生産要素の投入量が増えれば，生産量も増えるはずである．生産量を増やすには，大別して (1) 全ての生産要素を同じ割合で増やす場合と，(2) 異なる割合で増やす場合の 2 通りある．図 6.2 において，等量線 I^a 上の α における投入計画 $\mathbf{x}^\alpha \equiv \left(x_1^\alpha, x_2^\alpha\right)$ から，生産量を I^b の水準まで増やすにあたり，生産要素 1 と 2 の双方を s 倍 $(s > 0)$ した組み合わせが等量線 I^b 上の β における投入計画 $\mathbf{x}^\beta \equiv \left(x_1^\beta, x_2^\beta\right) = \left(sx_1^\alpha, sx_2^\alpha\right)$ である．他方，投入計画 $\mathbf{x}^\alpha \equiv \left(x_1^\alpha, x_2^\alpha\right)$ から，I^b まで生産量を増やすには，等量線 I^b 上の γ における投入計画 $\mathbf{x}^\gamma$ もあり，図 6.2 に描かれているように，この投入計画は各生産要素の投入量を異なる割合で増やしたものである．このような場合については後で考察することにして，さしあたり，全ての生産要素を等しい割合で変化させるとき，生産量がどのように変化するかという，生産技術の特徴を捉えるための考察を行う．そのために，規模についての弾力性という

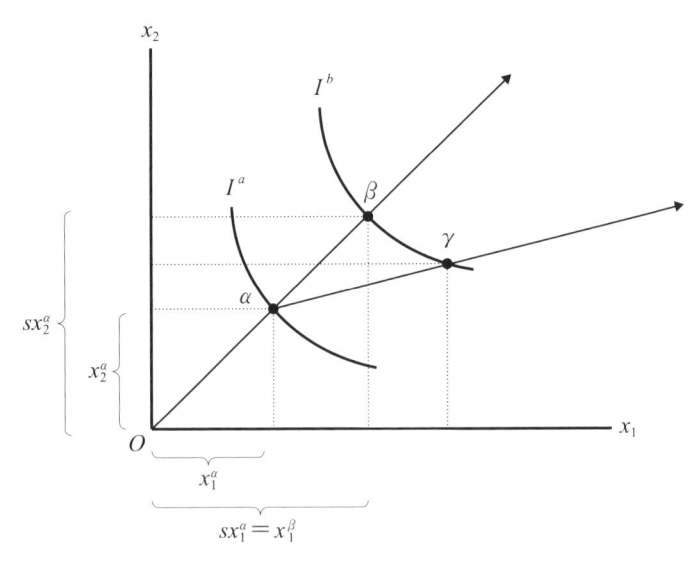

図 **6.2**　等量線と生産要素投入量

概念を紹介する.

生産関数 $y = f(x_1, x_2)$ について，各生産要素を一律 s 倍した関数を以下のように表すことにする[8]

$$y = f(sx_1, sx_2) = f(s; \mathbf{x}).\tag{6.2}$$

いま，s の変化率に対する y の変化率の**割合**を考える．例えば，$s = 2$，つまり各生産量の投入量を 2 倍にしたとき，生産量も 2 倍になるとしたら，s の変化率に対する y の変化率の割合は $\frac{200\%}{200\%} = 1$ である．あるいは，各生産要素の投入量を 5% 増加させたとき，生産量が 10% 増加したとすれば，s の変化率に対する y の変化率の割合は 2 である．同じ考え方で，もし各生産要素の投入量を 5% 増加させたとき，生産量が 1% しか増加しないなら，s の変化率に対する y の変化率の割合は 0.2 である．

s の変化率に対する y の変化率の割合は，**規模についての弾力性 (elasticity of scale)** と呼ばれ，η などで表され[9]，以下のように定義される[10].

$$\eta \equiv \frac{df}{ds}\frac{s}{f}\tag{6.3}$$

弾力性の概念は，規模のほかにも代替の弾力性や，価格についての弾力性など，様々なものがある．弾力性は絶対値の大きさによって以下のように分類される．

$$|\eta| \begin{cases} > 1 & \text{弾力的 (elastic)} \\ = 1 & \text{単位弾力的 (unit elastic)} \\ < 1 & \text{非弾力的 (inelastic)} \end{cases}$$

---

8) 一般に，関数を $f(s; \mathbf{x})$ というように「;」が用いられる場合は，この記号の後の変数は外生変数とみなす．本文の場合は，生産関数について，任意の $\mathbf{x} \equiv (x_1, x_2)$ を所与として，x_1, x_2 をそれぞれ s 倍することを考えようとしており，s のみを内生変数として捉えることを意味する．

9) η の他にも ϵ を用いることもある．本書では PDF ファイル（URL は vi ページ）で，ϵ を別の意味を持つ変数として用いているので，η を用いることにした．後で紹介する代替の弾力性のように σ で表されるものもある．また，弾力性の概念は複数あるが，同じ記号を用いることがあるので，個別の定義に留意する必要がある．

10) $\eta \equiv \frac{df}{ds}\frac{s}{f}$ の右辺を $\frac{\frac{df}{f}}{\frac{ds}{s}}$ と解釈すれば，弾力性が生産要素投入量の変化率と生産量の変化率との比であることに気付くであろう．

$\eta = 1$ の場合は，全ての生産要素の投入量を一律 s 倍にすると y も s 倍になることを意味する．同様に，$\eta > 1$ は，投入量を一律 s 倍した際，y は s 倍以上になることを意味する．同じ考え方から $\eta < 1$ の意味は明らかであろう．これらはそれぞれ，生産関数が規模について**収穫一定 (constant returns to scale: CRS)**，**収穫逓増 (increasing returns to scale: IRS)**，あるいは**収穫逓減 (decreasing returns to scale: DRS)** であると呼ばれる．完全競争市場で活動する生産者については収穫一定の生産技術が前提とされる．このことは，例えば自動車の生産規模を 2 倍にするにあたり，現在稼働中の工場と同一のものを別の場所で稼働すれば可能になることを考えると理にかなう[11]．なお，開発途上国 (developing nations) などでは，国レベルの生産量は収穫逓減の場合もあるし，開発が進んだ国々 (developed nations) の産業によっては生産技術が収穫逓増と考えられる場合もある．

■同次関数と相似拡大的関数

生産関数の数学的な特性について考察するとき，同次性と相似拡大性の概念が役に立つ．本節ではこれらについて簡単に紹介する．

> **定義9.**　同次関数 (homogenous functions)
> 　関数 $f(\mathbf{x})$, $\mathbf{x} \in \mathbb{R}^n_+$ について以下が成り立つとき，f は k 次同次関数 (homogenous function of degree k) であるという
>
> $$f(sx_1, sx_2, \ldots, sx_n) = s^k f(x_1, x_2, \ldots, x_n) \qquad k > 0. \qquad (6.4)$$

このとき，f を生産関数と見なすならば，投入計画 $\mathbf{x} \equiv (x_1, x_2)$ が s 倍されたとき，生産量 $y = f(x_1, x_2)$ の収穫が s^k 倍になることを意味する．特に，$k = 1$ のとき f は，収穫一定であることは言うまでもなく，一次同次関数と呼ばれるほかに，**線形同次関数 (linear homogeneous function)** とも呼ばれる．生産関数が同次性を持つとき，規模についての弾力性について，(6.3) と (6.4) より，

---

11)　この論理は，工場の規模が市場全体に対して十分に小さいときには問題なく成り立つが，工場の規模が大きく，新たな工場の稼働によって生産要素の需要に影響を及ぼすことが生じる場合などは成り立たない可能性もある．

$$\eta = \frac{df}{ds}\frac{s}{f} = ks^{k-1}f(\mathbf{x})\frac{s}{s^k f(\mathbf{x})} = k$$

を得る．従って，一次同次性 $(k = 1)$ を持つ生産関数は，収穫一定の生産技術を表す．同様に，k が 1 より大きな値をとる場合，生産関数は収穫逓増の生産技術を表し，k が 1 より小さい値をとる場合，生産関数は収穫逓減の生産技術を表す．

次に，(6.4) の両辺を x_i について微分して，

$$\frac{\partial f}{\partial sx_i}\frac{\partial sx_i}{\partial x_i} = s^k \frac{\partial f}{\partial x_i}$$

$$s\frac{\partial f}{\partial sx_i} = s^k \frac{\partial f}{\partial x_i}$$

$$\frac{\partial f}{\partial sx_i} = s^{k-1} \frac{\partial f}{\partial x_i} \quad i = 1, 2 \tag{6.5}$$

を得る．さて，(6.4) と (6.5) を合わせて眺めると **f が k 次同次関数ならば，f の一階偏導関数 f_i は $k-1$ 次同次関数である**ことが分かる．また，生産関数が同次性を持つとき，技術的限界代替率は，

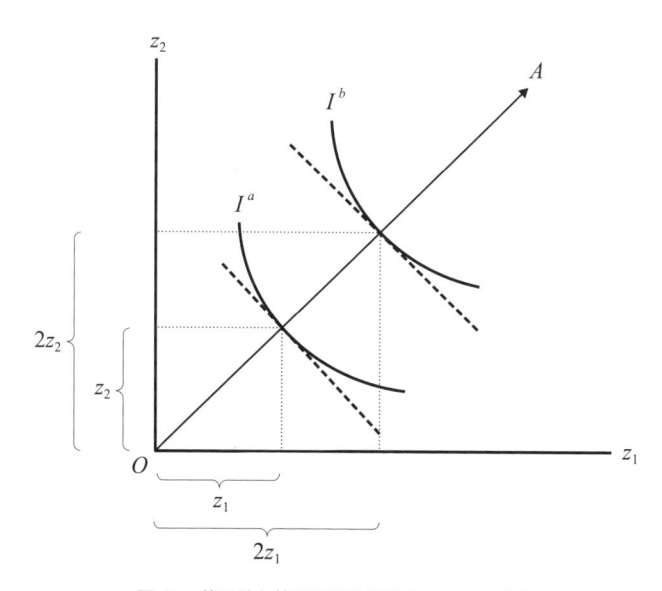

図 **6.3**　等量線と技術的限界代替率：$s = 2$ の場合

$$\frac{f_1(sx_1, sx_2)}{f_2(sx_1, sx_2)} = \frac{s^{k-1}f_1(x_1, x_2)}{s^{k-1}f_2(x_1, x_2)} = \frac{f_1(x_1, x_2)}{f_2(x_1, x_2)}$$

となる[12]. つまり，**生産関数が同次性を持つならば，生産要素が一律 s 倍されるとき，技術的限界代替率は変わらない**. 図 6.3 はこのことを，$s = 2$ の場合で描いたものである. 原点からの直線 OA が等量線と交わる点においては接線の傾きが等しい[13]. 生産関数が同次性を持つとき，技術的限界代替率は生産要素投入量の割合 $\frac{x_2}{x_1}$ のみに依存することが分かる.

■ Euler の定理

[練習]

$$f(sx_1, sx_2) = s^k f(x_1, x_2) \tag{6.6}$$

が成り立っているとする. この式を s について微分して以下を導出しなさい.

$$\frac{df}{ds} = \frac{\partial f}{\partial(sx_1)}x_1 + \frac{\partial f}{\partial(sx_2)}x_2 = ks^{k-1}f(x_1, x_2). \tag{6.7}$$

次に，(6.6) を x_i について微分して以下を導出しなさい

$$\frac{\partial f}{\partial sx_i}\frac{\partial sx_i}{\partial x_i} = \frac{\partial f}{\partial sx_i}s = s^k\frac{\partial f}{\partial x_i},$$
$$\frac{\partial f}{\partial sx_i} = s^{k-1}\frac{\partial f}{\partial x_i} \quad i = 1, 2. \tag{6.8}$$

最後に，(6.7) と (6.8) から，以下が成り立つことを確認しなさい

$$\frac{\partial f}{\partial sx_1}x_1 + \frac{\partial f}{\partial sx_2}x_2 = s^{k-1}\left(\frac{\partial f}{\partial x_1}x_1 + \frac{\partial f}{\partial x_2}x_2\right) = ks^{k-1}f(x_1, x_2).$$

つまり，

$$\frac{\partial f}{\partial x_1}x_1 + \frac{\partial f}{\partial x_2}x_2 = kf(x_1, x_2)$$

が成り立つ. これを Euler の定理という.

---

12)　視認を容易にするために $\frac{\partial f}{\partial sx_i}$ を $f_i(sx_1, sx_2)$ と書き直している.
13)　OA の傾きが $\frac{x_2}{x_1}$ である.

定理 2. Euler の定理 (Euler's theorem)

$f(x_1,\ldots,x_n),\ (x_1,\ldots,x_n) \in \mathbb{R}^n_+$ が k 次同次ならば以下が成り立つ

$$\frac{\partial f}{\partial x_1}x_1 + \frac{\partial f}{\partial x_2}x_2 + \cdots + \frac{\partial f}{\partial x_n}x_n = kf(x_1,\ldots,x_n). \tag{6.9}$$

ちなみに，Cobb-Douglas 関数 $x_1^\alpha x_2^{1-\alpha}$，$\alpha \in (0,1)$ は一次同次関数である．生産関数の一次同次が経済学的にはどのような意味を持つかについては，後で考察することになる．

■**相似拡大的関数**

同次関数を単調増加関数で変換した，以下のような合成関数を考える．

$$g(\mathbf{x}) \equiv h(f(\mathbf{x})) \tag{6.10}$$

ただし，$f(\mathbf{x})$ は同次関数であり，$0 < h'$ である．このような関数を**相似拡大的関数 (homothetic function)** と呼ぶ．例えば，対数関数 $\ln(x)$ は単調増加関数であるから，$y = f(x_1, x_2) = x_1^\alpha x_2^{1-\alpha}$ のとき，以下は相似拡大的関数である．

$$\ln(f(x_1, x_2)) = \alpha \ln x_1 + (1-\alpha)\ln x_2 \tag{6.11}$$

［練習］

$$g(x_1, x_2) = \alpha \ln x_1 + (1-\alpha)\ln x_2$$

について，$g(sx_1, sx_2)$ を計算して，x_1, x_2 をそれぞれ s 倍にすると，生産量が $\ln s$ 倍になることを確認しなさい．

相似拡大的関数としての生産関数は，規模に関する弾力性が一定でない場合もあるが，その際にも技術的限界代替率が一定となる特徴を持つ．先ず，(6.10) について，規模についての弾力性を計算する．(6.3) で与えられた定義に従い，合成関数の微分◆に留意して，

$$\eta \equiv \frac{dg(sx)}{ds}\frac{s}{g(sx)} = \frac{dh(f(sx))}{df}\frac{df(sx)}{ds}\frac{s}{h(f(sx))}$$

を得る．右辺に $\frac{f}{f} = 1$ を掛け，記述も簡略化して，

$$\eta = \frac{dg(sx)}{ds}\frac{s}{g(sx)} = \frac{dh}{df}\frac{df}{ds}\frac{s}{f}\frac{f}{h}$$

を得る．もし，f が一次同次性を持つ場合は，すでに示したとおり，$\frac{df}{ds}\frac{s}{f} = 1$ であるから，

$$\eta = \frac{dh}{df}\frac{f}{h} \tag{6.12}$$

となる．(6.12) から，相似拡大的な生産関数の規模についての弾力性は 1 である必要はないことが分かる．

[**練習**]　$g(x_1, x_2) \equiv h(f(x_1, x_2))$ について，$\frac{dx_2}{dx_1}$ を計算し，h に影響を受けないことを確認しなさい．

6.1.5　代替の弾力性

　これまでの考察では，各生産要素の投入量を一律に変化させたときに，生産量がどのように変わるかという観点から考察してきた．以下では，ある一定の量の生産をするとき，各生産要素の間にはどの程度の代替性があるかという観点から，生産技術について考察する．

　例えば，機械と労働者によって生産される財について，財によっては機械を使って行う作業の一部を労働力によって代替することや，その逆も可能な場合もあるだろう．他方，薬やカクテルなどのように，特定の薬剤やお酒などを作るにあたり，決められた割合で調合しなければならないなら，生産要素を代替することはできない．ある財を一定量生産するとき，各生産要素の間にどの程度の代替性があるか考察するとき，**代替の弾力性 (elasticity of substitution)** という概念を用いる[14]．

---

[14]　関心のある読者は，以下の論文を参照されたい．K. J. Arrow, H. B. Chenery, B. S. Minhas, and R. M. Solow. "Capital-labor substitution and economic efficiency." *The Review of Economics and Statistics*：225–250, 1961.

> **定義 10.** 代替の弾力性 (elasticity of substitution)
>
> C^2 級 ♦ の生産関数 $f(x_1, x_2)$ と投入計画 (x_1, x_2) について，代替の弾力性：σ は以下のように定義される
>
> $$\sigma \equiv \frac{d(x_2/x_1)}{d\mathrm{MRTS}} \frac{\mathrm{MRTS}}{x_2/x_1} = \frac{d\ln(x_2/x_1)}{d\ln(f_1/f_2)}. \tag{6.13}$$

(6.13) を $\dfrac{\frac{d(x_2/x_1)}{x_2/x_1}}{\frac{d\mathrm{MRTS}}{\mathrm{MRTS}}}$ と解釈すれば，代替の弾力性とは，各生産要素の投入量の割合 $\frac{x_2}{x_1}$ の変化率と，それに伴う技術的限界代替率 $-\frac{dx_2}{dx_1} = \frac{f_1}{f_2}$ の変化率の比であることに気付く．また，(6.13) の最後の等式は，対数微分 ♦15) と $\mathrm{MRTS}_{12} \equiv \frac{f_1}{f_2}$ に留意すれば了解できよう．図 6.4 をもとに，この式が表すことを考える16)．

等量線上の点 a と b はそれぞれ投入計画 $\mathbf{x}^a \equiv \left(x_1^a, x_2^a\right)$，$\mathbf{x}^b \equiv \left(x_1^b, x_2^b\right)$ の場合の生産量を表す．各投入計画における生産要素の投入量の割合は $\frac{x_2}{x_1}$ であるが，$\mathbf{x}^a$ の場合は，図 6.4 に描かれている θ^a の角度であり，$\mathbf{x}^b$ の場合は同図の θ^b の角度である．他方，各投入計画における技術的限界代替率は MRTS^a，およ

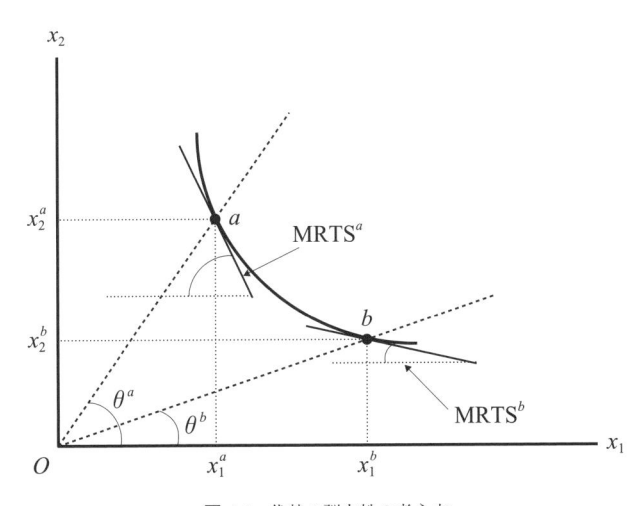

図 6.4 代替の弾力性の考え方

---

15) 具体的には，$d\ln(x_2/x_1) = \frac{d(x_2/x_1)}{x_2/x_1}$ である．

16) なお，(6.13) は微小変化を表す式であり，図 6.4 は必ずしもこのことを反映はしていないが，考え方を理解する目的のためにこのように描いている．

び MRTS^b として表されているように，等量線上の点 a および b における接線の傾きである．従って，代替の弾力性は，これらの角度の変化率の比として表すことができ，等量線の形状に反映される．このことを，消費者の理論では効用関数として紹介した関数を，生産関数として捉え，それらの等量線の形状を見ながら確認する[17].

■ Cobb-Douglas 型関数

以下の関数を考える．

$$f(x_1, x_2) = x_1^\alpha x_2^\beta, \quad \alpha, \beta > 0 \tag{6.14}$$

$\beta = 1 - \alpha$ ならば，この関数はこれまでの考察で用いてきたものであり，この条件下では上の関数は一次同次関数であることはすでに紹介した．これ以外の場合を確認しておく．

$$f(sx_1, sx_2) = (sx_1)^\alpha (sx_2)^\beta = s^{\alpha+\beta} x_1^\alpha x_2^\beta$$
$$= s^{\alpha+\beta} f(x_1, x_2)$$

であるから，Cobb-Douglas 型関数 (6.14) について，$\alpha + \beta > 1$ であれば収穫逓増，逆に $\alpha + \beta < 1$ であれば収穫逓減となる．

次に，代替の弾力性を求める．(6.13) に従って計算するために，先ず技術的限界代替率を求めると，

$$\mathrm{MRTS} = \frac{f_1}{f_2} = \frac{\alpha x_1^{\alpha-1} x_2^\beta}{\beta x_1^\alpha x_2^{\beta-1}} = \frac{\alpha}{\beta} \frac{x_2}{x_1}.$$

あるいは同様に，

$$\frac{x_2}{x_1} = \frac{\beta}{\alpha} \frac{f_1}{f_2} \tag{6.15}$$

---

17)　再確認の意味で繰り返すと，効用関数として考察に用いた関数を生産関数としても考察に用いるのは，我々の考察の目的が，必ずしも具体的な消費量や生産量を算出することではなく，消費行動や生産行動に見られる質的な特徴を浮き彫りにすることにあり，限界効用と限界生産性などのように，消費行動や生産行動の考察で用いられる概念に共通するものが多いためである．従って，生産技術に関する代替の弾力性の解釈は，消費者の選好についての代替の弾力性として解釈することもできる．

を得る．この式より，

$$\ln\left(\frac{x_2}{x_1}\right) = \ln\left(\frac{\beta}{\alpha}\right) + \ln\left(\frac{f_1}{f_2}\right)$$

を得る．この式を微分するにあたり，$\ln\left(\frac{\beta}{\alpha}\right)$ の微分については，α, β が定数なのでゼロになる．従って，

$$\sigma = \frac{d\ln(x_2/x_1)}{d\ln(f_1/f_2)} = 1.$$

つまり，Cobb-Douglas 型の生産関数の代替の弾力性は 1 である．

■ Leontief 関数

以下の関数を考える．

$$f(x_1, x_2) = \min\left[\alpha x_1, \beta x_2\right] \quad \alpha, \beta > 0$$

この関数は，消費者の理論でも紹介した考え方と同様に，$\alpha x_1 = \beta x_2$ を満たさない投入計画は技術的効率性を持たない．つまり，技術的効率性を持つ投入計画は全て $\alpha x_1 = \beta x_2$ という条件を満たす．このことは，$d\ln\left(\frac{x_2}{x_1}\right) = 0$ を意味するから，

$$\sigma = \frac{d\ln(x_2/x_1)}{d\ln(f_1/f_2)} = 0$$

である．

■ CES 関数

以下の関数を考える．

$$f(x_1, x_2) = \left(\alpha x_1^\rho + (1-\alpha)\, x_2^\rho\right)^{\frac{1}{\rho}} \quad 0 < \alpha < 1, \quad \rho < 1,\, \rho \neq 0 \tag{6.16}$$

先ず，この関数が一次同次であることを確認しておく

$$
\begin{aligned}
f(sx_1, sx_2) &= \left(\alpha\,(sx_1)^\rho + (1-\alpha)\,(sx_2)^\rho\right)^{\frac{1}{\rho}} \\
&= \left[s^\rho\left(\alpha x_1^\rho + (1-\alpha)\, x_2^\rho\right)\right]^{\frac{1}{\rho}} \\
&= s f(x_1, x_2).
\end{aligned}
$$

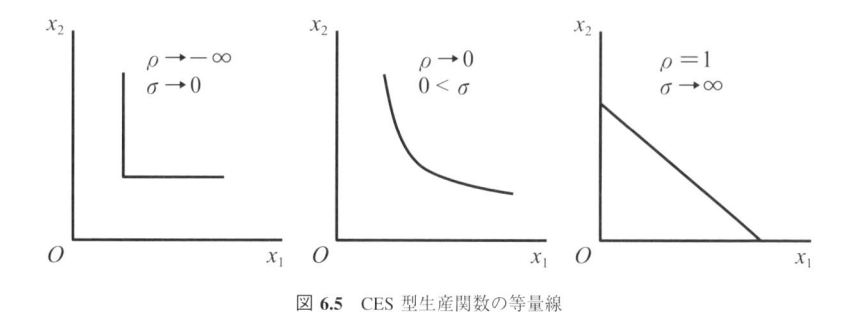

図 **6.5**　CES 型生産関数の等量線

次に，代替の弾力性を求める．そのために先ず，技術的限界代替率を求める．

$$f_1 = \frac{1}{\rho} \left(\alpha x_1^\rho + (1-\alpha) x_2^\rho \right)^{\frac{1-\rho}{\rho}} \alpha \rho x_1^{\rho-1},$$

$$f_2 = \frac{1}{\rho} \left(\alpha x_1^\rho + (1-\alpha) x_2^\rho \right)^{\frac{1-\rho}{\rho}} (1-\alpha) \rho x_2^{\rho-1}$$

であるから，

$$\mathrm{MRTS} = \frac{f_1}{f_2} = \frac{\alpha}{1-\alpha} \left(\frac{x_2}{x_1} \right)^{1-\rho}.$$

この式より，

$$\ln \frac{f_1}{f_2} = \ln \frac{\alpha}{1-\alpha} + (1-\rho) \ln \frac{x_2}{x_1},$$

$$\ln \frac{x_2}{x_1} = \frac{1}{1-\rho} \ln \frac{f_1}{f_2} - \frac{1}{1-\rho} \ln \frac{\alpha}{1-\alpha}.$$

従って，

$$\sigma \equiv \frac{d \ln(x_2/x_1)}{d \ln(f_1/f_2)} = \frac{1}{1-\rho}.$$

この式から，$\rho = 1 - \frac{1}{\sigma}$ が得られる．(6.16) は消費者の理論では効用関数 (1.6) として紹介していたものに他ならず，等量線を描いた図 6.5 は，無差別曲線として紹介していたものと同じである．

　無差別曲線の紹介でも言及したが，ρ，あるいは同様に σ，の値によって，等量線の形状は変わる．代替の弾力性は関数の等位線の形状がどのように曲がっているか，つまり**曲がり具合**に関する情報を持つ．σ が小さい程，曲がり具合が大きく．逆に，σ が大きい程曲がり具合が緩やかになる．

■補足

CES 関数 (6.16) の等量線の形状が示唆するように，CES 関数について $\rho \to -\infty$ としたものは，Leontief 関数になり，$\rho \to 0$ としたものは Cobb-Douglas 関数になる．つまり，

$$\lim_{\rho \to -\infty} \left(\alpha x_1^\rho + (1-\alpha) x_2^\rho \right)^{\frac{1}{\rho}} = \min[x_1, x_2] \tag{6.17}$$

$$\lim_{\rho \to 0} \left(\alpha x_1^\rho + (1-\alpha) x_2^\rho \right)^{\frac{1}{\rho}} = x_1^\alpha x_2^{1-\alpha} \tag{6.18}$$

が成り立つ．以下にこれらを導出する．

先ず (6.17) を導出する．そのためには，(6.17) の極限が，$0 < x_1 < x_2$ の場合は x_1 に等しく，$0 < x_2 < x_1$ の場合は x_2 に等しくなることを示せばよい．以下では，$0 < x_1 < x_2$ の場合を示す．

$\rho < 0$ とすると[18]，$x_2^\rho < x_1^\rho$ である．すると，

$$\alpha x_1^\rho < \alpha x_1^\rho + (1-\alpha) x_2^\rho < x_1^\rho \qquad \alpha \in (0, 1)$$

が成り立つ．これより，

$$\alpha^{\frac{1}{\rho}} x_1 > \left(\alpha x_1^{\frac{1}{\rho}} + (1-\alpha) x_2^{\frac{1}{\rho}} \right)^{\frac{1}{\rho}} > x_1$$

を得る．

$$\lim_{\rho \to -\infty} \alpha^{\frac{1}{\rho}} x_1 = x_1$$

に留意すれば，$x_1 < x_2$ の場合，(6.17) の極限は x_1 に等しいことが分かる．同じ考え方により，$x_2 < x_1$ の場合，(6.17) の極限は x_2 に等しくなる．このことの確認は練習問題とする．

次に (6.18) を導出する．これにはロピタルの定理●を用いることになる．(6.18) の左辺の対数をとると，

$$\frac{\ln \left(\alpha x_1^\rho + (1-\alpha) x_2^\rho \right)}{\rho} \tag{6.19}$$

であり，分母と分子について $\rho \to 0$ とした極限は $\frac{0}{0}$ の不定形●となるため，ロ

---

18) 我々は ρ を $-\infty$ に飛ばしたときの極限に関心があるので，最初から $\rho < 0$ とする.

ピタルの定理を用いることができる．具体的には，(6.19) について $\rho \to 0$ とした極限は，その分母と分子を ρ で微分したものについて，$\rho \to 0$ とした極限に等しくなる．このとき，分子を ρ について微分するときは，対数関数の微分と指数関数の微分♠に留意する[19]．この操作により，

$$\lim_{\rho \to 0} \ln\left(\alpha x_1^{\rho} + (1-\alpha)x_2^{\rho}\right) = \lim_{\rho \to 0} \frac{\alpha x_1^{\rho} \ln x_1 + (1-\alpha)x_2^{\rho} \ln x_2}{\left(\alpha x_1^{\rho} + (1-\alpha)x_2^{\rho}\right)} \tag{6.20}$$

$$= \alpha \ln x_1 + (1-\alpha) \ln x_2$$

$$= \ln\left(x_1^{\alpha} x_2^{1-\alpha}\right)$$

を得る．以上から，

$$\lim_{\rho \to 0} \ln\left(\alpha x_1^{\rho} + (1-\alpha)x_2^{\rho}\right)^{\frac{1}{\rho}} = \ln\left(x_1^{\alpha} x_2^{1-\alpha}\right)$$

が示された．これより，

$$\lim_{\rho \to 0} \left(\alpha x_1^{\rho} + (1-\alpha)x_2^{\rho}\right)^{\frac{1}{\rho}} = x_1^{\alpha} x_2^{1-\alpha}.$$

　なお，代替の弾力性が等位線の**曲がり具合**を表すと書いたのは字義通りの意味であると同時に，代替の弾力性は等位線の**曲率 (curvature)** とは**異なる概念である**ことを明確にしておきたかったからである．曲率は，曲線の特性を表す概念の一つで，代替の弾力性とは算出の方法も異なる．実際，CES 関数では代替の弾力性は一定となるが，曲率は一定にはならない[20]．

---

19)　具体的には $\frac{d}{d\rho} x^{\rho} = x^{\rho} \ln x$ となる．

20)　英語の教科書や文献でも，代替の弾力性を説明するときに，curvature という言葉が用いられることがあり，curvature という言葉が，口語としてではなく学術用語の曲率として解釈され，誤解を招いたことがあるようである．両者の違いについては，以下の論文を参照のこと．O. de La Grandville. "Curvature and the elasticity of substitution: Straightening it out." *Journal of Economics*, 66(1): 23–34, 1997.

第 7 章

利潤最大化問題

　生産関数により，生産者の利潤を定義することができ，利潤最大化問題を通じて生産者の行動に関する知見を得ることができる[1]．先ずは生産要素が 1 つの場合について考察することで，基礎となる考え方を紹介し，これをもとに生産要素が 2 つの場合について考察する．最後に，複数の財を市場に供給する生産者の利潤最大化問題について簡単に紹介する．これは，均衡の理論について考察する際の生産者の意思決定の枠組みでもある．

7.1　一生産要素の場合

　以下では生産要素は労働力 (labor) であることを前提にし，その投入量を L で表すことにする．考察対象とする任意の財の生産量 y は生産関数 $y = f(L)$，$f(0) = 0$，$f'(L) > 0$ によって与えられるものとする．$f''(L)$ の符号については個別に考察する．労働力の単価である賃金 (wage) を w と表す．完全競争市場における生産者は賃金 w と財の価格 $p > 0$ を所与とする．生産者の利潤最大化問題は，

$$\underset{L}{\mathrm{Max}}\ pf(L) - wL \tag{7.1}$$

と表すことができる．なお，賃金 w は労働力の**名目価格 (nominal price)** であり，**名目賃金 (nominal wage)** という．名目価格の名目とは，字義通りの意味であるが，意図されているのは価格水準による調整を含まないということで

---

1)　後で明らかになるように，利潤と利潤最大化問題は費用関数によって定義することもできる．

ある．名目価格に対して，価格水準によって調整されたものを**実質価格 (real price)** といい，賃金の場合は**実質賃金 (real wage)** という[2]．実質賃金の具体例も以下の利潤最大化問題を解くことを通じて紹介することになる．

(7.1) の一階条件は，

$$\frac{\partial \pi}{\partial L} = pf'(L) - w = 0 \tag{7.2}$$

である．この式を満たす生産要素の投入量を L^* と表すことにすれば，利潤最大化問題の二階条件は，

$$\left.\frac{\partial^2 \pi}{\partial L^2}\right|_{L=L^*} = pf''(L^*) < 0 \tag{7.3}$$

である．$p > 0$ としていたので，$L > 0$ について $f''(L) < 0$ ならば，L^* は利潤最大化問題の解である．他方，$L > 0$ について $f''(L) > 0$ ならば，L^* は利潤最小化問題の解である．これらのことについて，図 7.1 とともに，さらに詳しく考察する．

図 7.1(a) は $f''(L) < 0$ の場合，つまり L^* が利潤最大化問題の解である場合を描いたものである．描かれている直線は利潤を表す

$$\pi = pf(L) - wL$$

を変形して，

$$f(L) = \frac{\pi}{p} + \frac{w}{p}L$$

としたもののグラフである．同じ直線上にある点は全てこの式を満たすから，

---

2)　名目価格と実質価格の違いを，賃金の場合について説明する．名目賃金とは，労働者が受け取る給与明細に記載される額である．名目賃金が，例えば 5% 上昇することは，労働者にとって好ましいことのように思われるが，同時に財の価格が 10% 上昇していたとすれば，この財の価格で測った消費者の実質的な賃金は下落したことになる．また，名目賃金が 5% 上昇したとき，価格も 5% 程ではないが上昇していたとすれば，この財の価格で測った実質賃金の上昇率は 5% 未満になる．あるいは，名目賃金と財の価格の双方が 5% 上昇したとすれば，この財の価格で測った実質賃金は変化しない．もちろん，財の価格に変化がなければ，名目賃金の変化は実質賃金の変化と一致する．経済学では，価格が変動するにはある程度の時間を要すると仮定し，価格が変動しない期間を短期と定義することがある．短期では名目価格と実質価格が一致するため，敢えて名目という言葉を用いる必要はない．

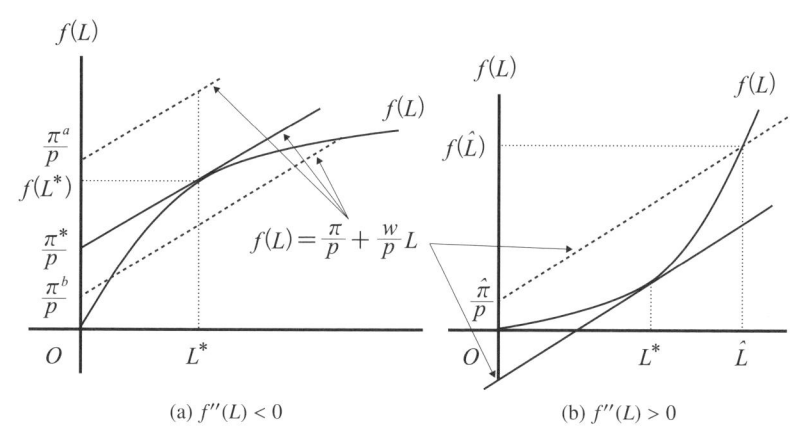

(a) $f''(L) < 0$　　　　　(b) $f''(L) > 0$

図 7.1 生産関数と等利潤線

利潤の水準も等しい．つまり，これらの直線は利潤の等位線である．経済学ではこれを**等利潤線 (iso-profit line)** という．描かれているように，最大化された利潤は縦軸の切片：$\frac{\pi^*}{p}$ の分子に示されている．破線で描かれている等利潤線についても同様である．この図において，生産者の利潤は等利潤線の縦軸の切片の値が大きいほど高いことになる．描かれているように，利潤の最大化を図る生産者は，生産要素の投入量を L^* に設定し，$y = f(L^*)$ だけ生産することで，利潤 π^* を得る．図 7.1(a) には，

$$f'(L^*) = \frac{w}{p} \tag{7.4}$$

が満たされていることが描かれている．この式の左辺は生産要素を微小単位追加投入することに伴い追加的に増える生産量を表す限界生産性であり，右辺が実質賃金である．つまり，利潤の最大化を図る生産者の意思決定は，**限界生産性が生産要素の実質価格と等しくなるように，生産要素の投入量を決定する**[3]．なお，図 7.1(a) に描かれている等利潤線の中で，最も利潤が高いのは π^a であるが，生産者はこの利潤を得ることができない．なぜなら，財の価格と賃金は所与であるから，3 本描かれている等利潤線の傾き：$\frac{w}{p}$ は等しいので，一階条件を満たす生産要素の投入量は L^* であり，このときに生産され

---

3)　実質賃金 $\frac{w}{p}$ は等利潤線の傾きであり，$L = L^*$ における限界生産性（限界生産物）$f'(L^*)$ は，$f(L)$ の $L = L^*$ における接線の傾きに他ならない．

る財の最大量は $f(L^*)$ であり，利潤が π^a となるためには，$f(L^*)$ よりも多く生産しなければならないが，これは不可能だからである．他方，図 7.1(a) に描かれている等利潤線の中で，最も利潤が低い π^b は，実現可能であるけれども，利潤が最大化されない．

　さて，(7.4) を変形すれば，L^* は，

$$pf'(L^*) = w \tag{7.5}$$

を満たすことも分かる．この式の左辺は，生産者が生産要素の投入量を任意の水準から追加で微小量（例えば 1 単位）増やし，生産量を微小量増やすことに伴って発生する収益，つまり $pf(L)$ を L について微分したものであり，**限界収益 (marginal revenue)** と呼ばれる．右辺は，次章で詳しく考察することになるが，生産量を微小量増やすために，生産要素の投入量をある水準から追加で微小量増やすことに伴って発生する費用であり，**限界費用 (marginal cost)** を表す．つまり，利潤の最大化を図る生産者の意思決定は，**限界収益と限界費用が等しくなるように，生産要素の投入量を決定する**と解釈することもできる．なお，"追加で微小量" という言葉と同じ意味で，以下では**限界的に**という言葉を用いる[4]．

　$L > 0$ について $f''(L) < 0$ ならば，限界収益と限界費用が等しいときに利潤が最大となることについてもう少し考察する．利潤の最大化を図る生産者の意思決定は，(7.5) に示されているように，生産要素の投入量を適切に設定することである．この意思決定のために，いま，生産者が生産要素の投入量を，ある水準：L から限界的に増やすか，減らすか，あるいはそのままの水準に保つか決めることを考える．その際，仮に (7.5) が成立しておらず，

$$pf'(L) > w \tag{7.6}$$

が成立しているとする．この式は，生産要素の投入量を L から限界的に増やすことに伴って発生する収益が，これを捻出するために必要な費用よりも大きいことを意味するから，利潤は増加することを意味する．従って，生産者

---

[4]　限界収益や限界費用にある限界という言葉も，限界効用などと同様に，微分していることを意味するからである．

は生産要素の投入量を限界的に増やす.

図 7.1(a) では $f''(L) < 0$ が想定されているので,生産要素の投入量が大きくなれば,限界生産性は逓減し,所与としている価格に変化がなければ,結果として限界収益も逓減する.生産要素の投入量が別のある水準: $\tilde{L} > L$ のとき,

$$pf'(\tilde{L}) < w \qquad (7.7)$$

が成立するなら,この式は,生産要素の投入量を $\tilde{L}$ から限界的に増やした場合,これに伴って発生する収益は,これを捻出するために必要な費用よりも小さいこと,つまり利潤が減少することを意味する.従って,生産者は生産要素の投入量を限界的に減らす.

$L > 0$ について $f''(L) < 0$ の場合,(7.5) が成立しているならば,L^* よりも生産要素の投入量を限界的に増やせば (7.7) が成り立つので,生産者は生産要素の投入量を減らす.逆に,L^* よりも生産要素の投入量を限界的に減らせば,(7.6) が成り立つので,生産者は生産要素の投入量を増やす.(7.5) が成立しているときのみ,生産者は生産要素の投入量を変化させる必要がない.L^* のとき,利潤が最大化されているからである.

図 7.1(b) は $L > 0$ について $f''(L) > 0$ の場合,つまり限界生産性が逓増する生産技術の場合の利潤最大化問題を描いたものである.図 7.1(b) においても,利潤最大化を図る生産者の一階条件は,(7.2) であり,L^* はこの式を満たす.二階条件も引き続き (7.3) であるが,$f''(L) > 0$ の場合,(7.3) の不等式は成り立たず,逆向きで成り立つ.つまり,$L = L^*$ のとき,利潤は最小化される[5].実際,図 7.1(b) において,生産要素の投入量を L^* から限界的に増やした場合,限界収益と限界費用について (7.6) が成り立つことが見て取れる.従って,生産者は生産量を増やす.限界生産性が逓増するということは,生産すればするほど効率よく生産できることを意味するから,生産量が増えても価格が一定なら,限界収益が逓増することと同義である.その場合,利潤の最大化を図る生産者は生産をできる限り多くするはずである.図 7.1(b) に描かれている 2 本の等利潤線のうち,実線は生産要素の投入量が L^* の場合,つまり利潤を最小化する場合である.他方,破線は生産要素の投入量が $\hat{L}$ の場合を描い

---

5) 詳しくは,一変数関数の最適化問題の二階条件*を参照のこと.

ており，生産者は $f(\hat{L})$ だけ生産することによって，利潤 $\hat{\pi}$ を得る．もちろん，生産者は生産要素の投入量を $\hat{L}$ よりもさらに多くすることで，財の生産量を $f(\hat{L})$ よりも多くすることが可能であり，その結果さらに高い利潤を得ることができる．従って，利潤の最大化を図る生産者が，限界生産性が逓増するような生産技術を持つ場合，生産者は字義通り際限なく生産しようとする．

しかし，際限なく生産することは現実には不可能であるばかりか，完全競争市場とは整合しない[6]．このような場合の生産者の意思決定は，完全競争ではなく，独占的競争 (monopolistic competition) の枠組みで考察される[7]．

最後に，$f''(L) = 0$ の場合について考察する．生産要素が一つの場合，不可欠性 (p.107) は $f(0) = 0$ を意味するから，この場合の生産関数は $f(L) = aL$，$a > 0$ であり，利潤最大化問題は，

$$\underset{x}{\text{Max}}\ (pa - w)L$$

と書くことができる．従って，$pa - w > 0$ の場合は，生産者は生産要素の投入量を増やせば増やすほど，高い利潤を得ることができるが，$f''(L) > 0$ の場合と同じ理由で完全競争市場とは整合しない．逆に，$pa - w < 0$ の場合は，生産要素をわずかでも投入すれば利潤が負になるので，生産者は生産を行わない．

さて，$pa - w = 0$ の場合はどうであろうか．この場合，生産者の収益：paL と費用：wL は，生産要素の投入量に関わらず常に一致する．これは生産者が労働者を雇用することで財を生産し，この財を売ることで得られた収益から労働者に賃金を支払った後には一銭も残らないということである．生産者としてはもっと儲かる方が好ましいかもしれないが，生産活動は維持できる．しかし，生産量に関わらず利潤はゼロなので，利潤最大化問題のみからは，生産量が一意に定まらない．生産量は，当該財の市場レベルで決まる．この具

---

6)　財を際限なく生産したい場合，生産者は労働力を際限なく投入しなければならないが，完全競争市場には無数の生産者が存在する．労働者の数は無限ではないので，労働力を際限なく投入したい生産者は，他の生産者よりも高い賃金を支払うなど，労働者を確保するための競争に直面するであろう．しかし完全競争市場では，財を含め生産要素の価格も所与とすることを前提にしているので (p.102)，このような状況を発生させる要因（本節の場合は限界生産性が逓増するような生産技術）は完全競争市場と整合しない．

7)　独占的競争については，国際貿易論の教科書や，上級のミクロ経済学の教科書を参照されたい．

体的な仕組みについては，生産者の理論の最後で考察することになる．

7.2 二生産要素の場合

生産要素が 2 つ以上ある場合にも，前節で考察したことは概ね該当するが，新たに考察できることもある．以下では，生産要素が 2 つの場合について考察する．

2 つの生産要素：資本 (capital) と労働力 (labor) を投入し，ある財を市場に供給する生産者を想定する．資本と労働力の投入量をそれぞれ K, L と表すことにする．生産技術は，生産関数 $f(K, L)$ で表されるとする．生産者の利潤は，

$$\pi \equiv pf(K, L) - rK - wL$$

である．p は財の価格であり，r と w はそれぞれ資本と労働力の 1 単位あたりの名目価格であるレント (rent) と賃金 (wage) を表す．

生産者は利潤最大化問題

$$\underset{K, L}{\text{Max}} \ pf(K, L) - rK - wL$$

を解く．価格 p を所与とする生産者の一階条件は，

$$\frac{\partial \pi}{\partial K} = p\frac{\partial f}{\partial K} - r = 0, \tag{7.8}$$

$$\frac{\partial \pi}{\partial L} = p\frac{\partial f}{\partial L} - w = 0 \tag{7.9}$$

である．これらより，

$$p\frac{\partial f}{\partial K} = r, \quad p\frac{\partial f}{\partial L} = w \tag{7.10}$$

あるいは同様に，

$$\frac{\partial f}{\partial K} = \frac{r}{p}, \quad \frac{\partial f}{\partial L} = \frac{w}{p} \tag{7.11}$$

$$\frac{w}{r} = \frac{\partial f/\partial L}{\partial f/\partial K} \tag{7.12}$$

を得る．(7.10) の左辺は，価格に各生産要素の投入量を限界的に増やすことに伴う生産量の増加量を表す限界生産物を掛けたものであり，これを**限界生産物の価値 (value of marginal product)** という．例えば，$p\frac{\partial f}{\partial K}$ は資本の限界生産物の価値であるが，これを VMPK と表すことがある[8]．(7.10) は限界生産物の価値が生産要素の単価と等しくなること，(7.11) は，限界生産性が生産要素の実質価格と等しくなることを意味する．(7.12) は，生産要素の相対価格が，技術的限界代替率と等しいことを意味し，後で考察する費用最小化問題からも導出されることになる．これらの式は，利潤最大化問題の一階条件であり，これらを満たす資本と労働力の投入量が，利潤を最大，最小にするかは，前節でそうしたように，二階条件を検討すればよい．あるいは，収穫の規模の概念をもとに検討することもでき，以下ではこの考え方を簡単に紹介する[9]．

　図 7.2 には，Cobb-Douglas 型の関数 $f(x_1, x_2) = x_1^{\alpha} x_2^{\beta}, \alpha, \beta > 0$ について，収穫逓減 (a)，収穫逓増 (b)，及び収穫一定 (c) の場合と，それら全ての場合における等量線の形状 (d) が描かれている[10]．図 7.2(d) に描かれているように，等量線の形状は収穫の規模によらず，上方等位線集合が凸集合となっている．つまり，(a)，(b)，及び (c) に描かれている生産関数は全て準凹関数である[11]．図 7.2 には描かれていないが，図 7.1 で紹介した等利潤線は，等利潤面 (iso-profit plane) として描くこともでき[12]，これをもとに利潤最大化問題の一階条件を図示することもできるが，考察することは図 7.1 と同じであるから割愛する．具体的には，図 7.2(a) と図 7.2(b) がそれぞれ，図 7.1(a) と図 7.1(b) の二変数の場合に対応することは，図 7.2(a) と図 7.2(b) に描かれている実線の形状を見れば得心がゆくであろう[13]．つまり，図 7.2(a) は生産関数が収穫逓減の場

---

8)　同様に，労働の限界生産物の価値は VMPL と表す．

9)　多変数関数の最適化問題に関する二階条件は行列を用いる方が容易であるが，本書ではそこまでの数学を想定していないので，このことについては線形代数の履修と並行して，上級の教科書を参照することを勧める．

10)　(a)，(c) には資本の投入量 K が描かれていないが (b) と同じである．なお，等量線の形状は (a)，(b)，(c) の場合について同じであるが，2 本の等量線の間隔は (a)，(b)，(c) の場合では等しくならない．

11)　加えて，(a) は狭義凹関数でもある．

12)　π という任意の利潤を与える等利潤面は $pf(K, L) = \pi + rK + wL$ で与えられる．

13)　図 7.1(a)，(b) はそれぞれ図 7.3(a)，(b) の断面図と捉えてもよい．

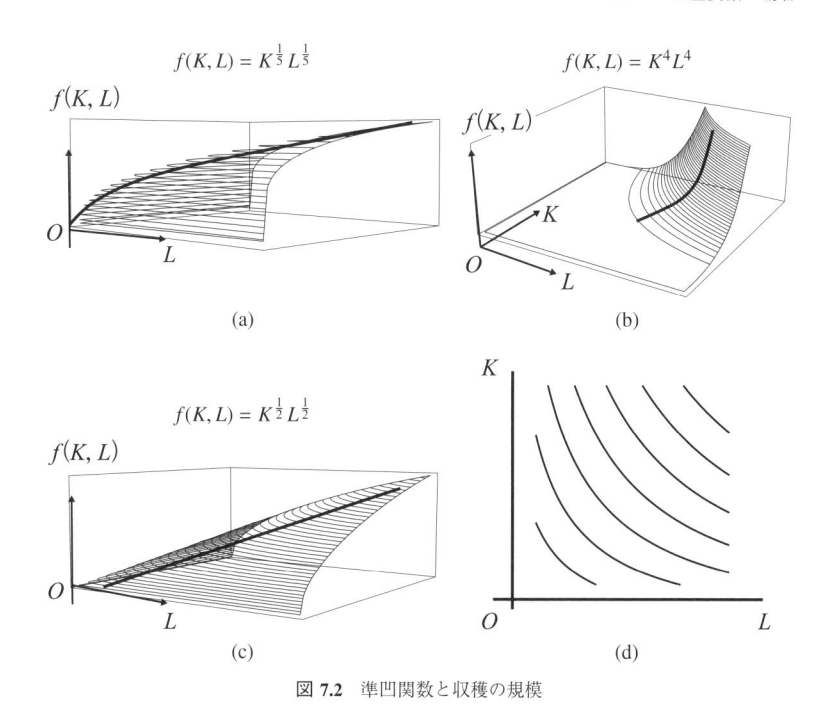

図 7.2 準凹関数と収穫の規模

合であり，利潤最大化問題の一階条件は利潤を最大化するための二階条件を満たす．他方，図 7.2(b) の場合，つまり収穫逓増となる生産関数を持つ市場は，完全競争市場とは整合しない．

図 7.2(c) は生産関数が収穫一定の場合である．生産要素が一つの場合は $f''(x) = 0$ であったが，生産要素が 2 つの場合，各生産要素について限界生産性は逓減するが，効率的な生産が行われているとき，限界生産性はゼロにはならないことが前提とされる (p.111).

[**練習**] 　生産関数 $f(K,L) = K^{\frac{1}{2}} L^{\frac{1}{2}}$ について，資本と労働力の限界生産性が逓減することを確認しなさい．

さて，生産が効率的に行われているとき，限界生産性が逓減するとは，生産要素の投入量を限界的に増やすとき，そのことによる生産量の増加分が徐々に小さくなることである．全ての生産要素について限界生産性が逓減すると

き，収穫の規模が一定であることに矛盾はないのであろうか．

収穫の規模が一定であるとは，全ての生産要素を全て等しく $s > 0$ 倍したとき，生産量も s 倍となることであった．これに対して，限界生産性とは一つの生産要素のみ，ある水準から限界的に増やしたとき，生産量がどの程度増えるかを示すものである．従って，全ての生産要素の限界生産性が逓減す

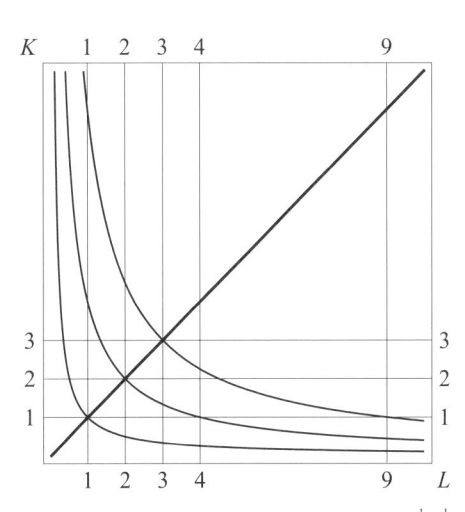

図 **7.3** 　収穫一定と限界生産性の逓減：$f(K, L) = K^{\frac{1}{2}}L^{\frac{1}{2}}$ の場合

る場合にも，収穫の規模は一定になる場合がある．このことは，図 7.3 に描かれている．この図は，生産関数として $f(K, L) = K^{\frac{1}{2}}L^{\frac{1}{2}}$ を想定し，等位線は生産量が 1，2，3 の場合を描いたものである．収穫の規模とは，各生産要素を s 倍 $(s > 0)$ する場合の生産量の変化を検討する概念である．図 7.3 では，投入計画 (p.107) が描かれている斜線上にあるとき，生産量がどのように変化するかを検討すればよい．具体的には，資本と労働力の投入量が，それぞれ 1 のとき，生産量は 1 であり ($f(1, 1) = 1$)，資本と労働力を，それぞれ 2 倍，3 倍にすれば，生産量も 2 倍，3 倍になる．この生産関数が収穫一定であることが確認できる．限界生産性の概念は，偏微分の概念であり，例えば，資本の投入量を $K = 1$ に固定して，もう一方の生産要素である労働力を限界的に増やすとき，生産量がどのように変化するかを表すものである．図 7.3 でこれを確認するために，$K = 1$ の水平線と等量線の交点を眺めると，

$$f(1, 1) = 1, \quad f(1, 4) = 2, \quad f(1, 9) = 3$$

であること，つまり，資本の投入量を $K = 1$ に固定したまま，生産量を 2 倍，3 倍にするためには，労働力の投入量を 2 倍，3 倍にするだけでは足りない

ことが分かる．実際，労働力の投入量は 4 倍，9 倍と逓増しなければならない．生産量を増やそうとするとき，そのために必要な生産要素の投入量が逓増するのは，この生産要素の限界生産性が逓減するからに他ならない．以上から，収穫一定の生産技術において，各生産要素の限界生産性が逓減することと，収穫の規模が一定であることは矛盾しないことが分かる．また，収穫一定の生産技術を持つ生産者からなる市場も，一生産要素の場合の $f''(x) = 0$ の場合と同様，完全競争市場と整合するが，生産者の生産量は一意に定まらず，市場の需給の状態によって決まる．

　以上の考察をもとに，以下では完全競争市場と整合する生産技術，つまり収穫逓減あるいは収穫一定の生産技術を想定して，考察を続ける．利潤最大化問題の一階条件：(7.10)，あるいは (7.11) を解くことで，利潤を最大化する生産要素の投入量が算出される．そのような資本と労働力の投入量をそれぞれ K^*，L^* と表すことにすれば，それらは，

$$K^* \equiv K^*(p, r, w), \quad L^* \equiv L^*(p, r, w) \tag{7.13}$$

すなわち，価格と各生産要素の価格の関数として表すことができる．これらの関数を**派生需要関数 (derived demand function)**，または，**生産要素需要関数 (factor demand function)** という[14]．これらを生産関数に代入したものを**供給関数 (supply function)** といい，これをもとに算出される利潤の最適値関数を**利潤関数 (profit function)** という．つまり，供給関数と利潤関数は，それぞれ，

$$f(K^*(p, r, w), L^*(p, r, w)),$$

$$\pi^*(p, r, w) \equiv pf(K^*(p, r, w), L^*(p, r, w)) - rK^*(p, r, w) - wL^*(p, r, w) \tag{7.14}$$

である．

> **補題 2.** ホーテリングの補題 (Hotelling's lemma)
> 　利潤関数 (7.14) について，以下が成り立つ
> $$\frac{\partial \pi^*}{\partial p} = f(K^*, L^*), \quad \frac{\partial \pi^*}{\partial r} = -K^*, \quad \frac{\partial \pi^*}{\partial w} = -L^*.$$

---

14)　ワルラスの需要関数と同様のものと捉えてよい．

(7.14) を眺めると，これらを各変数によって偏微分したものは，この補題が示すほど単純ではないように思われるが，シェパードの補題が最適値関数の特性により成り立つことと同じ理由で，この補題が成り立つ．以下では (7.13) に留意しながら，補題のうち 2 つを示す．

証明.

$$
\begin{aligned}
\frac{\partial \pi^*}{\partial p} &= f(K^*, L^*) + p\left(\frac{\partial f}{\partial K^*}\frac{\partial K^*}{\partial p} + \frac{\partial f}{\partial L^*}\frac{\partial L^*}{\partial p}\right) - r\frac{\partial K^*}{\partial p} - w\frac{\partial L^*}{\partial p} \\
&= f(K^*, L^*) + \frac{\partial K^*}{\partial p}\left(p\frac{\partial f}{\partial K^*} - r\right) + \frac{\partial L^*}{\partial p}\left(p\frac{\partial f}{\partial L^*} - w\right) \\
&= f(K^*, L^*).
\end{aligned}
\tag{7.15}
$$

最後の式に至るのは，(7.8)，と (7.9) より，(7.15) の第 2 項と第 3 項がゼロとなるからである．同様に，

$$
\begin{aligned}
\frac{\partial \pi^*}{\partial r} &= p\left(\frac{\partial f}{\partial K^*}\frac{\partial K^*}{\partial r} + \frac{\partial f}{\partial L^*}\frac{\partial L^*}{\partial r}\right) - K^* - r\frac{\partial K^*}{\partial r} - w\frac{\partial L^*}{\partial r} \\
&= \frac{\partial K^*}{\partial r}\left(p\frac{\partial f}{\partial K^*} - r\right) + \frac{\partial L^*}{\partial r}\left(p\frac{\partial f}{\partial L^*} - w\right) - K^* \\
&= -K^*
\end{aligned}
$$

を得る．$\frac{\partial \pi^*}{\partial w} = -L^*$ も同じように導出できるので練習問題とする．　□

　生産関数が一次同次性を持つ場合は，利潤最大化の一階条件と Euler の定理 (p.117) から以下を得る．

$$
rK + wL = p\left(\frac{\partial f}{\partial K}K + \frac{\partial f}{\partial L}L\right)
\tag{7.16}
$$

$$
= pf(K, L).
\tag{7.17}
$$

(7.16) と (7.17) より，

$$
\frac{rK + wL}{f(K, L)} = p
\tag{7.18}
$$

を得る．左辺は生産にかかる費用を生産量で割ったもの，つまり平均費用であり，次章で詳しく考察する．この式が一階条件から導出されていることを思い

だせば，利潤最大化のためには，平均費用が財の価格と等しくなることが必要であることが分かる．なお，(7.18) の左辺は K と L についてゼロ次同次である[15]．

(7.16)，(7.17)，および (7.18) は生産関数が一次同次性を持つ場合に成り立つ興味深い知見である．これらの式は，利潤最大化のための一階条件から導出されたものであり，利潤が最大化されるとき，収益と費用が等しくなること，つまり利潤がゼロになることを意味する．これは Euler の定理 (p.117) を経済学的に解釈したものに他ならない．

比較静学を行うとき，左辺を外生変数 r と w の関数として捉え，

$$c(r,w) \equiv \frac{rK + wL}{f(K,L)} = p$$

と表すこともある．このとき，$c(r,w)$ は一次同次関数であることにも気づく[16]．このことから，仮に r と w が 5% 上昇したとすると，価格も 5% 上昇することになる．同様に，仮に賃金だけが 5% 上昇したとすれば，価格の上昇は 5% 未満になる[17]．

Cobb-Douglas 関数：$f(K,L) = K^\alpha L^{1-\alpha}$ を用いて，上で導出された結果を確認する．利潤最大化問題は，

$$\max_{x_1, x_2} \pi \left[\equiv pK^\alpha L^{1-\alpha} - rK - wL \right]$$

であり，一階条件は，

$$\frac{\partial \pi}{\partial K} = p\alpha K^{\alpha-1} L^{1-\alpha} - r = 0, \tag{7.19}$$

$$\frac{\partial \pi}{\partial L} = p(1-\alpha) K^\alpha L^{-\alpha} - w = 0 \tag{7.20}$$

である．

[練習]　これらをもとに，(7.16) と (7.17) が成り立つこと，つまり，

$$rK + wL = pK^\alpha L^{1-\alpha}$$

---

15) $\frac{rK+wL}{f(K,L)}$ について，K，L を n 倍したものは，$\frac{n(rK+wL)}{f(nK,nL)} = \frac{n(rK+wL)}{nf(K,L)} = \frac{rK+wL}{f(K,L)}$ である．

16) $c(nr, nw) = \frac{n(rK+wL)}{f(K,L)} = nc(r,w)$ である．

17) 価格が 5% 上昇するためには，r と w の両方が 5% 上昇しなければならないからである．なお，このことが成り立つのは，生産関数が一次同次の場合である．

が成り立つことを確認しなさい.

7.3 複数の財を生産する生産者

これまで考察してきた生産技術は,完全競争市場における個別の生産者が,財を一つだけ生産する場合を前提にしていた.この前提は,生産者の意思決定に関わる知見の核心部分を,最も単純な枠組みの中に捉えるものであり,今後も採用する.しかし,この前提のもとでは考察の枠組みに捉えられないこともある.例えば,家電メーカーなどのように,複数の財を市場に供給する生産者もあるし,レストランなどのように,生産要素としての野菜や果物などの食材を,消費者と同じように購入し,料理とサービスを財として提供する生産者もある.生産者のこのような側面は,これまでの考察の枠組みでは捉えることができない.市場の均衡について考察するためには,全ての生産者について,どの生産者がどの財を市場に供給し,どの財を生産要素として投入しているかを包括的に捉える必要がある.この目的のためには,**生産計画 (production plan)** という概念が役に立つ.以下では生産計画と,これを用いた利潤最大化問題について簡単に紹介する.

前章までの考察では,生産関数を,

$$y = f(x_1, x_2)$$

のように表してきた.これを,陰関数

$$\phi(x_1, x_2, y) \equiv y - f(x_1, x_2) = 0 \tag{7.21}$$

として,ϕ について考察しても,f について考察して得られる情報を得ることができる.例えば,生産関数 f の限界生産性 $\frac{\partial f}{\partial x_i}$ は,f が技術的効率性を満たすとき[18],陰関数の定理より,

---

[18] このことは,前章までに前提としてきた.ことさらここで言及するのは,この前提が成り立たないとき,陰関数の定理◆を適用できないからである.なぜ適用できないか明らかにすることは練習問題とする.

$$\frac{dy}{dx_i} = -\frac{\partial\phi/\partial x_i}{\partial\phi/\partial y} = -\left(\frac{-\partial f/\partial x_i}{1}\right) = \frac{\partial f}{\partial x_i} \qquad i = 1,2$$

のように導出できる.

さて, $\phi(x_1, x_2, y)$ は生産要素の投入量 x_1, x_2 と, これらによって生産される財の量 y の関数である. 前述したレストランの例で指摘した, ある生産者にとっての生産要素が, 別の生産者が生産した財である場合を織り込むために, x_1, x_2, y を全て財の量とみなし, ある財が生産要素として投入されているならば, その量に負の符号をつけて ϕ の変数とし, これをもとに生産されている財の量は, そのまま ϕ の変数とすることにする. 例えば, $y = f(x_1, x_2)$ について, $2 = f(1,3)$ であるならば, $\phi(-1, -3, 2)$ として表すことにする. これを**変形関数 (transformation function)** と呼ぶ.

変形関数を用いると, 生産者が複数の生産要素をもとに, 複数の財を生産する場合も容易に表すことができる. 例えば, $\phi(4, -3, 2, -1) = 0$ は, 財 2 と財 4 がそれぞれ 3 単位と 1 単位投入されることで, 財 1 と財 3 がそれぞれ 4 単位と 2 単位生産されていることを表す. このとき, 各財の投入量と生産量を表す $(4, -3, 2, -1)$ は**生産計画 (production plan)** または**生産ベクトル (production vector)** と呼ばれる. 生産計画の概念を用いれば, 市場における全ての財が, どの生産者によって生産されているか, またどの生産者がどの財を生産要素として投入しているかを把握することができる. いま, 財の総数を L, 任意の財を $\ell = 1, \ldots, L$ として表すことにして, 生産者の総数を J, 任意の生産者を $j = 1, \ldots, J$ として表すことにすれば, 生産者 j の生産計画は,

$$\mathbf{y_j} = \left(y_{1j}, \ldots, y_{Lj}\right) \qquad j = 1, \ldots, J \tag{7.22}$$

と書くことができる. 簡単な例として, $L = 4$ の場合に生産者 1 と生産者 2 の生産計画が以下のようであったとする

$$\mathbf{y_1} = (1, -2, 0, 3),$$
$$\mathbf{y_2} = (-2, 1, 1, -2).$$

この例では, 生産者 1 は財 3 を生産していないし, 生産要素としても使用していないが, 生産者 2 は財 3 を 1 単位生産している. また, 生産者 1 が生

産する財 1 は生産者 2 には生産要素として投入されていることも分かる．加えて，生産者 1 と生産者 2 による財 1 の投入量と生産量の合計は -1 であるから，これらの生産者によって財 1 の市場供給量は減っていることになる．同様に，これらの生産者による財 4 の市場供給量は 1 であることも分かる．このように，生産者の生産計画から，各財が，異なる生産者によってどのように使用され，あるいは供給されるかを把握することができる．これは，後で考察する均衡の理論では必須の情報である．

　生産者 j が選択できる全ての生産計画の集合を**生産集合 (production set)** といい，Y_j で表す．このとき $Y_j \subset \mathbb{R}^L$ である．生産者は，生産集合の中から，利潤を最大化するような生産計画を選択する．つまり，生産者 j は，

$$\underset{\mathbf{y_j} \in Y_j}{\mathrm{Max}} \quad \mathbf{p} \cdot \mathbf{y_j} \quad \text{s.t.} \quad \phi_j(\mathbf{y_j}) = 0 \tag{7.23}$$

を解く．この問題の解，つまり利潤を最大にする生産計画を**最適生産計画 (optimal production plan)** という．この最適化問題を解くには，Lagrange 乗数法を用いることになる．以下では，図を描くこともできる簡単な場合について考察する．

　ある生産者が財 1 と財 2 を生産しているとする．これらの生産に用いられる財の数は幾つでも構わないが，例えば 2 つの場合を考える．この財を財 3，財 4 とする．この場合，生産者の変形関数は $\phi(y_1, y_2, y_3, y_4)$ である．財 3 と財 4 の量をある水準に固定したとき，最も多く生産できる，財 1 と財 2 の組 (y_1, y_2) を描いたものが，図 7.4(1) である[19]．描かれている曲線上の点は，$\phi(y_1, y_2, y_3, y_4) = 0$ を満たす．この曲線は**生産可能性フロンティア (production possibility frontier)** または，**変形曲線 (transformation curve)** と呼ばれる．生産可能性フロンティアの内側の点は $\phi(y_1, y_2, y_3, y_4) < 0$ を満たす (y_1, y_2) の組であり，生産は可能であるが，効率的ではない．従って，生産可能性フロンティアを含み，これよりも下側の全ての点の集合が生産集合である．他方，生産可能性フロンティアの右上方向にある点は $\phi(y_1, y_2, y_3, y_4) > 0$ を満たす (y_1, y_2) の組であり，財 3，財 4 の量がそれぞれ y_3, y_4 の場合の生産集合には属さな

---

19)　この図では，各生産要素がお互いの代替となり得ることを前提としている．例えば Leontief 型の生産関数では，形状は異なる．

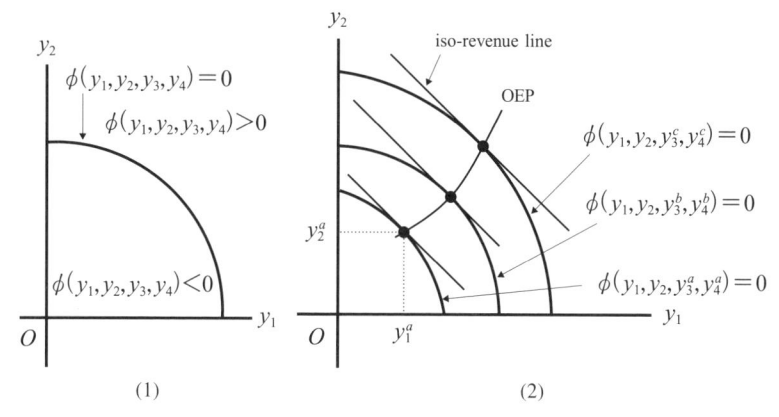

図 7.4　生産集合と利潤最大化問題

い．もちろん，財 3 と財 4 の量を増やせば，生産可能性フロンティアは右上方向に拡張する．

図 7.4(2) は利潤最大化問題について描いたものである．生産可能性フロンティアは，財 3 と財 4 の投入量について $y_i^a < y_i^b < y_i^c$ の場合を描いている ($i = 3, 4$)．描かれている直線は，**等収益線 (iso-revenue line)** と呼ばれ，この線上の点 (y_1, y_2) では収益：$p_1 y_1 + p_2 y_2$ が等しい．具体的には，収益 (revenue) を R で表すことにすれば，

$$y_2 = \frac{R}{p_2} - \frac{p_1}{p_2} y_1$$

として与えられる．財の価格が一定なら，生産量が高いほど収益も高くなる．つまり，収益は等収益線が右上に描かれているもの程高い収益を表す．

いま，財 3 と財 4 の投入量が y_3^a, y_4^a であるとする．これに伴う費用は $p_3 y_3^a + p_3 y_4^a$ である．すぐに明らかになるように，利潤を最大化する財 1 と財 2 の生産量は，該当する生産可能性フロンティアと，等収益線が一点で接する点である．図 7.4(2) において，$(y_1^a, y_2^a, y_3^a, y_4^a)$ は最適生産計画である．生産可能性フロンティアと等収益線が接する点の軌跡を**生産拡張経路 (output expansion path：OEP)** という．

生産可能性フロンティア上の任意の点における接線の傾きの絶対値を，**限界変形率 (marginal rate of transformation)** といい，MRT と書く．限界変形率

は，財 i の生産量を微小量増やすとき，財 j の生産量がどのように変化するかを表す[20]．限界変形率の概念を用いれば，利潤を最大化する最適生産計画 $(y_1^a, y_2^a, y_3^a, y_4^a)$ は，生産可能性フロンティア上の点のうち，限界変形率が等収益線の傾き：$-\frac{p_1}{p_2}$ と等しいものと捉えることができる[21]．これは，効用最大化問題で考察した解の特徴と同様のものであり，利潤最大化問題の一階条件から導出される．このことを確認するために，利潤最大化問題

$$\underset{y_1, y_2, y_3}{\text{Max}} \quad p_1 y_1 + p_2 y_2 + p_3 y_3 + p_4 y_4 \quad \text{s.t.} \quad \phi(y_1, y_2, y_3, y_4) = 0 \tag{7.24}$$

を解く．

[練習]　(7.24) について Lagrange 関数を設定し，その一階条件が，

$$p_i - \lambda \frac{\partial \phi}{\partial y_i} = 0 \quad i = 1, 2, 3, 4$$

$$\phi(y_1, y_2, y_3, y_4) = 0$$

となることを確認し，

$$\frac{p_i}{p_j} = \frac{\partial \phi / \partial y_i}{\partial \phi / \partial y_j} \qquad i \neq j \tag{7.25}$$

を導出しなさい．

　財 1 と財 2 は生産要素ではないことを想定していたから，$i = 1$，$j = 2$ の場合は，この式の右辺は限界変形率を表す．このとき，(7.25) の左辺は等収益線の傾きを表す．(7.25) は，これらが等しいとき利潤は最大となることを意味する．以下では，この式が満たされていないとき，利潤が最大化されないことを示す．図 7.5 に描かれている点：α, β では，(7.25) が満たされておらず，α では，$\frac{p_1}{p_2} > \frac{\partial \phi / \partial y_1}{\partial \phi / \partial y_2}$ が成り立っている．同図には，α の近傍を拡大した図も描かれている[22]．

　α の近傍を拡大した図に描かれているように，財 1 の生産量を y_1^a から dy_1

---

20)　これは，財 i の生産に伴う機会費用である．
21)　完全競争市場における生産者は価格 $p_i, i = 1, \ldots, 4$ を所与とする．
22)　円の中に描かれている直線については，見やすさを優先するために，若干角度を変えている．

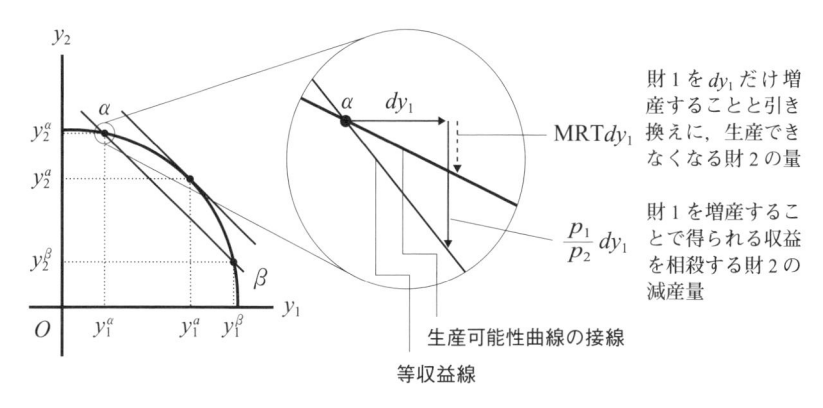

財1を dy_1 だけ増産することと引き換えに、生産できなくなる財2の量

財1を増産することで得られる収益を相殺する財2の減産量

生産可能性曲線の接線

等収益線

図 7.5 利潤最大化の条件

だけ増産することを検討する．このことに伴い，財2は減産を余儀なくされるが，その量は MRTdy_1 である．これに対して，財1を増産することに伴って発生する収益と同等の減益を伴う財2の減産量は $\frac{p_1}{p_2}dy_1$ である．図 7.5 に描かれているように，α では，後者の方が大きい．つまり，財1を y_1^α よりも dy_1 余分に生産することに伴う増益は，増産に伴って余儀なくされる財2の減産に伴う減益を上回る．従って，財1を y_1^α よりも増産することで，利潤はさらに増える．

[練習]　図 7.5 に描かれている β の近傍を拡大した図を描き，財1の生産量を y_1^β から微小量減産し，かわりに財2を微小量増産すれば，利潤が高くなることを確認しなさい．

以上から，(7.25) が成り立たない場合には，利潤が最大化されないことが確認された．

$i = 1$, $j = 3$ の場合，つまり財1が生産され，財3が生産要素として投入される場合，(7.25) の右辺は生産要素 j の限界生産物を表すことは既に紹介した．$i = 3$, $i = 4$ の場合，つまり双方が生産要素の場合は，(7.25) の右辺は技術的限界変形率を表し，右辺は生産要素の相対価格を表すので，この式は (7.12) に他ならない．

生産計画を用いた考察の枠組は，主として均衡の理論で再び用いる．次

章では，生産者が財を一種類生産する場合に考察の焦点をもどし，生産者の費用について考察する．

第 8 章

費用

　第 6 章では生産関数の特性に焦点をあてた．その際，生産に伴う時間の観念を考慮に入れる必要はなかった．しかし，現実には生産活動は一瞬で完了するものではなく，時間を要するものもあり，そのことによって他の生産活動が制約を受けることがある．例えば，ある生産者が生産規模を拡大することを検討する際，一時的な需要の増加に対応するのであれば，残業などによる就業時間を増やすことのみで対応することも可能であろうが，継続的な需要の増加に対応するのであれば，新たに工場を建設して生産規模を拡大することも検討すべきであろう．新たな工場を建設中の生産行動と，この工場が稼働を開始した後では，生産要素の投入量などが異なるであろうことは想像に難くない．生産行動の考察に際して時間を考慮に入れるとは，このような状況を織り込んで生産行動について考察することである．このような生産者の行動は，生産者の費用に反映される．生産活動に伴う費用を考察する際は，長期と短期という枠組みが用いられる．

8.1 長期と短期

　生産者の理論における長期とは，全ての生産要素や，それらの投入量を自由に変更できる位長い期間を指す．新たな工場を建設したり生産拠点を移すような，時間を要する行動を織り込んだ意思決定は長期の費用最小化問題の枠組みで考察される．これに対して短期とは，一部の生産要素は固定されていると考えられる程度長い，あるいは短い期間を指す．生産要素の投入に際して，稼働中の工場の大きさに応じて最適な投入量が一定である場合や，契約や流通事情などの理由から，調達できる生産要素の量に上限がある場合もある．長期的な展望に基づいた生産行動は長期の費用に反映され，日々の生

産行動は短期の費用に反映される.

8.2　長期における費用最小化

生産者は資本や労働力などの生産要素を調達し，これらを用いて財やサービスを生産する．従って必要以上に生産要素を購入することは費用を無駄に高めることになる．生産者としては，目的とする量を生産するにあたり，費用をできるだけ小さくするべきである．この考えは，消費者の理論における支出最小問題に通じる[1].

生産者は，全ての生産要素が可変であると考えられる長期では，以下の費用最小化問題を解く．

$$\operatorname*{Min}_{x_1, x_2}\ p_1 x_1 + p_2 x_2 \quad \text{s.t.} \quad f(x_1, x_2) = y,\ x_i > 0 \quad i = 1, 2 \tag{8.1}$$

ただし，$p_i, i = 1, 2$ は生産要素の価格である．本書では，これらは一定であると仮定する[2].　この問題は，消費者の理論で考察した支出最小化問題と形が同じであることに気づく．支出最小化問題で明らかになった知見を念頭におきつつ，費用最小化問題の解について以下に考察する．

図 8.1 には目的関数：$p_1 x_1 + p_2 x_2 = C$ について C が 2 つの値 C^a, C^b $(C^a < C^b)$ をとる場合，および等量線 I^a が描かれている．より具体的には，予算制約式を変形したように，この目的関数を変形した $x_2 = \frac{C^i}{p_2} - \frac{p_1}{p_2} x_1, i = a, b$ が描かれている．これらは，同一線上では費用が等しいことから，**等費用線 (iso-cost line)** と呼ばれる．他方，等量線は $f(\mathbf{x}^a) = f(\mathbf{x}^{a'}) = I^a$ であることを示している．図からも明らかなとおり，また支出最小化問題で述べたのと同じ理由で，費用は $\mathbf{x}^a = (x_1^a, x_2^a)$ で最小化される．$\mathbf{x}^a$ では以下が成り立つこともまた，消費者の理論で考察した

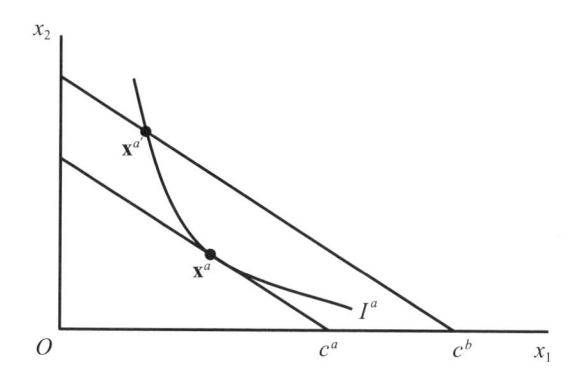

図 **8.1** 等費用線と等量線

$$\left.\frac{dx_2}{dx_1}\right|_{dC^a=0} = \left.\frac{dx_2}{dx_1}\right|_{dI^a=0}.$$

これは，$\mathbf{x}^a$ では等量線の傾きと等費用線の傾きが一致すること，つまり，

$$-\frac{p_1}{p_2} = -\frac{\partial f/\partial x_1}{\partial f/\partial x_2} \tag{8.2}$$

が成り立つことを意味する．この式は，(7.12) として導出したものである．また，(8.2) から，

$$\frac{p_1}{\partial f/\partial x_1} = \frac{p_2}{\partial f/\partial x_2} \tag{8.3}$$

が導出できる．左辺の分母：$\frac{\partial f}{\partial x_1}$ は生産要素 1 の限界生産性，すなわち x_1 のみを微小変化させた際に生じる生産量 $y = f(x_1, x_2)$ の変化量である．このことから，$\frac{1}{\partial f/\partial x_1}$ は生産要素 1 のみを余分に投入することで y を 1 単位増やそうとするときに必要となる生産要素 1 のさらなる投入量と**近似する**[3]．従って，この量に生産要素 1 の価格：p_1 を掛けたもの：$\frac{p_1}{\partial f/\partial x_1}$ は，生産要素 1 のみを余分に投入することによって，生産量を 1 単位増加しようとするときに必

---

3) 例えば，生産要素 1 をある水準：x_1 から微小単位増加させたとき，生産量 y が 0.2 単位増加するものとする $\left(\frac{\partial f}{\partial x_1} = 0.2\right)$．このとき，生産要素 1 のみを増加させることによって，生産量 y を 1 単位増加させようとするならば，x_1 はおよそ 5 単位余分に投入しなければならないと単純計算できる．しかし，生産要素 1 を 5 単位余分に増加させるときにも，その限界生産性が逓減し続けるならば，5 単位以上余分に投入しなければならず，実際に必要とされる投入量は 5 単位ではない．近似という言葉を用いたのはこのためである．

要とされる費用の近似値である．同様のことは右辺についても該当する．このことから，費用最小化のためには，各生産要素を限界費用が均等になるように投入することが必要であることが分かる．この意味において，(8.3) を**長期における限界費用 (Long-run Marginal Cost：LMC)** と呼ぶ．このことは，Lagrange 乗数法による費用最小化問題の比較静学で確認できる．次節でこれを行う．

8.2.1　費用最小化問題

生産要素について不可欠性を前提とし，生産関数 f は一次同次性を持つものとする．(8.1) は以下の Lagrange 関数を生産要素 x_1, x_2 について最小化することで解くことができる

$$\mathscr{L} \equiv p_1 x_1 + p_2 x_2 + \mu\left[y - f(x_1, x_2)\right].$$

一階条件は，

$$\frac{\partial \mathscr{L}}{\partial x_i} = p_i - \mu\frac{\partial f}{\partial x_i} = 0 \quad i = 1, 2, \tag{8.4}$$

$$\frac{\partial \mathscr{L}}{\partial \mu} = y - f(x_1, x_2) = 0. \tag{8.5}$$

これらの条件を満たす生産要素投入量を $x_i^*, i = 1, 2$ と表すことにする．支出最小化問題を解いたときを思い出せば，x_i^* が p_1, p_2, y の関数，つまり $x_i^* \equiv x_i^*(y, p_1, p_2)$ となることも了解できよう．x_i^* を目的関数に代入した最適値関数を，生産者の理論では費用関数 (cost function) と呼ぶ．つまり，

$$C \equiv C(y, p_1, p_2) = p_1 x_1^* + p_2 x_2^* \tag{8.6}$$

である．この関数は，任意の生産要素の価格 p_1, p_2 と生産量 y について，最小の費用 C を与える最適値関数である．(8.4) より，$p_i = \mu\frac{\partial f}{\partial z_i}$ $i = 1, 2$ であるから，

$$\mu\left(\frac{\partial f}{\partial x_1^*}x_1^* + \frac{\partial f}{\partial x_2^*}x_2^*\right) = C \tag{8.7}$$

$$\mu y = C \tag{8.8}$$

を得る．なお，(8.8) の導出は，Euler の定理 (p.117) と f が一次同次であることによる．(8.4)，(8.8) より，

$$\mu = \frac{p_1}{\partial f / \partial x_1} = \frac{p_2}{\partial f / \partial x_2} \tag{8.9}$$

$$= \frac{\partial C}{\partial y} \equiv \mathrm{LMC} \tag{8.10}$$

を得る．前節で考察したことは，Lagrange 乗数 μ を解釈したものであり，感度分析にほかならない．(8.9) は (8.3) である．このことは，支出最小化問題に通じている[4]．そして，(8.10) より $\mu = \frac{\partial C}{\partial y}$ である．この式は，最適な生産要素の投入量 x^* によって費用が最小化された状態から，生産量を微小増加する際に生じる費用が Lagrange 乗数と等しいことを示している．

[**練習**（シェパードの補題）]　費用関数 (8.6) において，$x_i^* \equiv x_i^*(y, p_1, p_2)$ であるから，この式は正確には，

$$C(y, p_1, p_2) = p_1 x_1^*(y, p_1, p_2) + p_2 x_2^*(y, p_1, p_2)$$

である．この式について以下が成り立つことを証明しなさい

$$\frac{\partial C}{\partial p_i} = x_i^* \quad i = 1, 2.$$

消費者の理論で紹介した証明と同じ方法を用いればよい．

図 8.2 は，様々な生産量を満たすのに必要最小限の費用を与える生産要素投入量の軌跡であり，費用の拡張経路である[5]．拡張経路は長期の費用曲線を描く際に用いられるので，次節でも用いられる．

---

4)　より直接的には，支出最小化問題の一階条件 (3.6) から (8.3) と同様の式を導出することができる．支出最小化問題でこのことに言及しなかったのは，その解釈（ある一つの財のみ消費量を増加させることで，効用水準を 1 単位上昇させるために必要となる費用が，全ての財で等しくなること）は，基数的効用の考え方であり，必ずしも現実に即していないからである．他方，(8.3) の解釈は現実に即している．

5)　考え方は消費者の理論で紹介した所得消費曲線 (p.87) と同じである．

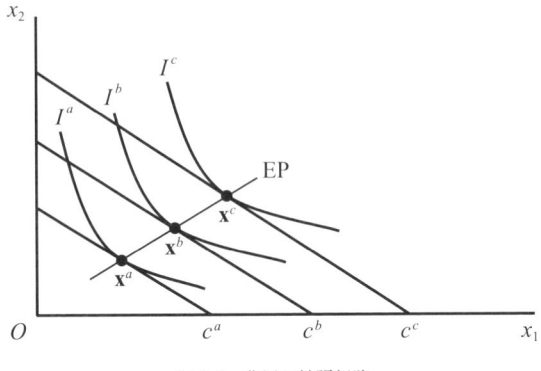

図 **8.2** 費用の拡張経路

8.2.2 総費用，平均費用，限界費用

生産者の供給についてグラフを用いて考察するとき，直接的に役に立つものは**平均費用 (average cost)** と**限界費用 (marginal cost)** のグラフである．長期の費用関数を $C_L(y, p_1, p_2)$ と書くことにすれば，**長期の平均費用 (Long-run Average Cost：LAC)** は，生産者が市場に供給する財の総生産量が y のとき，1 単位あたりの費用の平均であり，$\mathrm{LAC} \equiv \frac{C_L(y, p_1, p_2)}{y}$ となる．限界費用とは生産者が市場に供給する財を微小単位余分に生産しようとするときに発生する費用である．従って，長期の限界費用 (Long-run Marginal Cost：LMC) は費用関数を生産量で微分したもの，つまり $\mathrm{LMC} \equiv \frac{\partial C_L(y, p_1, p_2)}{\partial y}$ である．これらの典型的なグラフは，図 8.3 のようになる[6]．本節ではこのグラフについて考察する．

前述したように，平均費用と限界費用は長期の費用から導出されるので，先ず長期の費用関数がどのように描かれるか知る必要がある．それは図 8.4 に描かれている．この図は，前節の終わりで紹介した，費用の拡張経路の図 8.2 が描かれるのと同じ考え方をもとに，次のように描かれる[7]．すなわち，図 8.4 の縦軸には，図 8.2 に描かれている C^a，C^b，および C^c がそれぞれ，$C_L\!\left(y^i, p_1, p_2\right)$，

---

6) この図は図 9.2 や図 9.6(b) などとして，供給量と価格の関係を示す重要なグラフとして用いられることになる．

7) 前節で図 8.2 を描いたときは，収穫一定の生産技術を想定していたが，本節で考察している図 8.4 は，生産量の水準によって収穫の規模が異なる生産技術を想定している点が異なるものの，考え方は共通である．

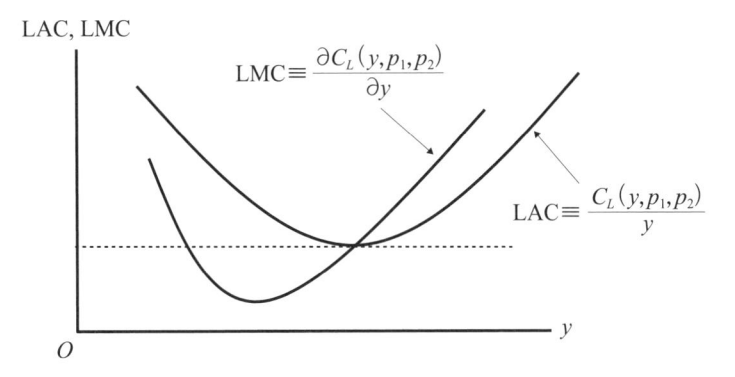

図 **8.3** 長期の平均費用：LAC と長期の限界費用：LMC

$i = a, b, c$ に対応する．図 8.2 の各等費用線と一点で接する I^a，I^b，ならびに I^c は，与えられている費用の水準が C^i, $i = a, b, c$ の場合に生産しうる最大の量を表し，それらを実現する投入計画が，それぞれ $\mathbf{x}^a$，$\mathbf{x}^b$，そして $\mathbf{x}^c$ である．このときの生産量が図 8.4 と図 8.6(1) の横軸に描かれている y^a，y^b，ならびに y^c である[8]．

　図 8.4 を眺めてみると，費用関数の次のような特徴に気づく．すなわち，(1) 生産量が比較的少ない段階，例えば生産量がゼロから y^a 位までは，生産量の増加に伴う費用の上昇は比較的大きく，y^a よりも生産量をさらに増やすと，

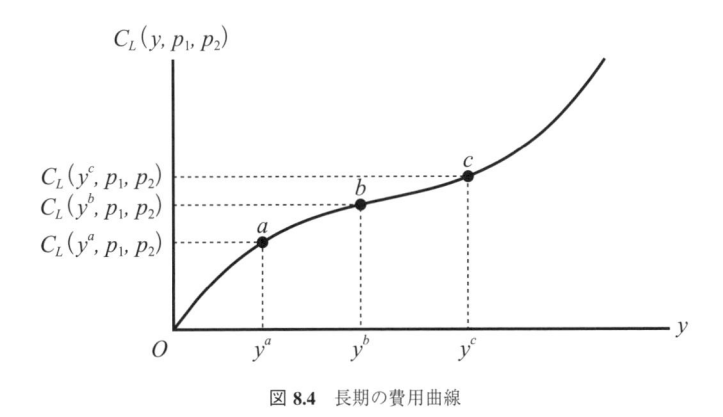

図 **8.4** 長期の費用曲線

---

8)　つまり，$f(\mathbf{x}^i) = y^i$, $i = a, b, c$ である．

費用は上昇を続けるが，その上昇の仕方は緩やかになる．この傾向は生産量が y^c 位まで継続する．(2) 生産量を y^c よりもさらに増やすと，費用の上昇は急激なものとなる[9]．

次に，長期の費用曲線から図 8.3 の LAC 曲線と LMC 曲線がどのように描かれるのか明らかにする．そのために，図 8.5 を用いる．

平均費用は $\frac{C_L(y,p_1,p_2)}{y}$ であった．例えば図 8.5(1) に描かれている y^a だけ生産するときの平均費用：$\frac{C_L(y^a,p_1,p_2)}{y^a}$ について，分子は費用曲線上の点 a から横軸への垂線である線分 ay^a の長さ，分母は原点 O から y^a までの長さによって表されるから，$\frac{C_L(y^a,p_1,p_2)}{y^a} = \frac{ay^a}{Oy^a}$ として表すことができる．これは原点から a へ引いた直線の傾きでもある．生産量が y^b，あるいは y^c の場合の平均費用も同様に表すことができる．他方，限界費用は費用関数の一階導関数であるから，図 8.5(2) に描かれているように，費用曲線上の各点における接線の傾きである．生産量が $y^i, i=a,b,c$ のときの限界費用は，費用曲線上の各点 a，b，c における接線の傾きによって表される．なお，点 c における接線は原点を通過する．つまり，生産量が y^c のときの限界費用を表す点 c における接線の傾き

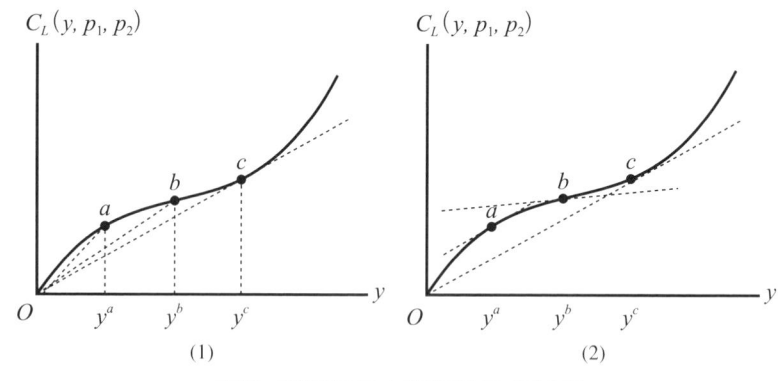

図 **8.5** 平均費用 (1) と限界費用 (2) の考え方

9) (1) については，例えば生産開始直後は当初の計画に従って生産を始めるものの，繰り返し生産するうちに，費用を削減する工夫，あるいは慣れなどにより作業効率が高くなり，費用の上昇が緩やかになると解釈してよい．(2) については，例えば工場の規模が無制限に拡大できない限り，長期にあっても生産量を無制限に拡大し続けることができないことを意味する．

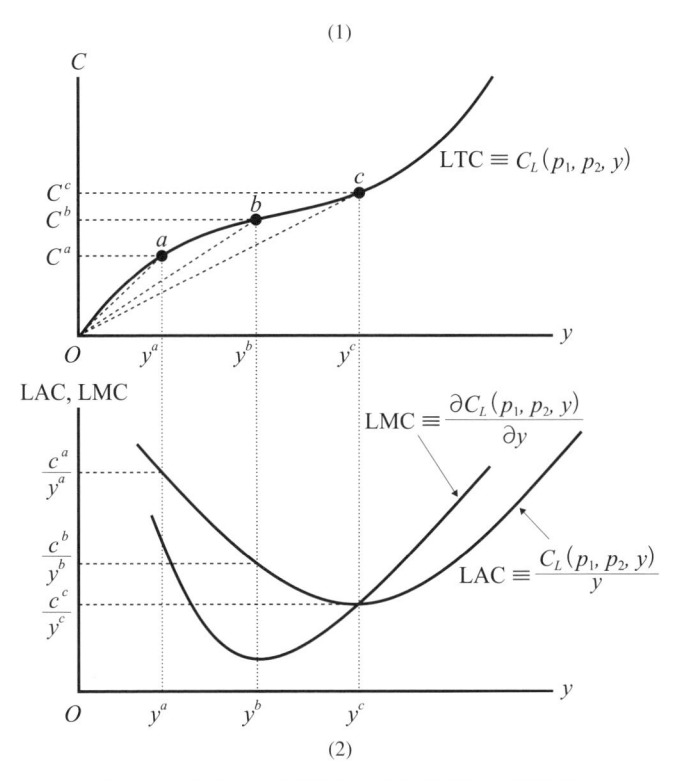

図 8.6 (1) 長期における費用と (2) 平均費用並びに限界費用

は $\frac{c^c}{Oy^c}$ であり，これは生産量が y^c の場合の平均費用と一致する．このことは平均費用曲線と限界費用曲線が交わる点として，後で確認される．

以上の考え方をもとに，図 8.3 を描く．これには，図 8.6 を用いる．生産量が y^a のときは，図 8.5 に見られるように，平均費用の方が限界費用よりも大きい．このことから，図 8.6(2) において，生産水準が y^a のとき，LAC 曲線は LMC 曲線よりも大きい値をとる．生産量が y^b のときも同じ考え方で，平均費用の方が限界費用よりも大きいことが分かる．同時に，平均費用と限界費用は，生産量が増えるにつれて小さくなっている．つまり，逓減している．限界費用は生産量が y^b のときが極小値となり，これよりも生産量が増えると限界費用は増加を始める．しかし，生産量が y^b のとき，平均費用は逓減し続

けている．平均費用が極小値をとるのは生産量が y^c のときである．限界費用と平均費用の間にある，このような関係は，平均費用の導関数を通じて確認できる．平均費用を生産量について微分して，

$$\frac{\partial}{\partial y}\left[\frac{C(y, p_1, p_2)}{y}\right] = \frac{C'(y, p_1, p_2)}{y} - \frac{C(y, p_1, p_2)}{y^2}$$

を得るが，この式から，

$$\frac{\partial}{\partial y}\left[\frac{C(y, p_1, p_2)}{y}\right] < 0 \Leftrightarrow C'(y, p_1, p_2) < \frac{C(y, p_1, p_2)}{y}$$

つまり，平均費用が減少するのは，限界費用が平均費用よりも低い場合であることが分かる．もちろん，この不等式の向きが逆，つまり平均費用が増加するのは，限界費用が平均費用よりも高い場合である．最後に，

$$\frac{\partial}{\partial y}\left[\frac{C(y, p_1, p_2)}{y}\right] = \frac{C'(y, p_1, p_2)}{y} - \frac{C(y, p_1, p_2)}{y^2} = 0$$

としたものは，平均費用の極値を求めるときの一階条件に他ならない．この式からただちに，

$$\mathrm{MC} \equiv C'(y, p_1, p_2) = \frac{C(y, p_1, p_2)}{y} \equiv \mathrm{AC} \tag{8.11}$$

を得る．平均費用の極小値では限界費用曲線と平均費用曲線が交わることが確認できる[10]．

8.2.3　費用と収穫の規模

　費用は生産に要する生産要素の投入量に依存するから，収穫の規模と密接な繋がりをもつ．生産技術が収穫一定であれば，生産量と費用も一律に変動するし，収穫逓増であれば，生産要素投入量を s 倍したとき生産量は s 倍以上になるので，費用の増加分は生産量の増加分よりも小さい．このことについて考察するために，生産量の変化率とそれに伴う費用の変化率の相対比に

---

[10]　平均費用曲線の形状が，生産量の増加に伴い，減少したのちに増加に転じることはこれまでの考察で分かっているから，二階条件を調べることなく一階条件が極小値の条件を満たすものと考えている．

ついて考える．これは生産量に伴う費用の弾力性と呼ばれ，以下の定義で与えられる．

$$\eta \equiv \frac{\partial C(y, p_1, p_2)}{\partial y} \frac{y}{C(y, p_1, p_2)} \tag{8.12}$$

$\eta < 1$ は費用の変化率が生産量の変化率よりも小さいことを意味する．このことは，生産要素の投入量を s 倍した際，生産量は s 倍以上になることと，つまり収穫逓増と同義である．逆に，$\eta > 1$ は費用の変化率が生産量の変化率よりも大きいことを意味し，生産要素の投入量を s 倍した際，生産量は s 倍未満にしかならないこと，つまり収穫逓減と同義である．この意味で，

> **定義 11.** 規模の経済 (economy of scale)
> 費用の弾力性 (8.12) について，$\eta \leq 1$ のとき，費用関数は規模の経済を持つという．逆に，$\eta > 1$ のとき，費用関数は規模の不経済を持つという．

また，(8.12) が以下と同値であることは言を俟たない．

$$\eta = \frac{\text{LMC}}{\text{LAC}}$$

従って，図 8.6(2) によれば，LAC が LMC の上方にある部分，すなわち生産量 y が $0 < y \leq y^c$ のとき $\eta \leq 1$ であり，費用関数は規模の経済を持つ．同様に，$y^c < y$ のとき，$\eta > 1$ であり，費用関数は規模の不経済を持つ．前述したように，費用関数が規模の経済を持つとき，収穫は逓増あるいは一定であり，費用関数が規模の不経済を持つとき，収穫は逓減する．

8.3 短期における費用最小化

生産者の理論において，短期とは一部の生産要素が固定されていると考えられる期間であると紹介した．本節ではこのことについて具体的に，生産要素 1 と生産要素 2 のうち，生産要素 2 は短期で調達できる量が $\bar{x}_2 > 0$ に固定されていることを前提として，生産費用に関わる生産者の意思決定について考察する．

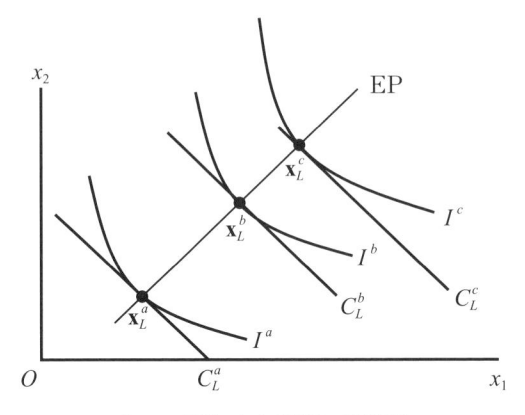

図 **8.7**　長期における費用の拡張経路

先ず生産量とそれに伴う費用について考察する．図 8.7 は図 8.2 としてすでに紹介した長期における費用の拡張経路と同様のものであるが，図 8.8 の理解に繋がるので，先ずこの図から考察する．描かれている 3 本の等費用線は所与とする各生産要素の価格 p_1, p_2 と，異なる生産量 I^a, I^b, および I^c の生産にかかる最小費用 C_L^a, C_L^b, 並びに C_L^c によって描かれる．つまり，

$$x_2 = \frac{C_L^i}{p_2} - \frac{p_1}{p_2} x_1 \quad i = a, b, c$$

であり，傾き $-\frac{p_1}{p_2}$ を持つ平行な線である．なお，添字 L は long term を意味している．

さて，短期の費用の考察にあたり想定したのは，生産者は予め決められた $\bar{x}_2$ という量の生産要素 2 を調達するというものであった．従って，生産者にとってはこの分の費用 $p_2 \bar{x}_2$ は生産開始以前にすでに発生している．このように，

定義 12.　固定費用 (fixed cost)

生産量に関わらず発生する費用のことを固定費用 (fixed cost) という．

他方，生産要素 1 は生産量に応じて必要なだけ適宜調達できると想定されている．このように，

> **定義 13.** 可変費用 (variable cost)
>
> 生産量によって変動する費用を可変費用 (variable cost) と呼ぶ.

図 8.8 は生産要素 2 の短期における調達量に $\bar{x}_2$ という制約があり, これに伴う固定費用が発生している場合の費用最小化問題の解を, 図 8.7 に重ねたものである. これに留意しながら, 先ず生産水準 I^a についての短期における費用最小化問題について考察する. 図 8.7, 図 8.8 に描かれているように, 長期においては $\mathbf{x}_L^a$ が費用を最小化する. このとき投入される生産要素 2 の量は $\bar{x}_2$ よりも少ないので, 短期においても生産要素投入量を $\mathbf{x}_L^a$ とすることはもちろん可能である. しかし, すでにその対価として $p_2\bar{x}_2$ を支払っているのに, 生産要素 2 を $\bar{x}_2$ よりも少なく投入して生産量を I^a にするには, 代わりに生産要素 1 を投入しなければならない. これは明らかに可変費用 p_1x_1 を不必要に大きくするので, 短期の費用を最小化しない. $p_2\bar{x}_2$ という固定費用が発生した後で, 可能な限り生産費用を押さえつつ I^a だけ生産するには, 可変費用を決定する生産要素 1 の投入量を最小に押さえることが必要である. この条件を満たすのは図 8.8 に描かれている, $\mathbf{x}_S^a$ である. 各生産要素の価格は所与であるから, $\mathbf{x}_L^a$ を通過し, 傾き $-\frac{p_1}{p_2}$ を持つ破線が示す費用 C_S^a が最小の費用を表す. なお, 添字 S は短期 (short run) を意味している.

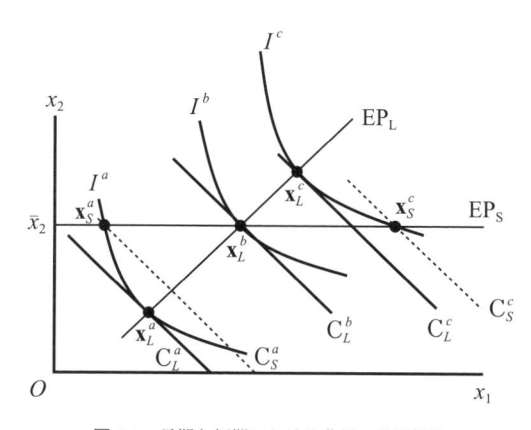

図 **8.8** 長期と短期における費用の拡張経路

　次に，生産量 I^b についての短期における費用最小化問題を考える．この
ケースは容易である．I^b は長期において $\mathbf{x}_L^b$ が費用を最小化する生産要素投入
量であるが，このときの生産要素 2 の投入量が $\bar{x}_2$ と一致するので，短期にお
いても $\mathbf{x}_L^b$ が費用を最小化する投入量である．従って，I^b について短期の費用
は長期のそれと一致する．

　最後に，生産量 I^c についての短期における費用最小化問題を考える．長期
において費用を最小化する生産要素投入量は $\mathbf{x}_L^c$ が示している．このときの生
産要素 2 の投入量は $\bar{x}_2$ を超えており，短期では実現しない．生産要素 2 の不
足は生産要素 1 によって代替されなければならず，$\bar{x}_2$ と，これを所与として
生産量 I^c を満たすために必要最小となる生産要素 1 の投入量の組み合わせは
$\mathbf{x}_S^c$ であり，C_S^c がこのとき発生する費用を表す．

　以上から，短期における費用の拡張経路は EP_S である．また，短期の費用
を最小化する $\mathbf{x}_S^a$，および $\mathbf{x}_S^c$ は端点解であり，最適化問題の解が内点解を持
つ際の条件，すなわち等費用線と予算線が一点で接するという条件を満たさ
ない．これは，所与とする生産要素の価格に加え，短期には固定費用という
制約条件が伴うことによる．

　これまでの考察をもとに，短期の総費用曲線 (short run total cost：STC) を
長期の総費用曲線と視覚的に比較したものが図 8.9 である．図 8.9 の縦軸は，
横軸が示す生産量 y^a，y^b，および y^c に対応する長期と短期の費用を示して

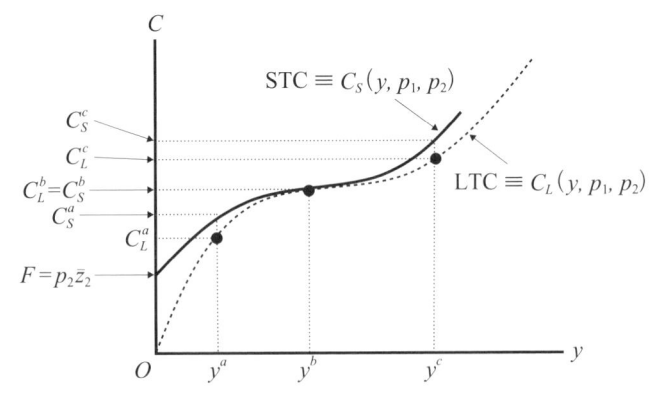

図 **8.9**　長期と短期における総費用曲線

いる．短期には長期にはない制約があり，その分融通が利かないので，STC が LTC を下回ることはない．次に，STC について，$y = 0$ のときにも固定費用：$F = p_2 \overline{x}_2$ が発生している．同一生産量にかかる短期と長期の費用の差：$C_S(y, p_1, p_2) - C_L(y, p_1, p_2) > 0 \; \forall \, y \in [0, y^b]$ は y が y^b に近づくにつれて小さくなり，$C_S(y^b, p_1, p_2) - C_L(y^b, p_1, p_2) = 0$ となる．これは，生産量が増えることに伴い，生産要素 2 の最適な投入量が $\overline{x}_2$ に近づくことによる．逆に，生産量が y^b を超えると，生産要素 2 の最適な投入量が $\overline{x}_2$ を超えるが，短期ではこれが不可能であり，生産要素 1 を以て代替しなければならず，代替しなければならない量が大きくなる程短期の費用は長期と比べてより高くなる．

8.4 短期の費用曲線

すでに紹介したように，短期における費用は可変費用と固定費用があるので，短期の費用関数を以下のように書く

$$C_S(y, p_1, p_2) \equiv C^V(p_1, y) + F, \quad F \equiv p_2 \overline{x}_2.$$

ただし，$C^V(p_1, y)$ は可変費用，F は固定費用である．図 8.9 をもとに，図 8.6(2) に対応する短期における費用曲線を描くことができる．短期の平均費用 (short run average cost：SAC)，平均可変費用 (average variable cost：AVC)，短期の限界費用 (short run marginal cost：SMC)，および平均固定費用 (average fixed cost：AFC) は図 8.10 に描かれているとおりである．長期の費用曲線についてそうであったように，短期においても限界費用曲線は平均費用および平均可変費用の極小値を通過する．平均固定費用の形状は $\frac{F}{y}$ のグラフであるから説明は不要であろう．

[**練習**]　短期の費用関数 $C_S(y, p_1, p_2)$ を y について偏微分して，SMC 曲線が SAC および AVC 曲線の極小値を通過することを確認しなさい．

図 8.11 には，短期と長期における平均費用および限界費用が描かれている．

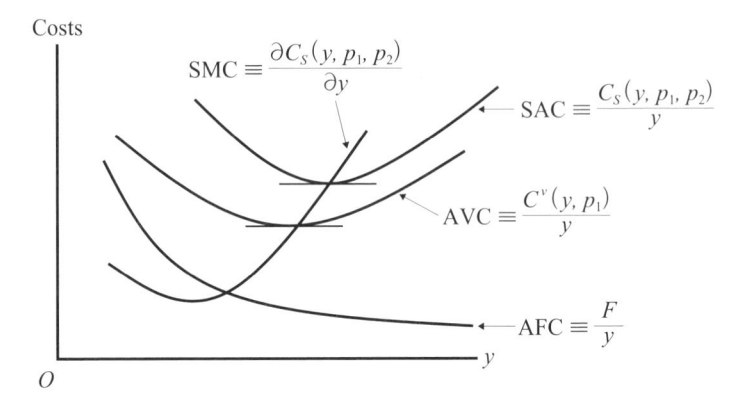

図 8.10　短期における費用曲線

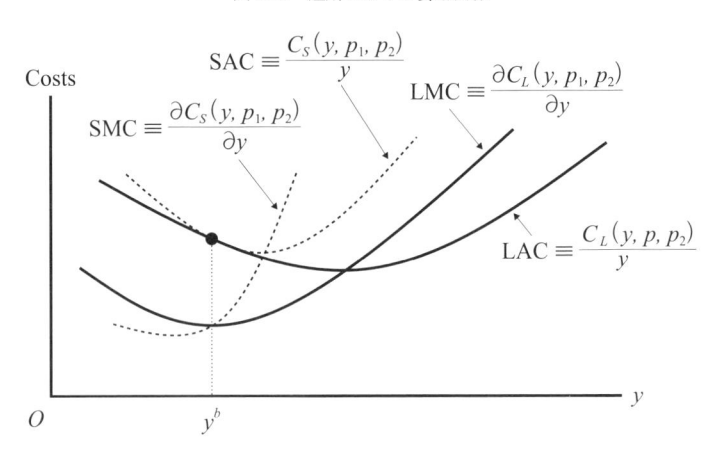

図 8.11　長期と短期の費用曲線

先ず，SMC は SAC の，そして LMC は LAC の極小値をそれぞれ通過する．次に，$y = y^b$ のとき，SAC が LAC と一点で接しているが，y^b は図 8.6(2) と図 8.9 における y^b である．図 8.6(2) に示されているように $y = y^b$ では長期の限界費用 LMC が極小値をとり，かつ図 8.9 に描かれているように，LTC と短期の総費用 STC が一点で接している，つまり $C_L\left(p_1, p_2, y^b\right) = C_S\left(p_1, p_2, y^b\right)$ となる．このとき当然，長期と短期における限界費用は等しい[11]．つまり，

---

11)　限界費用は総費用曲線の接線の傾きであった (p.152).

$$\text{LMC} \equiv \left.\frac{\partial C_L\,(y, p_1, p_2)}{\partial y}\right|_{y=y^b} = \left.\frac{\partial C_S\,(y, p_1, p_2)}{\partial y}\right|_{y=y^b} \equiv \text{SMC}$$

である．このことは，図 8.11 において，LMC と SMC が y^b で交わっていることが示している．同様に，図 8.9 に描かれている y^a と y^c の各生産量について，長期と短期における限界費用を比較すると，

$$\left.\frac{\partial C_L\,(y, p_1, p_2)}{\partial y}\right|_{y=y^a} > \left.\frac{\partial C_S\,(y, p_1, p_2)}{\partial y}\right|_{y=y^a}$$

$$\left.\frac{\partial C_L\,(y, p_1, p_2)}{\partial y}\right|_{y=y^c} < \left.\frac{\partial C_S\,(y, p_1, p_2)}{\partial y}\right|_{y=y^c}$$

となることは，各点の接線の傾きをイメージしてみれば分かる．これを他の生産量についても行えば，短期と長期の限界費用について図 8.11 に描かれているとおりであると確認できる．

8.4.1 包絡線

固定費用：$F = p_2\bar{x}_2$ は当然，p_2 と $\bar{x}_2$ によって決まるので，短期の費用曲線も様々なものとなるが，これまでに述べた短期と長期の費用に関する特性は該当する．このことを端的に示すのが，図 8.12 である．図 8.12(2) は，図 8.11 に固定費用が異なる 2 つのケースを加えたものであり，図 8.12(1) は長期の総費用曲線に加え，固定費用が異なる短期の総費用曲線を描いたものである．既に述べたように，$\text{STC}^i, i = b, c, d$ はどれも LTC を下回ることがない．$b, c,$ および d 各点は，異なる固定費用を伴う短期の総費用曲線について，固定費用：$F = p_2\bar{x}_2^i\; i = b, c, d$ の対価として調達した $\bar{x}_2^i\; i = b, c, d$ が，長期において最適な x_2 の投入量と一致するような生産量：$y^i\; i = b, c, d$ において長期の総費用曲線と接している．もちろん，このような点は無数にある．このことを踏まえて図 8.12(1) を眺めると，長期の総費用曲線 LTC は無数の短期の総費用曲線 STC を包みこんでいるように見える．ある曲線に無数の曲線が接するとき，この曲線は**包絡線 (envelop)** と呼ばれる．長期の総費用曲線は短期の総費用の包絡線である．同じ理由で図 8.12(2) に描かれているように，長期の平均費用 LAC は短期の平均費用 SAC の包絡線である．

図 8.12 の (1) と (2) を比較しながら，総費用と平均費用，および限界費用の関係について，図 8.12(1) の b, c, d 各点をもとに確認する．b で LTC と STC^b が接している．このことは，$C_S^b\left(p_1, p_2, y^b\right) = C_L\left(p_1, p_2, y^b\right)$ を意味するから両辺を y^b で割った平均費用も等しくなる．このことが，図 8.12(2) において，生産量が y^b のとき LAC と SAC^b が接することによって示されている．b では長期と短期の総費用が一致しているので，b における LTC と STC^b の接線の傾き（つまり長期と短期の限界費用）も等しい．このことは，図 8.12(2) では，LMC と SMC^b が生産量 y^b のとき交わることで示されている．次に図 8.12(1) の c について，半直線 Oc が LTC と接していることから，生産量が y^c のとき

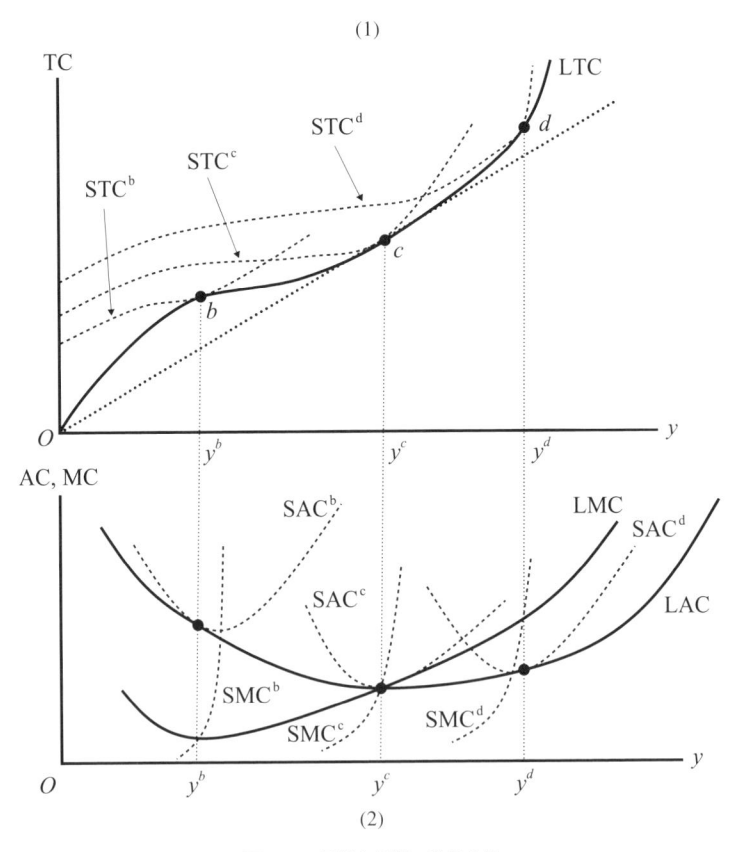

図 **8.12**　長期と短期の費用曲線

長期の平均費用と限界費用が等しいことは既に述べたとおりである．このこ
とは，図 8.12(2) において，LMC が LAC の極小値を通過することで示されて
いる．また，STC^c が c で LTC と接することから，b について言及したのと同
じ理由で，SAC^c は LAC と生産量 y^c のとき接する．このとき，限界費用も等
しくなるので，SMC^c も LMC と同様，LAC の極小値を通過することになる．
d についても同様である．

　長期と短期の費用について，長期の限界費用曲線と短期の限界費用曲線が
交わるような生産量で，短期の平均総費用 STC が長期の平均総費用 LMC と
接する．長期と短期に関わらず，限界費用は平均費用の極小値を通過する．

第 9 章

供給

　生産者が市場に供給する財の量をどのように決定するか考察することを通じて，個別の生産者の意思決定が，市場全体の供給に反映されることについて，長期と短期の枠組みで考察する．完全競争市場成立のための最後の条件として挙げた，参入と撤退が自由であることが，どのような意味を持つのかも，この章の最後で明らかになる．

9.1　長期における供給量

　既に紹介したように，基礎的なミクロ経済学における生産者は，利潤が最大になるように行動する．この際，完全競争市場で活動する無数の生産者は，市場に供給する財の価格に影響を及ぼすことができない．このことを踏まえつつ，先ず長期における生産者の利潤最大化問題について考察する．長期下において生産者は以下の問題を解く

$$\operatorname*{Max}_{y} \pi\left[\equiv p_y y - C_L(y, p_1, p_2)\right]. \tag{9.1}$$

ただし，p_y は財の価格であり，p_1, p_2 はこれまでのとおり，生産要素 1, 2 の価格である．このとき，$p_y y$ は売り上げであり，これを収益 (revenue) と呼ぶのであった．(9.1) に示されているように，完全競争市場では，p_y は定数扱いである．完全競争以外の市場で，生産者が価格に影響力を持つ場合は，p_y は $p_y(y)$ と書きかえられ，生産量 y の関数として扱う必要が生じる．このことが市場の均衡とその特性に如何に大きな影響を与えるかについては，独占企業の意思決定について考察するときに明らかにする．

(9.1) の一階条件は,

$$\frac{\partial \pi}{\partial y} = p_y - \frac{\partial C\,(y, p_1, p_2)}{\partial y} = 0 \qquad (9.2)$$

である. これから,

$$p_y = \frac{\partial C\,(y, p_1, p_2)}{\partial y} \qquad (9.3)$$

が導出される. 左辺は財の価格であるが, 収益 $p_y y$ を生産量について微分したもの, つまり生産量を限界的に増やすことに伴い発生する収益であるから, **限界収益 (marginal revenue)** である. 右辺は限界費用である. 従って, 利潤最大化の一階条件は, 利潤最大化問題の章でも明らかにしたように,

$$限界収益 = 限界費用 \qquad (9.4)$$

である. 市場の競争形態によらず, 利潤最大化問題の一階条件はこの式を満たす.

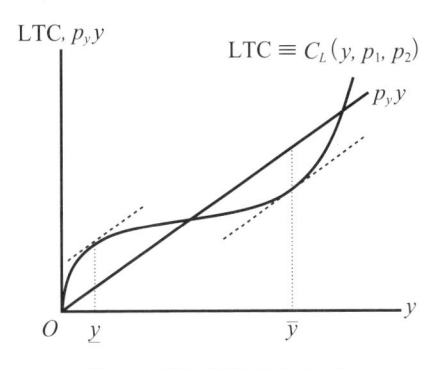

図 **9.1** 長期の利潤最大化の条件

図 9.1 には長期の費用曲線と $p_y y$ が描かれている. 限界収益は p_y であり, $p_y y$ の傾きがこれを表している. 限界費用は長期の費用曲線 $C_L\,(y, p_1, p_2)$ の当該生産量における接線の傾きであり, 一階条件 (9.2) が満たされるのは, 生産量が $\underline{y}$ と $\bar{y}$ の場合である. どちらの生産量で利潤が最大化されるかは, 一階条件のみからは判別できず, 二階条件を調べる必要がある.

図 9.1 によれば, 生産者の利潤は, (1) 収入を表す半直線 $p_y y$ が費用曲線の上にあるとき正, (2) 費用曲線がこの半直線の上にあるとき負, そして (3) 交わっているときゼロとなる. このことから, 利潤は $y = \underline{y}$ のとき極小 (最小), $y = \bar{y}$ のとき極大 (最大) となることが分かる. 両者について二階条件を確認する. 利潤最大化の二階条件は,

$$\frac{\partial^2 \pi}{\partial y^2} = -\frac{\partial^2 C(y, p_1, p_2)}{\partial y^2} < 0$$

であるが，これは以下と同じことである．

$$\frac{\partial^2 C(y, p_1, p_2)}{\partial y^2} \equiv \frac{\partial LMC}{\partial y} > 0 \tag{9.5}$$

図 9.1 をもとにこの条件を $y = \underline{y}$ と $y = \bar{y}$ について見ると，$y = \underline{y}$ から生産量を微小増加させると，接線の傾き，つまり限界費用は減少する．これは上で導出した (9.5) と整合しない．他方，$y = \bar{y}$ から生産量を微小増加させると，限界費用は上昇する．これは，(9.5) と整合するから，$\bar{y}$ が利潤を最大にする生産量である．利潤最大化の二階条件は，利潤が最大化される生産量における限界生産性は逓増していることを意味する．

9.1.1 補足：限界費用の逓増と限界生産性の逓減

限界費用が逓増することは，限界生産性 (p.109) が逓減することを反映している．なぜかというと，生産者の費用は生産要素の価格と生産技術によって決まるものであり，生産要素の価格が一定のとき，限界生産性の逓減を伴う生産技術で生産量を増やし続けるには，生産要素の投入量を逓増させる必要があり，限界費用はこのことを反映して，逓増するからである．

簡単な例として，生産要素が労働力 L のみの生産関数 $y = f(L) = L^{\frac{1}{2}}$ を考える．$L > 0$ のとき，この関数の一階導関数は正であり，二階導関数は負であるから，限界生産性は逓減する．労働力の対価としての賃金を w とおくことにすれば，費用関数は，生産量 y を実現するために投入された労働力 L に賃金を掛けたものであるから，

$$C(w, y) = wL(y)$$

と書くことができる．このとき，$L(y)$ は生産関数の<u>逆関数</u>◆である．限界生産性が逓減することが分かっているとき，限界費用が逓増することを確認するために，<u>逆関数の定理</u>◆を用いると，上の式の右辺を y について微分したものは，

167

$$w\frac{dL}{dy} = w\frac{1}{dy/dL} = \frac{w}{f'(L)} = w\frac{2}{L^{-\frac{1}{2}}} = 2wL^{\frac{1}{2}} = 2wy$$

であるから，これを y についてもう一度微分したもの，つまり費用関数の二階導関数，が正であること，従って限界費用が逓増することが確認できる．

　以上から，長期における生産者の供給は図 9.2 によって表されることが分かる．この図は，図 8.3 をもとに描かれている．具体的には，(8.11) より，限界費用曲線は平均費用曲線の極小値を通過する．このときの生産量は図 9.2 では y^* として描かれている．財の価格 p_y が $\frac{C_L(y^*,p_1,p_2)}{y^*}$ を下回るとき，生産者は生産を行わない．なぜなら，財の価格が平均費用の極小値に満たないときは，

$$p_y y^* - C_L(y^*, p_1, p_2) < 0$$

となり，生産を行えば，つまり $y^* > 0$ のときは，利潤が負になるので，$y^* = 0$ とする方が理に適うからである．このことを示すのが図 9.2 の縦軸に描かれている太線である．他方，価格が $\frac{C_L(y^*,p_1,p_2)}{y^*}$ 以上であれば，生産者は価格 p_y と限界費用が等しくなる量の生産を行う．このことは，図 9.2 の LMC 曲線の太線部分に描かれている．価格水準：$\frac{C_L(y^*,p_1,p_2)}{y^*}$ のことを**損益分岐価格 (break even price)** という．損益分岐価格は，生産が行われる最低水準の価格であり，現存する生産技術では，これ以上安い価格では財が市場に供給されない，という水準でもある．財の価格 p_y が損益分岐価格よりも高ければ，利潤はプラスになる．このことについては，この章の終わりで，もう少し詳しく考察す

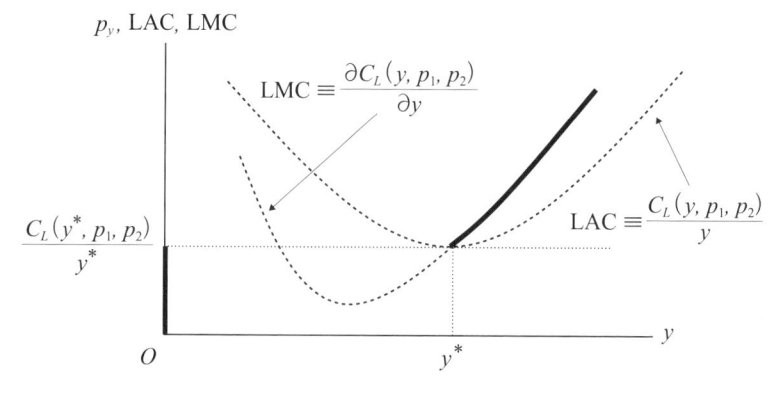

図 **9.2**　長期における供給曲線

ることになる.

なお，財の価格 p_y が損益分岐価格と等しいときは，生産量が $y^* > 0$ であり，利潤はゼロになる．利潤がゼロになるとは，収益と費用が一致するということであるから，収益から人件費や機械のメンテナンス，取引先への支払い等全ての経費を支払った後に 1 円も残らないということである．生産者としては，利潤はゼロ以上であることを望むが，利潤がゼロであったとしても，生産活動の継続に支障をきたさない.

■費用関数の導出

生産関数が Cobb-Douglas 関数である場合の費用関数を導出しておく．費用関数は以下の費用最小化問題の解から得られる

$$\operatorname*{Min}_{x_1, x_2} p_1 x_1 + p_2 x_2 \quad \text{s.t.} \quad y = x_1^\alpha x_2^{1-\alpha} \quad \alpha \in (0, 1). \tag{9.6}$$

もちろん，Lagrange 関数を設定して，この最適化問題を解いても構わないが，消費者の理論の支出最小化問題において，我々はこれと同じ問題を既に解いている．73 ページで導出した (3.14) によれば，支出関数は，

$$C(y, p_1, p_2) = \left(\frac{1}{\alpha}\right)^\alpha \left(\frac{1}{1-\alpha}\right)^{1-\alpha} p_1^\alpha p_2^{1-\alpha} y$$

である．いま，仮に $\alpha = 0.5$，$p_1 = 1$，$p_2 = 2$ とすれば，$C(y, 1, 2) = C(y) = 2\sqrt{2}y$ である．このように，生産関数のパラメータ α と生産要素の価格が与えられていれば，費用関数は生産量のみの関数として書くことができる．もちろん，p_1，p_2 の値が異なれば，費用関数も異なる．以降の考察において，生産要素の価格を所与とし，定数扱いするときは，$C(y, p_1, p_2)$ とは書かずに，$C(y)$ と書くこともある.

例　供給曲線の導出

以下の費用関数が与えられているとする

$$C(y) = \frac{1}{3}y^3 - 2y^2 + 4y.$$

生産者の利潤最大化問題は，

$$\text{Max}_y \ p_y y - \left(\frac{1}{3}y^3 - 2y^2 + 4y \right)$$

である．一階条件は，

$$p_y - y^2 + 4y - 4 = 0$$

であり，二階条件は，

$$-2y + 4 < 0$$

である．限界費用は，$y^2 - 4y + 4$ であり，平均費用は $\frac{1}{3}y^2 - 2y + 4$ である．既に考察したように，限界費用曲線は平均費用曲線の極小値を通過する（極小値で交わる）．これは，$y = 3$ のときである．平均費用関数に $y = 3$ を代入すると 1 となる．従って生産者は $p_y < 1$ のとき生産を行わない．二階条件は $2 < y$ のとき常に成り立つ．さて，供給関数というのは，任意の価格が与えられたときに供給される量を示す関数のことであるから，一階条件を y について解き，

$$y \equiv S\left(p_y\right) = \begin{cases} 2 + \sqrt{p_y} & p_y \geq 1 \\ 0 & p_y < 1 \end{cases}$$

としたものが供給関数である．例えば，$p_y = 4$ ならば生産量は 4 となる．

9.2　短期における供給量

　短期における生産者の供給に関する考察の流れは長期のそれに沿う．基礎的なミクロ経済学において，生産者は長期あるいは短期にかかわらず，目的とするところは利潤の最大化だからである．短期下における生産者の問題は以下のとおりである．

$$\text{Max}_y \ \pi \left[\equiv p_y y - C_S\left(y, p_1, p_2\right) \right] \tag{9.7}$$

　長期の場合と異なるのは費用関数のみである．なお，$C_S\left(y, p_1, p_2\right) \equiv C^V\left(y, p_1, p_2\right) + F$ であり，固定費用 F は生産を開始する前に発生しているので

あった．つまり，生産量がゼロの場合でも固定費用 F が損失として計上されている．生産者は，この損失を許容する方が得策である場合は生産を行わない．具体的には，生産者の意思決定は以下の不等式に基づく．

$$-F \leq p_y y - C^V(y, p_1, p_2) - F$$

なお，F は固定費用であるが，生産量がゼロの場合の利潤でもある．この式は以下と同値である

$$\text{AVC} \equiv \frac{C^V(y, p_1, p_2)}{y} \leq p_y.$$

つまり，価格が平均可変費用を下回るとき，生産者は生産を行わず，上回るとき生産を行う．生産量は，一階条件と二階条件を満たすので，

$$\frac{\partial \pi}{\partial y} = p_y y - \frac{\partial C^V(y, p_1, p_2)}{\partial y} = 0,$$
$$\frac{\partial^2 \pi}{\partial y^2} = -\frac{\partial^2 C^V(y, p_1, p_2)}{\partial y^2} < 0$$

が同時に成り立つ．図 9.3 は短期の供給曲線である．価格 p_y が平均可変費用の極小値よりも低ければ，生産は行われず，価格がこの値よりも高ければ，一階条件が成り立つような生産量が利潤を最大化する．これは，短期の限界費用曲線 SMC のうち，AVC よりも上方の部分にあたる．言うまでもなく，価格 p_y が高ければ，生産量も増加する．

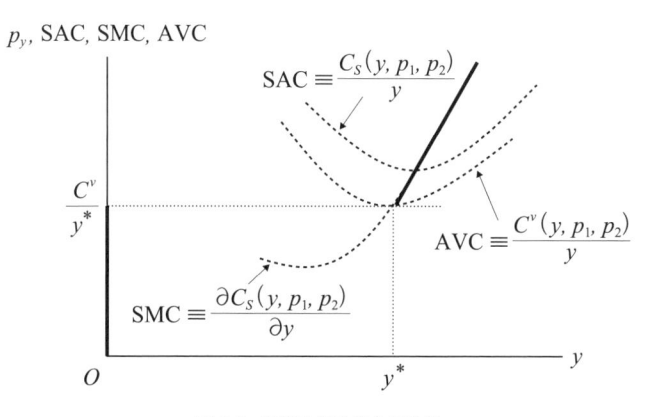

図 **9.3** 短期における供給曲線

9.3　短期と長期の供給

　これまでは，生産者が利潤を最大にするように生産量を決めるにあたり，長期と短期を個別に考えてきたが，長期における企業の意思決定は，短期のそれを繰り返すことではない．生産者の意思決定は，短期下のものと長期下のものの 2 種類あり，固定費用を交えた意思決定は短期のものとして，短期下で行動に移され，同じ期間中に実現する．他方，長期下における意思決定は，短期下のものと同様，随時実行に移されるが，長期という，分析的な枠組みの都合上定義された期間に実現する．長期と短期の費用最小化問題の枠組みの中で，このことについて，図 9.4 をもとに考察する．図 9.4 は長期と短期の費用曲線を描いた図 8.12 をもとにしており，これらの図における生産量や費用曲線は同一のものである．図 9.4 には生産者市場に供給する財の価格 p_y^* が描かれている[1]．長期と短期における供給曲線は実線として描かれており，その他の関連する費用については破線が用いられている．先ず，短期下において生産者は，これまでに考案したように固定費用 $p_2\bar{x}_2$ に直面している．説明のため，これは生産施設の規模と解釈する．これにより決定する短期の費用から SMC^b を導出し，これと価格 p_y^* をもとに生産者は生産量を決定する．利潤を最大にする生産量は一階条件を満たす．そのような生産量は，図 9.4 では p_y^* を表す水平線と限界費用曲線が交わる点における生産量 y^b である．この生産量における接線の傾きは正であるから限界費用は上昇を続ける．従って利潤最大化の十分条件も満たされている．短期における生産量を y^b に決定すると同時に，生産者はこの時点では固定費用として所与とするしかない工場の規模についても考察を行っている．果たして工場の規模を拡張するべきか，維持するべきか，あるいは縮小するべきか．この意思決定には，市場の動向が大きく関わってくる．具体的には，価格がどのように変化するのかということである．ここでは，説明を簡単にするために，価格は p_y^*

---

1)　p_y^* の値は任意に描かれている．

のまま変わらないものと仮定する．もし，p_y^* が維持されるならば，生産者は
工場の規模を拡張するべきである．なぜなら費用に融通が利く長期下で，利
潤を最大にするような生産量は y^d だからである．図 8.12(1) の STC^d は STC^b
よりも上方に描かれている．このことは，より高い固定費用を伴っているこ
とを意味する．同じく図 8.12(1) の点 d では，長期と短期の費用曲線が接して
いる．このことは，点 d では長期と短期の限界費用が等しいことを意味し，
図 9.4 では 2 つの限界費用曲線が交わっていることで示されている．工場規
模を拡張した結果，生産者はより高い利潤を得る．このことも図 9.4 に示さ
れている．短期，つまり工場規模を拡張する前の生産者の利潤は四角形の面
積 $\left(p_y^* - b\right)y^b$ で表される．なぜなら，b は生産量が y^b の際の生産者の平均費
用であり，従って，$\left(p_y^* - b\right)y^b = p_y^* y^b - \frac{C(y^b, p_1, p_2)}{y^b} y^b = p_y^* y^b - C\left(y^b, p_1, p_2\right)$ であ
る．これは生産者の利潤にほかならない．同じ考え方から，工場規模を拡張
した後の生産者の利潤は四角形の面積 $\left(p_y^* - d\right)y^d$ で表される．長期の利潤の
方が短期のそれよりも大きいことが分かる．

　もし，工場規模を拡大した後に価格が上昇して，図 9.5 に描かれているよ
うに p_y^e となったとする．その場合，生産者は当該の費用曲線 SMC^d をもとに
生産量を y^e に設定する．このように，生産者の行動は所与とする状況が予測
に反した場合は，その状況に合わせて利潤が最大になるように生産量を設定

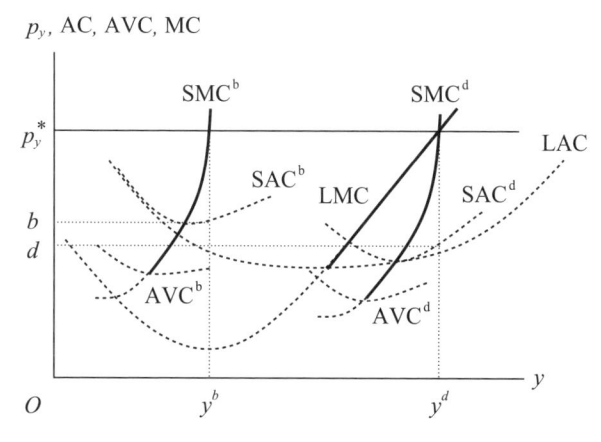

図 **9.4**　長期と短期における供給

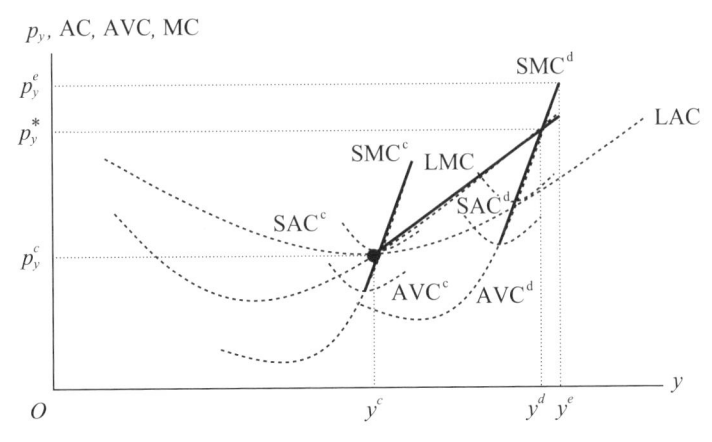

図 **9.5**　長期と短期における供給 2

する．もし，価格が p_y^c に下がったとすれば，工場規模を縮小して，生産量を y^c に設定する．

　さて，p_y^c について考える．図 9.5 に描かれているように，この価格は長期の平均費用の極小値である．すでに述べたように，長期における生産者は価格が平均費用の極小値以上でなければ生産を行わない．換言するならば，長期の平均費用の極小値と等しい価格とは，生産者が長期的に生産を行う最低水準の価格である．図 9.5 に描かれているように，このとき，価格は平均費用と一致する．従って，利潤を表す面積はゼロに等しい．繰り返しになるが，利潤がゼロとは収入が費用に等しいことであるから，生産者は損失なく活動を継続できる．つまり，従業員に給与を支払い，機械等の維持費等を含む全ての経費が収入によって過不足なく賄われる状態である．価格が p_y^c を下回ると，この状態は維持されず，生産者は生産を行わない．つまり，p_y^c は損益分岐価格である．

9.4 総供給

ある時点における[2], 全ての生産者の供給量を足し合わせたものを総供給という. 簡単な例として, 完全競争市場で競争する全ての生産者の短期における費用関数が $c(y) = y^2 + 1$ で与えられているとする. 生産者の総数を J として, 個別の生産者を $j = 1, \ldots, J$ で表すことにすると, 個別の生産者は以下の最大化問題を解く.

$$\underset{y_j}{\mathrm{Max}} \ py_j - y_j^2 - 1$$

一階条件は

$$p - 2y_j = 0$$

であり, これは限界収益が限界費用と等しくなることを意味するのであった. 平均可変費用は $\frac{y_i^2}{y_i} = y_i < 2y_i$ であるから, 生産者の供給は $p(y_j) = 2y_j$ によって記述される. 個別の生産者の供給関数は $y_j \equiv S_j(p) = \frac{p}{2}$ となるから, 総供給量は,

$$S \equiv \sum_j^J y_j = \sum_{j=1}^J \frac{p}{2} \tag{9.8}$$

である. なお, グラフを描いたり問題を解くときは $p(y_j) = 2y_j$ の方が便利な場合が多い. これは, 需要と供給のグラフを描くとき, 価格 p を縦軸に取るためである. $p(y_j) = 2y_j$ は供給関数の逆関数なので, **逆供給関数 (inverse supply function)** と呼ばれる.

総供給のグラフは,

---

[2] 生産者の意思決定には長期と短期という時間の枠組みがあり, 総供給を算出する時点において, 異なる生産者の意思決定が同じ時間の枠組みにおける意思決定を反映しているとは限らない. 考察を簡単にするために, 本書では全ての生産者が同じ時間の枠組みで意思決定するものと仮定する.

$$\sum_{j=1}^{J} p(y_j) = \sum_{j=1}^{J} 2y_j$$

を描くことになる．生産者の数 J が大きくなれば，同じ価格水準あたりの総生産量が大きくなるから，総供給曲線は右方向にシフトする．このことは，図 9.6(a) の，S_1，S_2，そして $\overline{S}$ 曲線に描かれている．同図には，総需要曲線が D として描かれている．これらは，右に描かれているもの程，生産者の数が多いことを反映する．次節では，生産者の数がどのように変化するか考察する．

9.4.1　参入と撤退

以下の考察では，図 9.6(a) における総需要は D として与えられているものとする．いま，市場の総供給量が S_1 であるとき，需給は価格が p_1 のとき一致する．需要と供給がある価格で一致するとき，このときの需要量と供給量，並びに価格水準は，**均衡 (equilibrium)** と呼ばれる．図 9.6(a) には E_1，E_2，および $\underline{E}$ の 3 つの均衡が描かれている．

費用について考察した際 (p.150)，生産者の供給についてグラフを用いて考察するとき，直接的に役に立つものとして図 8.3 を紹介した．同図は図 9.6(b) として描かれている．

先ず，均衡が E_1 であるとする．価格を所与とする生産者は価格 p_1 に直面

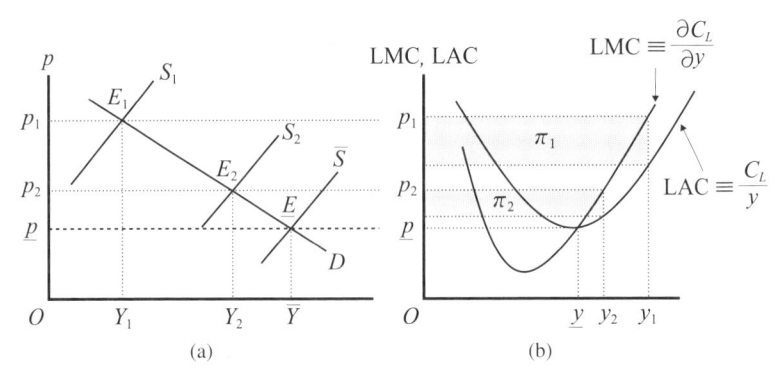

図 9.6　市場で需給と個別の生産者の供給量

しているので，図 9.6(b) に描かれているように，y_1 だけ生産する[3]．このとき生産者は，同図に描かれている長方形 π_1 の面積によって表される利潤を得ている．なぜなら，長方形 π_1 の面積は，

$$y_1\,(\mathrm{LMC} - \mathrm{LAC}) = y_1\left(p_1 - \frac{C_L(y_1)}{y_1}\right) = p_1 y_1 - C_L(y_1) = \pi_1(y_1) \equiv \pi_1$$

として算出されるからである[4]．この財の市場で，この生産者と同じ費用関数を持つ生産者の数が J_1 だとすれば，図 9.6(a) に描かれている総供給量は，$Y_1 = y_1 J_1$ として算出される．

　完全競争市場では，市場への参入と撤退が自由であることを前提としている．この財の市場に参入することを検討中の生産者が存在して，価格 p_1 を観測したなら，利潤 π_1 の獲得を見越して，この市場に参入する．複数の生産者がこの市場に参入した結果，供給曲線が S_2 にシフトしたとすれば，均衡は E_2 となる．この均衡を構成する価格 p_2 において，生産者は生産量を $y_2 < y_1$ に設定することで，利潤 $\pi_2(< \pi_1)$ を得る．利潤 $\pi_2 > 0$ の獲得を見越して，さらなる新規参入が続けば，供給曲線はさらに右にシフトする．この結果，供給曲線が $\overline{S}$ になったとする．このときの均衡は E として描かれており，この均衡を構成する価格 p は，生産者の損益分岐価格となっている．このとき，生産者の利潤はゼロとなる．利潤がゼロとは，収益と費用が一致すること，つまり売上から必要経費を差し引いた残額がゼロということであり，利潤がゼロの場合にも生産者は活動を継続する．生産者が獲得する利潤がゼロの市場に，さらに参入が生じれば，供給曲線は $\overline{S}$ よりも右にシフトし，均衡価格は p を下回る．そのとき，生産者の利潤は負になり，生産者は活動を継続できないため，撤退が生じる．生産者の数が減れば，財の総供給量も減るので，供給曲線は左にシフトする．その結果，価格も上昇する．

　上記のような生産者の参入と撤退により，完全競争市場における長期の均衡は E に落ち着く．この均衡を構成する価格 p は，生産技術を所与としたとき，この財が市場に供給されるために必要な最低限の価格水準である．価格

---

3)　完全競争市場における生産者の利潤最大化問題の一階条件は，$p = MC$ であった．

4)　この式の導出には $p_1 = LMC \equiv \frac{\partial C_L}{\partial y}$ が用いられているが，これは完全競争市場における生産者の一階条件である．

が $\underline{p}$ よりも低ければ，この財の生産量がゼロとなることは，既に考察したとおりである (p.168)．

　もし，需要に何らかの変化が生じ，需要曲線が左右にシフトした場合は，均衡も変わる．均衡が変われば，新たな均衡を構成する価格と，その価格における利潤の正負によって参入と撤退が生じる．参入と撤退が自由であれば，生産者の数が調整されることによって，価格水準は長期的には $\underline{p}$ に落ち着く．図 9.6(a) に描かれているように，長期の供給曲線 (Long-run Supply) LS は $\underline{p}$ を通過する水平線となる．従って完全競争市場における長期の均衡では，参入と撤退により，現存する生産技術では，これよりも安くできないという水準まで価格が低くなる．

第 III 部

均衡の理論

第 10 章

均衡をどのように捉えるか

　消費者の理論では，価格を所与とする消費者の最適化問題を解くことで，財の需要について考察した．生産者の理論では，完全競争市場において，価格を所与とする生産者の最適化問題を解くことで，財の供給について考察した．我々は遂に，これらを均衡分析 (equilibrium analysis) という枠組みの中で包括的に考察し，完全競争市場における均衡の考察を始めることができる．なお，このパートにおける均衡とは，価格受容行動を前提とする完全競争市場における均衡を意味する．従って，以下の考察で明らかになる均衡の特性は全て，完全競争市場における均衡の特性である．生産者の理論のはじめでも紹介したが，完全競争市場は，厳密には市場の同義語ではない．以下で明らかになる完全競争市場の知見は，完全競争市場以外の市場における均衡には該当しない．

■均衡

　考察対象となっている財について，ある価格と，これに伴う総需要量と総供給量が一致することによって，消費者の消費計画と生産者の生産計画が定まるとき，これらの価格，消費計画，生産計画を**均衡 (equilibrium)** といい，この価格を**均衡価格 (equilibrium price)** という．特に，消費者と生産者が価格受容行動をとる場合に実現する均衡が，完全競争市場における均衡であり，これは**ワルラス均衡 (Walrasian equilibrium)**，あるいは**競争均衡 (competitive equilibrium)** と呼ばれる．

　ワルラス均衡を含め，均衡は常に実現するとは限らないし，実現している均衡には，**安定な均衡 (stable equilibrium)** と**不安定な均衡 (unstable equilibrium)** がある．安定な均衡とは，経済学的な力が，需給が釣り合うように働いている均衡を指す．安定な均衡では，需給が釣り合わない状態があったとしても，

それは一時的なものであり，やがて均衡が実現する．均衡が複数ある場合も
あり，これは**複数均衡 (multiple equilibria)** と呼ばれる．他方，不安定な均衡
とは，経済学的な力が，需給が釣り合うようには働いていない均衡を指す．不
安定な均衡では，偶然以外に需給が釣り合うことはなく，偶発した均衡は一
時的なものであり，遠からず需給のバランスは崩れる．需給のバランスが崩
れていることを**不均衡 (disequilibrium)** という．本書では，均衡価格が唯一，
かつ安定的に定まる均衡について考察し，複数均衡も考察しない．安定な均
衡では，我々が日常生活を営むために，原材料などの資源を活用し，財とし
て消費するまでの一連の経済活動が安定的に継続している状態であるという
意味において，不安定でどのような均衡に落ち着くか判明していない不均衡
状態よりも，良し悪しについて判断できるだけ状況が落ち着いているからで
ある．また，複数均衡について考察する前に，安定的な一つの均衡について
考察することの方が理に適う[1]．

■配分

　前述したように，市場の均衡は，単に需給が一致するだけではなく，全て
の消費者と生産者について，消費計画と生産計画が定まっていることを意味
する．後で定義を紹介するが，消費計画と生産計画の組を**配分 (allocation)** と
いう．配分が定まるということは，どの消費者が，どの財をどれだけ消費で
きるかということ，並びに，どの生産者が，どの財をどれだけ生産するかが定
まるということである．後者は，経済全体として，生産要素としての資源が
どのように使われるかを意味する．我々は配分の決定を市場に委ねているの
であり，我々が市場とその均衡に関心を寄せるのは，そこで定まる配分の様
相に関心があるからである．例えば，一部の消費者によって殆ど全ての財が
消費されていないか，あるいは，限りある資源が浪費されていないか，など
といった懸念があるとすれば，それは社会にとって重要な関心ごとであるが，
これらは市場の均衡で実現する配分の様相にほかならない．もし仮に，配分

---

1)　もちろん，不安定な均衡や複数均衡について，これらが何故，どのようにして生じる
　のかを知ることは大変有意義なことであるが，それらについては，ゲーム理論や本書の
　射程を超える数学とともに，より上級の教科書を学ばれるとよい．

にかかわる前述のような懸念が，市場がもともと備えている構造的な原因で生じるのだとすれば，我々は配分の決定を市場に委ねるべきではないのではないだろうか．配分の決定を市場に委ねようとするなら，市場がどのような配分を実行するか，その特性を知ることは，社会として市場を採用するか否かを議論するために必須の情報である．

■考察すること

考察にあたり，配分の定義を与えた後，社会にとって好ましい配分が持つ特性として，Pareto[2]の概念と，衡平性の概念を紹介する．この考察は，市場とは無関係に成立する．我々の関心は，完全競争市場の均衡で実現する配分が，そのような特性を持つか否かであり，この考察から得られる知見は，社会が完全競争市場という配分決定メカニズムを採用すべきか否かという議論を助ける．考察によって得られる知見は，厚生経済の基本定理と呼ばれる2つの定理に集約される．これらの定理は，配分の決定を完全競争市場に委ねることの論拠となりうる．

具体的には，完全競争市場における均衡について定義した後，厚生経済の基本定理を，先ず**部分均衡分析 (partial equilibrium analysis)** の枠組みで紹介する．部分均衡分析とは，無数の財の市場からなる経済母体のうち，考察対象とする一部の財の市場に焦点をあてる分析の枠組みであり，考察が比較的容易な枠組みである．この枠組みで，厚生経済の基本定理を紹介した後，部分均衡の枠組みで成立することが，一般均衡分析の枠組みでも成立することを確認する．**一般均衡分析 (general equilibrium analysis)** とは，経済母体に存在する全ての財の市場における均衡を包括的に考察する枠組みであるが，本書では，先ずその最も簡単な場合である**純粋交換経済 (pure exchange economy)**について考察する．この考察では，core の理論を通じて，完全競争市場の最も顕著な特徴である，価格受容行動の妥当性に焦点をあてる．最後に一般均衡の枠組みにおける厚生経済の基本定理について紹介する．

---

2) Vilfredo Frederico Damaso Pareto (1848–1923) はイタリアの経済学者．

第 11 章

配分

　配分は市場の均衡で定まり，本書の関心も均衡で決まる配分の特性を明らかにすることであるが，配分が決まるためには，市場は不可欠ではない．以下では先ず，配分について考察する枠組みを定め，配分について考察するための幾つかの概念を紹介する．

11.1　配分

　配分とは，考察対象の経済母体[1]において，どの生産者がどの財を生産要素として投入し，その結果どの財をどれだけ生産したか，また，どの消費者がどの財をどれだけ消費したか表すものである．配分により，消費と生産という経済活動を俯瞰することができる[2]．この目的のために，以下では L 財 I 消費者 J 生産者からなる経済母体を想定する．

　財 $\ell = 1, \ldots, L$ は，消費されるだけの財のみではなく，生産要素として別の財の生産のために投入されるものも含むとする．より具体的には，財 $\ell = 1, \ldots, L$ には，そのまま消費されるもの，生産要素として別の財の生産に投入されるもの，あるいは，これら 2 つの用途に用いられるものがあり，これらの総数が L である．

　財が生産されるには，生産要素としての財が投入されなければならない．

---

[1]　経済母体とは，複数ある市場の全てを意味する．市場全体という表現をすると，一つの財の市場の全ての消費者と生産者と解釈することもできるため，本書では両者をこれらの言葉で区別する．

[2]　比喩的な表現をすると，配分は消費と生産に関わる国勢調査のようなものといえる．

これらは予め経済母体に存在するものとする．具体的には，経済母体に予め存在する各財の総量を**初期賦存量 (initial endowment)** と呼び，財 ℓ の初期賦存量を，

$$w_\ell \geq 0 \quad \ell = 1, \ldots, L$$

で表す[3]．これらのうち，消費者 i が所有しているものをベクトル

$$\mathbf{w_i} = (w_{1i}, \ldots, w_{Li}) \quad i = 1, \ldots, I$$

として表す．もちろん，消費者 i が所有していない財もあり，そのような財については，$\mathbf{w_i}$ の当該成分はゼロである．

消費者 i による各財の需要量を表す消費計画と，生産者 j による各財の投入量と供給量を表す生産計画は，それぞれ，

$$\mathbf{x_i} = (x_{1i}, \ldots, x_{Li}) \quad i = 1, \ldots, I$$
$$\mathbf{y_j} = \left(y_{1j}, \ldots, y_{Lj}\right) \quad j = 1, \ldots, J$$

によって表される．なお，生産計画は，生産者が生産要素として投入するために需要する財の量と，そのことによって生産され，市場に供給される財の量をベクトル表記したものであったから，生産計画の成分には負の値が含まれる (p.138)．

配分は，消費計画と生産計画の組である．

定義 14.　配分 allocation

消費者 $i = 1, \ldots, I$ の任意の消費計画と生産者 $j = 1, \ldots, J$ の任意の生産計画の組 (pair) を配分 (allocation) と呼ぶ．つまり，配分は，

$$(\mathbf{x_1}, \ldots, \mathbf{x_I}, \mathbf{y_1}, \ldots, \mathbf{y_J}), \qquad \mathbf{x_i} \in X_i \quad i = 1, \ldots, I, \quad \mathbf{y_j} \in Y_j \quad j = 1, \ldots, J$$

である．

---

[3]　経済母体に予め存在する財の数は L より少なくても構わない．例えば，予め存在する財の数が $L-1$ であっても，これらを生産要素として，L 番目の財が生産者によって供給されうるからである．この場合は，$w_L = 0$ である．

このように，配分は消費計画と生産計画を組として記述するだけのもので
あるから，配分によっては，需要量が供給量を上回るようなものもありうる．
しかしもちろん，このような配分を考察対象に含めることには意味がなく，
我々は**実現可能な配分 (feasible allocation)** を考察対象とする．実現可能な配
分とは，財 $\ell = 1,\ldots,L$ の消費量と生産量が，初期賦存量を越えないような配
分である．具体的には，

$$\sum_{i=1}^{I} x_{\ell i} \leq w_\ell + \sum_{j=1}^{J} y_{\ell j} \quad \ell = 1,\ldots,L \tag{11.1}$$

を満たす配分を考察対象とする．この式の左辺は財 ℓ の需要量を全ての消費
者について足したものである．右辺は，この経済母体に予め存在していた財
ℓ の量 w_ℓ と，財 ℓ の供給量を全ての生産者について足したものである．

11.2 配分の Pareto 効率性と衡平性

ある配分が社会にとって好ましいか否か，どのように考察すればよいだろ
うか．このことに関わる概念を幾つか紹介する．なお，この考察では配分が
どのように決まるかは問題にしない．先ずどのような配分が好ましいか明ら
かにし，そうした配分が市場で**実行 (implement)**[4]できるか考察する．このこ
とによって，我々は市場という身近で抽象的なものを吟味する機会を得る．
もし，好ましい配分が市場で実行できるならば，引き続き配分の実行を市場
に委ねても構わないだろう．もし実行できないならば，それがなぜか明らか
にし，これに対処すべきである．もし対処することが不可能な問題があると
判明したなら，配分の実行を市場に委ねることに固執せず，好ましい配分を
実行しうる別のシステムについて検討するべきであろう．

任意の配分 A がすでに実現していると仮定する．これを初期賦存として，
別の実現可能な配分 B と比較して，どちらが好ましいと考えられるか，考察
する．すぐに思い浮かぶのは，もし消費者全員が，配分 B における自らの消

---

4) 公共経済学 (public economics) や契約理論 (contract theory) では，配分を実行するメカ
　ニズム（a mechanism that implements an allocation）という表現をする．

費計画を，配分 A のそれよりも選好するならば，配分 B の方が配分 A よりも社会的に好ましいと考えて構わないだろう．この考えは，以下に紹介する Pareto の概念に通じる．

11.2.1 Pareto 効率的配分

定義15. Pareto 優位な配分 (Pareto superior allocation)

2 つの実現可能な配分 $A \equiv \left(\mathbf{x}_1^a, \ldots, \mathbf{x}_I^a, \mathbf{y}_1^a, \ldots, \mathbf{y}_J^a\right)$ と，$B \equiv \left(\mathbf{x}_1^b, \ldots, \mathbf{x}_I^b, \mathbf{y}_1^b, \ldots, \mathbf{y}_J^b\right)$ が与えられているとき，全員 $i = 1, \ldots, I$ について $u_i\left(\mathbf{x}_i^a\right) \leq u_i\left(\mathbf{x}_i^b\right)$ が成り立ち，かつ少なくとも 1 人について，$u_i\left(\mathbf{x}_i^a\right) < u_i\left(\mathbf{x}_i^b\right)$ が成り立つとき，配分 B は配分 A よりも Pareto 優位な配分 (Pareto superior allocation) であるという．このとき，配分 A は配分 B よりも Pareto 劣位な配分 (Pareto inferior allocation) であるという．

ゲーム理論などでは，Pareto 優位な配分を Pareto 支配的な配分 (Pareto dominant allocation) などと呼ぶこともある．Pareto 優位な配分とは，対象者全員について現状が維持されると同時に，少なくとも 1 人が，より強く選好する消費計画を消費できる配分である．もし，Pareto 優位な配分が存在し，この配分が何らかのメカニズム (mechanism) によって実行できるならば，そうすることは，反対しないという消極的な支持も含め，対象者全員の支持を受けると考えてよいだろう．その結果，ある配分が，その配分に対して Pareto 優位な配分に再配分されることを，**Pareto 改善 (Pareto improvement)** という．ある配分から Pareto 改善が行われた後，さらに Pareto 優位な配分が存在するならば，その配分も同様に支持を受け，さらなる Pareto 改善が見込めるであろう．そして，Pareto 改善となるように再配分を繰り返すことができたなら，やがては Pareto 改善につながる再配分は存在しなくなるかもしれない．

定義16. Pareto 効率的配分 (Pareto efficient allocation)

実現可能な配分 $A \equiv (\mathbf{x}_1, \ldots, \mathbf{x}_I, \mathbf{y}_1, \ldots, \mathbf{y}_J)$ について，これよりも Pareto 優位で実現可能な配分が存在しないとき，配分 A を Pareto 効率的配分 (Pareto efficient allocation)，または Pareto 最適な配分 (Pareto optimal allocation) という．

　換言すると，Pareto 効率的な配分が実現しているとき，ある消費者が，他の実現可能な配分から，自らがより選好する消費計画を含む別の配分を見つけたとしても，その配分によって，他の消費者の少なくとも 1 人は必ず効用水準が下がることになる．

　しかし，だからといって，ある配分が Pareto 効率的でありさえすれば，その配分が消費者全員にとって最も好ましい配分であると結論できるとは限らない．例えば，100 人で構成される社会を考える[5]．仮に，この社会の 100 人のうち 1 人だけが全ての財を消費しており，残りの 99 人は財を一切消費できないような配分が実現していたとする．この配分が社会的に好ましいとは到底考えられないであろう．定義に従えば，この配分からのいかなる再配分も Pareto 改善ではない．つまりこの配分は Pareto 効率的である．

　Pareto 改善が生じることは，消費者全員にとって好ましい．しかし，Pareto 効率的配分には，社会的に好ましいとは到底考えられないようなものがある．これは何故であろうか．

　後で詳細が明らかになる[6]が，Pareto 効率性の概念は，消費者の最適化に関わるものである．消費者の理論で明らかになったように，最適消費計画では各財に伴う限界効用が等しくなる．いま，任意の 2 人の消費者間で，財の交換を適宜行うことにより，それぞれの消費計画がともに最適消費計画となるならば，このような財の交換は Pareto 改善につながる．この論理は，消費者が交換前にどの程度の量の財を所有しているかに依存しない．つまり，Pareto 改善につながる財の交換は，極端に多くの財をすでに所有しているけれども，これらに伴う限界効用が等しくない消費者と，極端に少ない財しか所有しておらず，これらに伴う限界効用が等しくない消費者の間にも成立しうる．前述した 100 人の社会の配分は，この極端な例である．

---

5)　この 100 人の選好は，強い単調性と連続性を含め，消費者の理論で採用した前提を満たすとする．

6)　このパラグラフの内容は，交換経済の章でグラフを交えて説明する．

では，仮に 100 人の社会での配分を完全に均等にする配分は，社会的に好ましいと考えられるだろうか．老若男女からなる社会で，全ての財を平等にした配分にも問題がある．このような配分は消費者の最適化を考慮に入れておらず，消費計画が最適化されていない消費者間で，前述したような交換が生じるであろう．少なくとも，交換によって消費計画が最適化される消費者にとっては，平等な配分よりも，交換成立後の配分の方が好ましい．各消費者の消費水準に関して平等な配分は，これに不満を持つ消費者を抱えるという点で問題がある．

11.2.2　衡平な配分

Pareto 効率的であったとしても，著しく不平等な配分は好ましくない．かといって一律均等な配分は，各消費者の選好を全く考慮に入れないため，不満を持つ消費者がいても仕方がない．逆の見方をすれば，消費者の間で不満が持たれない配分は，好ましいといえるであろう．他の全ての消費者と比べて，誰もが自らの消費計画を最も選好するような配分ならば，不満は存在しないように思われる．この考えは，以下に紹介する衡平の概念に通じる．

ある配分 $(\mathbf{x_1}, \ldots \mathbf{x_I}, \mathbf{y_1}, \ldots, \mathbf{y_J})$ について，任意の消費者 i と k について，

$$u_i(\mathbf{x_i}) < u_i(\mathbf{x_k}), \quad i \neq k, \quad i, k = 1, \ldots, I$$

が成り立つとき，消費者 i は消費者 k を**羨望 (envy)** するという．この不等式は，消費者 i は自らの消費計画 $\mathbf{x_i}$ よりも，他人の消費計画 $\mathbf{x_k}$ をより選好することを意味しているからである．当然，i は自らの配分に不満を持つであろう．逆に，どの消費者も他の消費者を羨望しない配分，つまり全ての消費者が，自らの消費計画と，自分以外の全ての消費者のそれとを比較して，自らの消費計画を最も選好するとき，この配分を**衡平な配分 (equitable allocation)** という．

極端な偏りを伴う配分は，**衡平 (equity)** の概念によれば，好ましい配分ではないと結論されるであろうから，Pareto 効率性の概念の欠点を補うものと考えられる．しかし，衡平の概念にも欠点がある．それは，平等な配分と同

様に，衡平の概念も効率性の概念を織り込んではいないため，Pareto 改善の余地がある可能性を排除できないのである．このことは，平等な配分が衡平な配分の定義を満たすことからも分かる．平等な配分では，羨望する可能性が排除されているだけであり，もし消費者間で物々交換が許されるなら，平等な配分は交換後の配分に Pareto 支配されるであろう．とはいえ，配分の良し悪しの議論は，**効率性と衡平性 (efficiency and equity)** の両方の観点から行うべきであろう[7]．

---

7) Pareto 効率性の概念と衡平性の概念を同時に満たす配分を**公平な配分 (fair allocation)** と呼ぶこともある．

第 12 章

ワルラス均衡

　　配分とは，消費計画と生産計画の組であった．市場均衡では，価格を介して配分が決まる．特に，完全競争市場の均衡は**ワルラス均衡 (Walrasian equilibrium)** あるいは**競争均衡 (competitive equilibrium)** と呼ばれる[1]．以下では先ず，ワルラス均衡を厳密に定義する．配分を構成する消費計画と生産計画は，消費者の理論と生産者の理論で紹介した枠組みで定まるが，これらが実現可能な配分であることを担保する条件を織り込む必要がある．このことを踏まえ，改めて考察の枠組みと消費者および生産者の最適化問題を定義する．

12.1　ワルラス均衡

■財の初期賦存

　　配分の概念を紹介した際と同じ前提を採用する．財の総数を L とし，財 $\ell = 1, \ldots, L$ には，そのまま消費されるもの，生産要素として別の財の生産に投入されるもの，あるいは，これら 2 つの用途に用いられるものがある．各財の初期賦存量を，引き続き，

$$w_\ell \geq 0 \quad \ell = 1, \ldots, L$$

で表す．これらのうち，消費者 i が所有しているものも，これまで同様，

$$\mathbf{w_i} = (w_{1i}, \ldots, w_{Li}) \quad i = 1, \ldots, I$$

として表す．

---

1)　本書では，不完全競争市場の均衡と完全競争市場の均衡の区別をより明確にするために，後者を競争均衡ではなく，ワルラス均衡と呼ぶことにする．

■生産者

生産者 $j = 1, \ldots, J$ は財 $\ell = 1, \ldots, L$ の価格ベクトル $\mathbf{p} \equiv (p_1, \ldots, p_L)$, $p_\ell > 0$, $\ell = 1, \ldots, L$ を所与として，以下の最適化問題を解く

$$\underset{\mathbf{y_j} \in Y_j}{\text{Max}} \quad \mathbf{p} \cdot \mathbf{y_j} \quad \text{s.t.} \quad \phi(\mathbf{y_j}) = 0. \tag{12.1}$$

利潤は生産計画を用いて表している．生産者 j は，$\mathbf{p}$ を所与として，生産可能集合 Y_j の中から利潤を最大にする生産計画を選択する．これを**最適生産計画 (optimal production plan)** と呼ぶのであった (p.140)．

最適生産計画は，各生産者が，どの財を生産要素として投入して，どの財を生産したか，その量とともに表すベクトルであるから，全ての生産者の最適生産計画を導出すれば，これをもとにして生産者による財 ℓ の生産量は

$$\sum_{j=1}^{J} y_{\ell j} \qquad j = 1, \ldots, J$$

として算出できる．これに，財 ℓ の初期賦存量を加えたものが，財 ℓ の総供給

$$S_\ell \equiv w_\ell + \sum_{j=1}^{J} y_{\ell j} \qquad j = 1, \ldots, J \tag{12.2}$$

である．

■消費者

消費者 $i = 1, \ldots, I$ は財 $\ell = 1, \ldots, L$ の価格ベクトル $\mathbf{p} \equiv (p_1, \ldots, p_L)$, $p_\ell > 0$, $\ell = 1, \ldots, L$ を所与として，以下の最適化問題を解く

$$\underset{\mathbf{x_i}}{\text{Max}} \quad u_i(\mathbf{x_i}) \quad \text{s.t.} \quad \mathbf{p} \cdot \mathbf{x_i} = \mathbf{p} \cdot \mathbf{w_i} + \sum_{j=1}^{J} \theta_{ji} \mathbf{p} \cdot \mathbf{y_j} \qquad i = 1, \ldots, I. \tag{12.3}$$

目的関数の説明は不要であろう．予算制約式について説明する．左辺は価格ベクトルと消費計画との内積であり，消費計画に伴う支出額を表す．右辺の $\mathbf{p} \cdot \mathbf{w_i}$ は価格ベクトルと消費者が所有する財のベクトルの内積であるから，消費者 i が所有する財の市場価値である．消費者は $\mathbf{w_i}$ を売ることで自らが選好する消費計画を購入することができる．右辺の第 2 項は，消費者の総資産額を表している．$\theta_{ji} \in [0, 1]$ は消費者 i が受け取る生産者 j の利潤 $\mathbf{p} \cdot \mathbf{y_j}$ の割

合を表す．簡単な解釈は株主配当である．消費者 i は生産者 j の株主であり，大株主であれば θ_{ji} は大きな値をとるし，株主でない場合は $\theta_{ji} = 0$ となる．また，

$$\sum_{i=1}^{I} \theta_{ji} = 1 \qquad \forall\, j = 1, \ldots, J$$

である．このとき，(12.3) の右辺第 2 項は消費者 i が受け取る株主配当の総額を表す．

消費者 $i = 1, \ldots, I$ について，この最大化問題を解けば，各消費者による財 $\ell = 1, \ldots, L$ のワルラスの需要関数：$x_{\ell i}$ が導出される．消費者全員分の財 ℓ の需要量を足したものが，財 ℓ の総需要

$$D_{\ell} \equiv \sum_{i=1}^{I} x_{\ell i} \qquad \ell = 1, \ldots, L \tag{12.4}$$

である．

■均衡価格と配分の決定

財 ℓ の市場における供給量と需要量は，(12.2) と (12.4) によって表される．これらは価格の関数である．均衡が存在するとき，財 ℓ の市場における需給が一致する．つまり，

$$D_{\ell}^* \equiv \sum_{i=1}^{I} x_{\ell i}^* = w_{\ell} + \sum_{j=1}^{J} y_{\ell j}^* \equiv S_{\ell}^* \qquad \ell = 1, \ldots, L \tag{12.5}$$

が成り立つ[2]．この式を満たす価格を**均衡価格 (equilibrium price)** という．これを p_{ℓ}^* と書くことにする．均衡価格によって，最適消費計画と最適生産計画が特定される．これらの組が，均衡で定まる財 ℓ の配分，

$$(x_{\ell 1}^*, \ldots, x_{\ell I}^*, y_{\ell 1}^*, \ldots, y_{\ell J}^*) \qquad \ell = 1, \ldots, L \tag{12.6}$$

である．従って，全ての財の市場における均衡価格をベクトル表記したものを，

$$\mathbf{p}^* \equiv (p_1^*, \ldots, p_L^*), \quad p_{\ell} > 0,\ \ell = 1, \ldots, L \tag{12.7}$$

---

[2] この式は **market clearing condition** と呼ばれる．

で表すことにすれば，$\mathbf{p}^*$ によって，配分，

$$\left(\mathbf{x}_1^*,\ldots,\mathbf{x}_I^*,\mathbf{y}_1^*,\ldots,\mathbf{y}_J^*\right)$$

が決まる．ワルラス均衡はこれらによって構成される．

定義 17.　ワルラス均衡 (Walrasian equilibrium)

価格ベクトル $\mathbf{p}^* = \left(p_1^*,\ldots,p_L^*\right)$, $p_\ell > 0$, $\ell = 1,\ldots,L$ を所与として，これとともに以下を満たす配分 $\left(\mathbf{x}_1^*,\ldots,\mathbf{x}_I^*,\mathbf{y}_1^*,\ldots,\mathbf{y}_J^*\right)$ をワルラス均衡という．

1. $\mathbf{y}_j^*$, $j = 1,\ldots,J$ は利潤最大化問題 (12.1) を解く．
2. $\mathbf{x}_i^*$, $i = 1,\ldots,I$ は効用最大化問題 (12.3) を解く．
3. 全ての財 $\ell = 1,\ldots,L$ について，p_ℓ^* のとき，(12.5) が成り立つ．

ワルラス均衡，つまり完全競争市場の均衡と，完全競争市場ではない市場での均衡の違いは，前者が価格ベクトルを所与とすることに対して，後者は所与とせず，消費者か生産者の一方，あるいは双方が価格に影響力を持つことによる違いである．つまり，価格受容行動の前提 (p.102) が成立するかしないかの違いである[3]．

■ワルラスの法則

完全競争市場において，全ての財 $\ell = 1,\ldots,L$ の価格 p_ℓ について $p_\ell > 0$ であり，一つを除く全ての市場で財の需給が一致しているなら，残る一つの市場での財の需給も必然的に一致する．これを**ワルラスの法則 (Walras' law)** という．以下にこれを示す．

ワルラス均衡では，全ての消費者の予算制約式が等号で満たされるから[4]，

$$\mathbf{p}\cdot\mathbf{x}_i - \mathbf{p}\cdot\mathbf{w}_i - \sum_{j=1}^{J}\theta_{ji}\left(\mathbf{p}\cdot\mathbf{y}_j\right) = 0 \quad \forall i = 1,\ldots,I$$

---

[3]　生産者の理論では，価格受容行動が成立するための条件を紹介したが，消費者でもなく生産者でもないならば，ワルラス均衡において価格は，誰あるいは何によって決まるのであろうか．このことについては，後で考察する．さしあたり，この疑問は留保して，均衡の考察を続ける．

[4]　このためには，選好関係が強い単調性を満たせば十分である．

これを全ての消費者について足すと，

$$\sum_{i=1}^{I}\left(\mathbf{p}\cdot\mathbf{x_i} - \mathbf{p}\cdot\mathbf{w_i} - \sum_{j=1}^{J}\theta_{ji}\left(\mathbf{p}\cdot\mathbf{y_j}\right)\right) = 0$$

$$\mathbf{p}\cdot\mathbf{x} - \mathbf{p}\cdot\mathbf{w} - \sum_{j=1}^{J}\left(\mathbf{p}\cdot\mathbf{y_j}\right) = 0 \tag{12.8}$$

ただし，$\mathbf{x} \equiv \sum_{i=1}^{I}\mathbf{x_i}$，$\mathbf{w} \equiv \sum_{i=1}^{I}\mathbf{w_i}$ である．(12.8) の左辺の最後の項は，$\sum_{i=1}^{I}\sum_{j=1}^{J}\theta_{ji} = 1$ となることによる．

ところで，

$$\mathbf{p}\cdot\mathbf{x} \equiv \sum_{\ell=1}^{L}\sum_{i=1}^{I}p_{\ell}x_{\ell i}, \quad \mathbf{p}\cdot\mathbf{w} \equiv \sum_{\ell=1}^{L}\sum_{i=1}^{I}p_{\ell}w_{\ell i}, \quad \mathbf{p}\cdot\mathbf{y_j} \equiv \sum_{\ell=1}^{L}\sum_{j=1}^{J}p_{\ell}y_{\ell j}$$

であるので[5]，(12.8) は，

$$\sum_{\ell=1}^{L}p_{\ell}\left(\sum_{i=1}^{I}x_{\ell i} - \sum_{i=1}^{I}w_{\ell i} - \sum_{j=1}^{J}y_{\ell j}\right) = 0 \tag{12.9}$$

と書ける．括弧の中は (12.5) に他ならず，財 ℓ の市場における需給が一致していることを意味する．

さて，財の数が L のとき，ある一つの財の市場を除いた全ての財の市場では需給が一致していることが与えられているので，$\ell = 1,\ldots,L$ ある市場のうち，$\ell = 1,\ldots,L-1$ までの市場で需給が一致しているとすれば，

$$\sum_{\ell=1}^{L-1}p_{\ell}\left(\sum_{i=1}^{I}x_{\ell i} - \sum_{i=1}^{I}w_{\ell i} - \sum_{j=1}^{J}y_{\ell j}\right) = 0 \tag{12.10}$$

---

5) 例えば，$L = 3$，$I = 2$ の場合，$\mathbf{p}\cdot\mathbf{x}$ は以下のようになる．

$\mathbf{p} = (p_1, p_2, p_3)$,

$\mathbf{x} = \mathbf{x_1} + \mathbf{x_2}$, $\quad \mathbf{x_1} = (x_{11}, x_{21}, x_{31})$, $\quad \mathbf{x_2} = (x_{12}, x_{22}, x_{32})$

であるから，内積の計算は

$\mathbf{p}\cdot\mathbf{x} = p_1(x_{11} + x_{12}) + p_2(x_{21} + x_{22}) + p_3(x_{31} + x_{32})$

$\displaystyle = p_1\sum_{i=1}^{2}x_{1i} + p_2\sum_{i=1}^{2}x_{2i} + p_3\sum_{i=1}^{2}x_{3i}$

$\displaystyle = \sum_{\ell=1}^{3}\left(p_{\ell}\sum_{i=1}^{2}x_{\ell i}\right)$

としてもよい．

が成り立つ．このとき，(12.9) (12.10) から，

$$\sum_{\ell=1}^{L-1} p_\ell \left(\sum_{i=1}^{I} x_{\ell i} - \sum_{i=1}^{I} w_{\ell i} - \sum_{j=1}^{J} y_{\ell j} \right) + p_L \left(\sum_{i=1}^{I} x_{Li} - \sum_{i=1}^{I} w_{Li} - \sum_{j=1}^{J} y_{Lj} \right) = 0$$

なので，

$$\sum_{\ell=1}^{L-1} p_\ell \left(\sum_{i=1}^{I} x_{\ell i} - \sum_{i=1}^{I} w_{\ell i} - \sum_{j=1}^{J} y_{\ell j} \right) = -p_L \left(\sum_{i=1}^{I} x_{Li} - \sum_{i=1}^{I} w_{Li} - \sum_{j=1}^{J} y_{Lj} \right) \quad (12.11)$$

が成り立つ．この式の右辺は L 番目の財の市場の需給バランスを表している．左辺は (12.10) でありゼロであるからには，右辺もゼロでなければならない．$p_L > 0$ も与えられていた．従って，L 番目の市場の需給も一致する．

第 13 章

部分均衡

　ワルラス均衡下の配分について，部分均衡分析の枠組みで考察する．前述したように，部分均衡分析とは経済母体の規模と比べて，需給の規模が十分小さいと考えられる財を対象とする．生産者の行動は，生産者の理論で紹介したとおりである．消費者の行動についても同様ではあるが，選好関係が準線形型効用関数によって表現されることが特徴である．

13.1 準線形型効用関数

　以下の関数は**準線形型効用関数 (quasi-linear utility function)** と呼ばれる

$$u_i(\mathbf{x_i}, m_i) = \psi_i(\mathbf{x_i}) + m_i \qquad i = 1, \dots, I. \tag{13.1}$$

ただし，$\psi_i(\cdot)$ は $\psi_i''(\cdot) < 0 < \psi_i'(\cdot)$ を満たす連続関数であり，$\mathbf{x_i}$ は考察対象とする財の消費者 i による消費計画である．考察対象ではない残りの全ての財は，**価値尺度財 (numeraire)**[1] として一括りにし，消費者 i による消費量を m_i で表す[2]．

　価値尺度財について説明する前に，準線形型効用関数について簡単に触れておく．そのために，また，これからの考察を簡単にするために，$\mathbf{x_i}$ を一つの財とみなし[3]，これを財 1 と呼ぶことにする．つまり，(13.1) を，

---

1)　価値尺度財はフランス語の numeraire の訳にもとづいている．片仮名読みしてニュメレールと呼ぶ本もあるが，価値尺度財の方が意味が通じやすいので，本書ではこちらに統一する．価値基準財と呼ぶ本もある．

2)　本書で価値尺度財を m とするのは money の頭文字の意味である．

3)　この前提は以降の考察結果の汎用性を損なわない．

$$u(x, m) = \psi(x) + m \tag{13.2}$$

とする．また，再び必要が生じるまで消費者を表す下の添字 i を省略する．

　消費者の理論では，2 財の場合の効用関数を $u(x_1, x_2)$ としていたが，準線形型効用関数は $u(x, m) = \psi(x) + m$ のように，財を区別している．もし仮に $\psi(x) = x$ であったなら，$u(x, m) = x + m$ となり，効用関数は線形関数となる．実際には $\psi(x)$ が線形という前提は設けていないので，準線形型効用関数と呼ぶのである．

　(13.2) を持つ消費者の予算制約式は，

$$px + p_m m = w$$

となる．このとき，$p_m = 1$ という仮定を設けると，この式は，

$$px + m = w$$

となる．すると価値尺度財の需要量 m は，財 1 を x だけ購入した後に残った予算の合計額，あるいは財 1 以外の全ての財の購入に費やされた合計額と解釈できる．この解釈によれば，序数効用の概念では意味を持たない $u(x, m)$ の関数値が，金銭的な意味を持つことになる．なぜなら，金額 1 単位は価値尺度財 1 単位分と解釈でき，他の財の消費のために要する支出額も，価値尺度財の量に換算することができるからである．

　また，価値尺度財の価格を $p_m = 1$ とする前提は，効用最大化問題について考察するとき，何ら支障をきたさない．なぜなら，限界代替率と予算線の傾きが一致することが，最適消費計画の条件だからである[4]．予算線の傾きが $-\dfrac{p}{p_m}$ となるようにグラフを描けば，$p_m = 1$ という前提を設けて，これに応じて財 1 の価格 p や予算額を適宜調整することは，最適消費計画に影響を及ぼさず[5]，計算を幾分簡単にする．この意味では，価値尺度財の価格を $p_m = 3.14159$ など，どのような値に設定したとしても，財 1 の価格と予算額

---

4)　正確には内点解の条件であるが，これまでも我々の関心は内点解にあった．

5)　94 ページで紹介したように，ワルラスの需要関数は，価格と所得についてゼロ次同次関数であった．ゼロ次同次関数については，Euler の定理とともに 116 ページで紹介したとおりである．

を適宜変更することで，価格比と所得が実質的に変わらないように調整すればよい．どのような値でも構わないなら，最も便利な値にすることが理に適う．一般に，結果が異ならないことを担保したうえで，ある変数の値を，計算や解釈が明解になるよう設定し直すことを**正規化 (normalization)** という．

価値尺度財を伴う準線形型効用関数を用いる考察は，部分均衡分析の特徴である．準線形型効用関数の特徴は，限界代替率に顕著に現れる．(13.2) の場合，

$$\text{MRS} = \frac{\partial u/\partial x}{\partial u/\partial m} = \frac{\partial \psi/\partial x}{1} = \frac{\partial \psi}{\partial x}$$

となるが，これは効用水準を一定に保つために必要な財 1 と価値尺度財の交換レートが，財 1 の限界効用のみによって決まることを意味する[6]．価値尺度財の価格を正規化しているので，限界代替率と相対価格が等しくなるという，効用最大化問題の解の条件は $\psi'(x) = p$ となる．このことはすぐに確認することになる．

13.1.1 代表的代理人モデル

考察を容易にする前提として，考察対象の経済母体に無数にある家計は総じて似通っており，平均的な家計によって近似できるものとする．この前提により，平均的な家計は経済母体を代表することになるので，これを**代表的代理人 (representative agent)** と呼ぶ[7]．経済学では，代表的代理人を無人島で自給自足を営むロビンソン・クルーソーに例えて，彼の行動について考察することがある．以下にその一つを紹介する．この考察を通じて我々は完全競争市場の機能を垣間見ることになる．なぜなら以下の考察は，厚生経済の基本定理の例だからである．

ロビンソンが沈みゆく船から持ち出し，当面の生活を営むために所有する彼の財の初期賦存量を w とする．w はそのままで消費できる食料等の他，例

---

6) これは価値尺度財を導入していることの当然の帰結である．この場合は価値基準財と呼ぶ方が意味が通じやすいかもしれない．
7) 代表的個人と呼ぶこともある．

えば衣類など，生産するためには費用がかかる財の原材料でもある．前者を
価値尺度財として，その消費量を m とし，後者は財 1 と呼び，その消費量を
x で表すことにする．考察の汎用性を損なわないので，彼の財 1 の初期賦存
量はゼロであることを前提にする[8]．財 1 の生産にかかる費用は $c(x)$ で与え
られ，$c'(x) > 0$, $c''(x) > 0$ を前提とする．この前提により，利潤最大化のた
めの二階条件が満たされるので一階条件のみを考察すればよい．ロビンソン
にとっては不幸中の幸いなことに，w は十分大きな量で，彼が望む最適な財
の消費量 m^*, x^* については，常に $m^* > 0$, $x^* > 0$ が成り立つものとする[9]．

ロビンソンの選好は準線形型効用関数により表現され，その最大化問題は，

$$\underset{x,m}{\text{Max}} \ \psi(x) + m \quad \text{s.t.} \ c(x) + m = w$$

である[10]．前述したように，$\psi''(x) < 0 < \psi'(x)$ である．

ロビンソンが無人島で自給自足を営むとき，彼は市場という配分決定メカ
ニズムを用いる必要はない．彼が制約を受けるのは，予算制約式にあるよう
に，生産技術と初期賦存のみである．制約条件式を目的関数に組み込めば，彼
の最大化問題は，

$$\underset{x}{\text{Max}} \ \psi(x) - c(x) + w \tag{13.3}$$

となり，一階条件を満たす財 1 の量を x^* で表すことにすれば，

$$\psi'(x^*) = c'(x^*) \tag{13.4}$$

が成り立つ．つまりロビンソンは，財 1 から得る限界効用と，これを生産す
る際の限界費用が一致する水準の量 x^* を生産し，消費する[11]．この条件が満

---

8) ロビンソンの初期賦存は全て価値尺度財であり，彼はこれをそのまま消費するか，財
1 に生産してからこれを消費すると解釈してもよい．
9) この前提は端点解を回避し，内点解のみを考慮するためのものである．
10) 制約条件式：$c(x) + m = w$ について補足しておく．$c(x)$ は，財 1 の生産量 x に用いら
れた原材料の量を表す．w の一部はそのままでも消費できることが前提とされており，
これが価値尺度財である．従って，$w - m$ が原材料として財 1 の生産に投入されている．
生産関数を f とすれば，$f(w - m) = x$ である．つまり，$f^{-1}(x) \equiv c(x) = w - m$ である．
11) $\psi'' < 0 < \psi'$, $c' > 0$, $c'' > 0$ の前提のもとでは，一階条件が最適化問題の必要十分条
件である．

たされていない場合，例えば，任意の消費と生産の量 x について，

$$\psi'(x) > c'(x)$$

が成り立つ場合は，x よりも消費量を微小量 (dx_1) 増やすことで得られる，ロビンソンの満足度，すなわち限界効用 $\psi'(x)$ が，生産量を同じ dx_1 だけ増やすことに伴う費用 $c'(x)$ を上回ることを意味する．生産を微小量増やすときの費用よりも，そのことに伴う便益が大きければ，生産量を増やすことが理に適う．この場合，x は最適な消費と生産の水準ではない．$\psi'(x) < c'(x)$ が成り立つ場合は，逆のことがいえる．以上から，(13.4) が最適解の条件であることが分かる．

財 1 の最適な消費水準が x^* のとき，最適な価値尺度財の消費量 m^* は，$w - x^*$ である[12]．このように，(13.2) のような準線形型効用関数についての効用最大化問題では，財 1 の需要量のみ (13.4) に従って求め，価値尺度財の需要量は初期賦存量から財 1 の需要量を差し引いた残りとして算出すればよく，実質的には，財 1 の需要量のみを求めればよい．このことは，後の考察を容易にすることになる．

さて，彼にはその必要は些かもないが，試みにロビンソンが完全競争市場という配分決定メカニズムを採用したとする．ワルラス均衡の定義に従えば，生産者としてのロビンソンは財 1 の供給量 y を決めるために，以下の利潤最大化問題を解く

$$\underset{y}{\text{Max}}\ \ py - c(y).$$

一階条件は $p - c'(y) = 0$ である．これより，以下を得る

$$p = c'(y). \tag{13.5}$$

消費者としてのロビンソンは生産者としての自らが得る利潤を予算に含め，以下の効用最大化問題を解く．なお，ロビンソン 1 人しかいないから，彼が生産者の利潤全ての権利を持つ．すなわち，(12.3) における θ_{ji} の値は 1 である．ロビンソンの効用最大化問題は，

$$\underset{x,m}{\text{Max}}\ \ \psi(x) + m \quad \text{s.t.}\ \ px + m = w + py - c(y)$$

---

12) w が十分大きいことを前提にしていたので，$m^* < 0$ の場合は排除できる．

であるが，制約条件式を目的関数に組み込んで，

$$\underset{x}{\text{Max}}\ \psi(x) - px + w + py - c(y)$$

としたものを解く．一階条件から，

$$\psi'(x) - p = 0 \tag{13.6}$$

を得る．この式は，ロビンソンが最も選好する財 1 の消費量を与えるものであるが，初期賦存量や利潤が含まれていない．つまり，準線形効用関数では財 1 の需要についての所得効果がゼロになる[13]．

　さて，均衡が存在するならば，そのとき需給は一致するから $x = y$ が成り立つ．従って，(13.5)，(13.6) から (13.4) が帰結できる．つまり，財 1 の最適消費量はロビンソンが完全競争市場を採用しない場合のそれと一致する．このとき，ワルラスの法則により，価値尺度財の最適消費量も等しくなる[14]．このことから，ロビンソンは，試みに完全競争市場を採用したとしても，当初と同じ，最適な配分を実行することができる．この意味で，ロビンソンは完全競争市場を採用しても構わないと考えられる．この結果は，後で明らかになるように，不完全競争市場では成立しない．つまり不完全競争市場では最適な配分が実行できない．このことから，ロビンソンは不完全競争市場は採用しない方がよいということになる．このことが示唆するのは，社会としても，完全競争市場であれば採用して構わないと考えられるが，仮に市場での競争が不完全であるならば，無条件にこれを採用し続けることは好ましくないということである．完全競争市場の採用を留保するのは，我々は未だ，ワルラス均衡を効率性と衡平性の観点から吟味していないからである．

　例　生産者としてのロビンソンの費用関数は固定費用を含む $c(y) = y^2 + 1$ を想定する．また，彼の選好は，

---

13)　例えば効用関数が Cobb-Douglas 型で，$u(x, m) = x^\alpha m^{1-\alpha}$ であったなら，財 1 の需要関数は $x = \frac{\alpha w}{p}$ となり，p および w の関数となる．

14)　あるいは，$m^* = w + py - c(y^*) - px^*$ なので，$y^* = x^*$ を用いれば，この式はロビンソンが市場に依存しない場合の制約条件式と一致することを確認してもよい．

$$u(x, m) = \psi(x) + m,$$

$$\psi(x) = ax - \frac{1}{2}x^2, \quad a > 0$$

によって表現されるものとする.

生産者としてのロビンソンは以下の利潤最大化問題を解く

$$\underset{y}{\text{Max}} \; py - y^2 - 1.$$

一階条件より,$p = 2y$ を得る.なお,平均可変費用は y であるので,彼の損益分岐価格は 0 である.つまり彼は $p > 0$ であれば生産する.

次に,消費者としての彼は以下の最適化問題を解く

$$\underset{x,m}{\text{Max}} \; ax - \frac{1}{2}x^2 + m \quad \text{s.t.} \quad px + m = w + py - y^2 - 1.$$

この問題は以下と同値である

$$\underset{x}{\text{Max}} \; ax - \frac{1}{2}x^2 - px + w + py - y^2 - 1.$$

一階条件より $p = a - x$ を得る.需給が一致するのは,

$$p = a - x = 2y$$

が成り立つとき,すなわち $x = y = \frac{a}{3}$ のときであり,このとき均衡価格は $p = \frac{2a}{3}$ となる.これをもとに,価値尺度財の需要も導出できる.ロビンソンの予算制約式:$px + m = w + py - c(y)$ と均衡価格および財 1 の需給が一致することから,

$$m = w - \left(\frac{a}{3}\right)^2 - 1$$

を得る.なお,ロビンソンの初期賦存量 w は十分大きく,最適消費計画において,$x > 0, m > 0$ となることが前提とされていた.この例題では $w > \left(\frac{a}{3}\right)^2 + 1$ であればよい.

図 13.1 は需要と供給曲線とこれによる均衡を描いたものである.描かれているように,価格については以下が成り立つ

$$p = \psi'(x) = a - x.$$

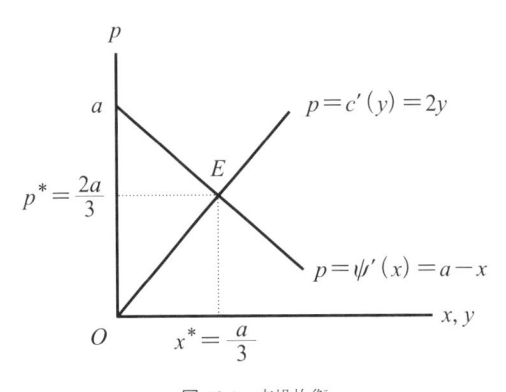

図 **13.1** 市場均衡

このことについて 2 点留意すべき点がある．先ず，この式は，効用最大化問題の一階条件であり，供給曲線が限界費用曲線の当該部分であるということと同様に (p.168)，需要曲線である．所得 w に依存しないことは，準線形型効用関数の特性による．次に，用語の整理という観点から $p = a - x$ を見ると，この式は $p(x) = a - x$ であって，価格が需要量に伴って変わる関数として記述されているので，消費者の理論で導出した需要関数とは異なる記述である．むしろ，$x(p) = a - p$ と記述し，需要量が価格に伴って変わる関数であるように記述する方が需要関数の定義に従う[15]．この意味で，$p = \psi'(x)$ は需要関数の逆関数であると捉えられ，**逆需要関数 (inverse demand function)** と呼ばれる．同じ理由で，$p = c'(x)$ は逆供給関数 (inverse supply function) と呼ばれることは既に紹介した (p.175)．

13.1.2 補足：均衡が存在する条件

上の例では，需給が一致する価格がただ一つ存在する．しかし，例えば図 13.2(2) に描かれているように，均衡が存在しない場合も考えられる．この図では，生産者が財を生産する価格の最低水準は p_1 であり，このときの供給量が Y_1 であるのに対して，市場の需要量は $X_1 < Y_1$ である．需要量が Y_1 と等しくなるためには，価格が p_2 でなければならないが，価格が p_2 では供給量がゼロである．需給が一致する価格が存在せず，均衡も存在しない．

均衡価格が存在するための条件を考えるために，

---

15) この関数を，これまではワルラスの需要関数と呼んできたが，部分均衡分析はマーシャル (Marshall) によって考案されたものであることから，これを**マーシャルの需要関数 (Marshallian demand function)** と呼ぶ．

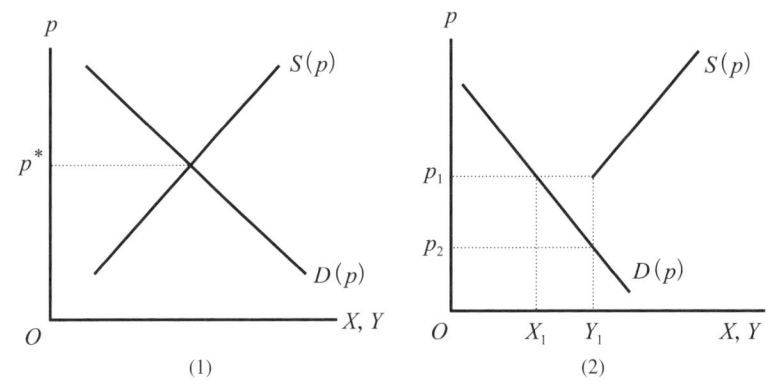

図 **13.2** 需要と供給

$$z(p) \equiv D(p) - S(p)$$

という関数を考える．$z(p)$ は超過需要関数 (excess demand function) と呼ばれる[16]．

　均衡価格は，$z(p) = 0$ を満たす p のうち，ゼロよりも大きいものである．$z(p)$ について以下の 2 つの条件が満たされているなら，均衡価格が少なくとも一つ存在する．すなわち，

1. $z(p)$ が連続関数であること．
2. $z(p_0) > 0, z(p_1) < 0$ となるような $p_0, p_1 > 0$ が存在すること．

　これらの条件が満たされているならば，中間値の定理◆により，$z(p^*) = 0$ を満たす p^* が p_0 と p_1 の間に少なくとも一つ存在する[17]．また，上のロビンソンの例では同じ条件がより直感的に記述できる．すなわち，$c'(0) < \psi'(0)$ である．この条件が満たされていれば，右下がりの需要曲線と右上がりの供給曲線は，ともに連続関数のグラフであるから，描かれているように第 I 象限で必ず交わる．

　均衡価格が複数あることは，複数均衡 (multiple equilibria) と呼ばれる．以降

---

16)　$S(p) - D(p)$ という超過供給関数を定義しても構わない．

17)　この条件は，部分均衡が存在する条件であるが，一般均衡が存在する条件も同様の考え方で示すことができる．ただ，これには本書では紹介していない不動点定理を用いるため，本書の射程を越える．関心のある読者は上級の教科書を参照されたい．

では，特に断らない限り，上記 2 つの条件が満たされており，複数均衡ではなく，均衡が唯一定まる場合を想定する．その場合，市場での需要と供給は図 13.2(1) のようになり，均衡価格は p^* となる．

13.1.3　余剰

市場の均衡について考察する際，総余剰という概念を用いることがある．総余剰とは消費者余剰と生産者余剰を足し合わせたものである．引き続き，上の例を用いてこれらについて紹介する．

■消費者余剰

消費者余剰 (consumer surplus) とは，消費者の支払い意欲の余剰 (excess willingness to pay) であり，図 13.1 における三角形 p^*aE の面積で表される．三角形 p^*aE の面積の求め方は一つではないが，次の式による面積の記述が消費者余剰の意味をよく表す

$$\mathrm{CS} \equiv \int_0^{x^*} \psi'(x)\,dx - p^* x^* \tag{13.7}$$

$$= \psi(x^*) - p^* x^*. \tag{13.8}$$

ただし，CS は消費者余剰，x^* は均衡価格での需要量である．上の例では，

$$\int_0^{\frac{a}{3}} a - x\,dx - \left(\frac{2a}{3}\right)\left(\frac{a}{3}\right) = \frac{a^2}{18}$$

である．(13.7) の $\int_0^{x^*} \psi'(x)\,dx$ は四角形 $OaEx^*$ の面積であり，これから支払い総額 $p^* x^*$ を差し引いたものが消費者余剰である．このことを，図 13.3 を用いて説明する．消費者の最適化問題の結果，図 13.3 のような需要が得られたとする $(p = \psi'(x))$．説明のために，需要と価格を自然数として扱う．また，金額の単位も円で考え

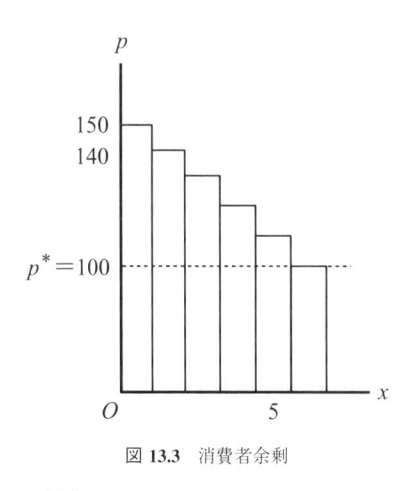

図 **13.3**　消費者余剰

る．需給が一致する均衡価格は $p^* = 100$ 円である．価格と需要量について見ると，$p = 150$ 円のとき，需要量は 1 である．つまり，財 1 について $p = 150$ 円を支払ってもよいと思う消費者がいるが，実際の均衡価格は $p^* = 100$ 円であるから，この消費者の支払い意欲の余剰は $150 - 100 = 50$ 円である．$p = 140$ まで価格が下がると，もう一人，この金額を支払ってもよいと考える消費者がいる．この消費者の支払い意欲の余剰は $140 - 100 = 40$ 円である．このように考えると，需要を表す 6 つの長方形の面積の総和 $\int_0^{x^*} \psi'(x)\,dx = \psi(x)$ は，この財について消費者が支払ってもよいと考える金額の総和である．他方 $p^* x^*$ は消費者が実際に支払う金額の総和であるから，前者から後者を差し引いたものが，消費者が支払ってもよいと考え，実際にはそうせずにすんだ金額の総和であり，これが消費者余剰 (consumer surplus) である．

■生産者余剰

生産者余剰 (producer surplus) とは，全ての生産者の利潤の総和であり，図 13.1 における三角形 Op^*E の面積で表され，次の式で表される

$$\begin{aligned}
\mathrm{PS} &\equiv p^* y^* - \int_0^{y^*} c'(y)\,dy \\
&= p^* y^* - c(y^*).
\end{aligned} \tag{13.9}$$

均衡では $x^* = y^*$ である．$p^* y^*$ は生産者の全体の収益である，$\int_0^{y^*} c'(y)\,dy = c(y^*)$ は[18]，供給量 y^* に必要とされる費用に他ならない．従って，四角形 $p^* y^*$ から三角形 Ox^*E の面積 $(= c(y^*))$ を引いた，三角形 Op^*E の面積が全ての生産者の収益から，回収されていない費用を差し引いた総和である．

■総余剰

総余剰 (total surplus)[19]とは，消費者余剰と生産者余剰の和である (13.7) および (13.9) から，

$$\mathrm{TS} \equiv \mathrm{CS} + \mathrm{PS}$$

---

18) $c(0) = 0$ が前提とされており，積分定数についても $C = 0$ が前提とされている．

19) マーシャルの総余剰 (Marshallian aggregate surplus) とも呼ばれる．

$$= \int_0^{x^*} \psi'(x)\,dx - p^* x^* + p^* x^* - \int_0^{x^*} c'(x)\,dx$$

$$= \int_0^{x^*} [\psi'(x) - c'(x)]\,dx \tag{13.10}$$

$$= \psi(x) - c(x)$$

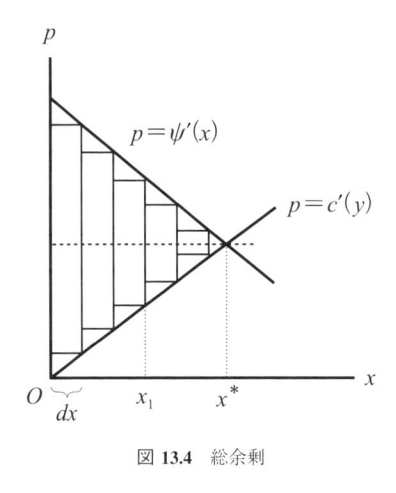

図 **13.4**　総余剰

を得る．これは，図 13.1 の三角形 OaE で表されている．図 13.4 は同じ情報を描いたもので，各長方形の面積は $[\psi'(x) - c'(x)]\,dx$ によって表すことができ，これらを足し合わせたもの，つまり x についての積分，が総余剰であることを (13.10) は意味している．この考え方のもと，例えば以下の最大化問題について考える

$$\operatorname*{Max}_{\bar{x}} \int_0^{\bar{x}} [\psi'(x) - c'(x)]\,dx. \tag{13.11}$$

この問題は，要するに図 13.4 において，x をどの値まで積分すれば，総余剰が最大になるかを問うものである．図を見れば，$\bar{x} = x^*$ まで積分すれば良いことが分かる．

[練習]　(13.11) を，ロビンソンの最適化問題で用いた関数について解き，図 13.1 に描かれているように，解が $\bar{x} = x^* = \frac{a}{3}$ となることを確認しなさい．

つまり，**ワルラス均衡では総余剰が最大になる**[20]．

---

20)　このことは，$\psi'' < 0 < \psi'$ と $c' > 0,\ c'' > 0$ が満たされていれば成立する．

13.2　ワルラス均衡の Pareto 効率性

　ワルラス均衡の Pareto 効率性について考察を始める．この考察は，厚生経済の第一，第二基本定理に至る．先ず，Pareto 効率的な配分がどのようにして求められるか考察する．

　本節では 2 人の配分について考える[21]．以下では，ロビンソンが物語中に助けた男性：フライデーとともに生活することを仮定し，便宜上，両者を A, B と呼び分ける．両者の選好は準線形型効用関数：

$$u_i(x_i, m_i) = \psi_i(x_i) + m_i, \quad i = A, B \tag{13.12}$$

によって表現されるものとする．両者の初期賦存量を w_A, w_B と表すことにし，その合計を $\overline{w} = w_A + w_B$ とする．両者はそれぞれ w_A, w_B のうち，幾らかをそのまま価値尺度財として消費するか，あるいは財 1 に生産したものを消費する．代表的代理人の例 (p.201) でもそうしたように，w_A, w_B は十分に大きく，両者による各財の消費量は常に正の値をとるものとする．両者の各財の消費量の合計を $\overline{m}, \overline{x}$ とすれば，

$$x_A + x_B = \overline{x}, \tag{13.13}$$

$$m_A + m_B = \overline{m}, \tag{13.14}$$

$$\overline{m} + \overline{x} = \overline{w} \tag{13.15}$$

が成り立つ．これらは，消費される財の量は，実際に消費可能な財の賦存量と一致しなければならないことを表す．また，生産に関わる前提は，代表的代理人の例で，ロビンソンが用いたものと同様に，財 1 の生産には費用 $c(x)$ が伴い，費用関数は $c' > 0,\ c'' > 0$ を満たす．各人による財 1 の生産については，

$$c_A(x_A) + c_B(x_B) = \overline{w} - \overline{m} \tag{13.16}$$

---

21)　N 人 $(N > 2)$ の場合にも同じ考え方を適用すればよい．

が成り立つ．これも，消費される財の量は，実際に消費可能な財の賦存量と一致しなければならないことによる．

13.2.1　効用可能性集合

(13.13), (13.14), (13.15), および (13.16) を満たす配分は無数にある．これらのうち，Pareto 効率的なものを特定することを考える．

実現可能な任意の配分が与えられれば，これらをそれぞれの効用関数に代入することで，両者の効用関数値を算出することができる．両者のこの値を u_A, u_B で表すことにして，これらの組：(u_A, u_B) を考える．実現可能な全ての配分によって定まるこの組の集合は**効用可能性集合 (utility possibility set)** と呼ばれ，効用関数が (13.12) の場合は，以下のように定義される

$$\text{UPS} \equiv \left\{ (u_A, u_B) \in \mathbb{R}^2 \mid u_A \le \psi_A(x_A) + m_A, u_B \le \psi_B(x_B) + m_B \right\}.$$

準線形型効用関数の特徴として，消費者の意思決定の直接的な対象は財 1 の需要量であり，価値尺度財の需要量は初期賦存から財 1 の需要量を差し引いたものとして算出できるので，UPS について詳しく考察するには，A, B 両名の財 1 の配分に注意を払えばよい[22]．このために，2 つの不等式を足し，$u_A + u_B \le \psi_A(x_A) + \psi_B(x_B) + \overline{m}$ としたのち，(13.16) を用いて，

$$\text{UPS} \equiv \left\{ (u_A, u_B) \in \mathbb{R}^2 \mid u_A + u_B \le \psi_A(x_A) + \psi_B(x_B) + \overline{w} - c(x_A) - c(x_B) \right\} \tag{13.17}$$

とする．これを，

$$u_B \le -u_A + \psi_A(x_A) + \psi_B(x_B) + \overline{w} - c_A(x_A) - c_B(x_B)$$

として描いたものが，図 13.5 である．この不等式は，傾きが −1 の直線の左下の全ての点である．実線と破線で描かれている，傾きが −1 の直線は (13.17) が等式で満たされる (u_A, u_B) の集合のグラフである．これらは $u_A + u_B$ の 2 本の等位線である．実現可能な配分に対応して，等位線も無数に描くことがで

---

22)　実際，202 ページでは，この考え方により最適消費計画を導出した．

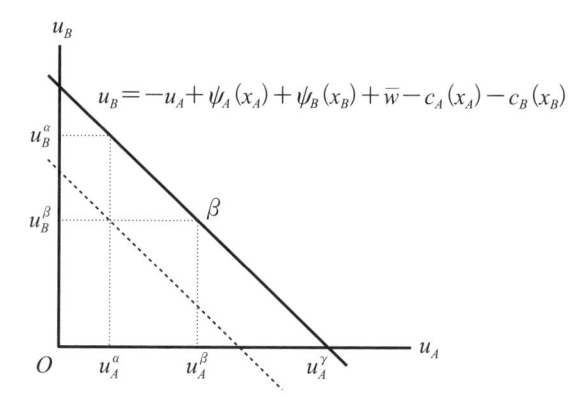

図 **13.5** 効用可能性フロンティア

き，図 13.5 の右上に描かれるものほど (u_A, u_B) の値が高いことも了解できよ
う．実線で描かれているのは，実現可能な配分の中で，$u_A + u_B$ の値が最大と
なる効用可能性集合のグラフである．これは**効用可能性フロンティア (utility
possibility frontier)** と呼ばれる．

例えば，

$$\psi_i(x_i) = ax_i - \frac{1}{2}x_i^2 \quad i = A, B \tag{13.18}$$

$$c_i(x_i) = x_i^2 + 1 \quad i = A, B \tag{13.19}$$

の場合の効用可能性フロンティアを求める．(13.17) から，

$$u_A + u_B \leq a(x_A + x_B) - \frac{3}{2}\left(x_A^2 + x_B^2\right) - 2$$

なので，$u_A + u_B$ が最大となるのは，$x_A = x_B = \frac{a}{3}$ のときである[23]．従って，効
用可能性フロンティアは，

$$u_B = -u_A + \frac{a^2}{3} - 2$$

となる．

さて，本節での考察の目的は，実現可能な配分のうち，Pareto 効率的なものを

---

23) 右辺を x_A, x_B について最大化する問題を解けばよい．確認することは練習問題と
する．

特定することであった．先ず，効用可能性フロンティア上の任意の点 (u_A, u_B) は Pareto 効率的であることを，Pareto 効率性の定義を思い出しながら，図 13.5 とともに論証する．

いま仮に，両者の効用水準の組が $\left(u_A^\alpha, u_B^\beta\right)$ であったとする．B の効用水準を u_B^β より下げることなく，A の効用水準を最高にするのは $\left(u_A^\beta, u_B^\beta\right)$ である．これよりもさらに A の効用水準を高くするのは，三角形 $\beta u_A^\beta u_A^\gamma$ の中の点であるが，これら全ての点で B の効用水準は u_B^β よりも低くなる．従って，定義より，$\left(u_A^\beta, u_B^\beta\right)$ は Pareto 効率的である．同様に，A の効用水準を u_A^α よりも下げることなく，B の効用水準を最高にする点は $\left(u_A^\alpha, u_B^\alpha\right)$ である．この点も Pareto 効率的である．なお，$(u_A, u_B) = \left(u_A^\gamma, 0\right)$ も効用可能性フロンティア上にあるので，Pareto 効率的である．効用関数が (13.12), (13.18) であるとき，この点は A が全てを消費するような配分に対応している．著しく不平等な配分も，Pareto 効率性の条件を満たすことが再確認された．

効用可能性フロンティア上の点が Pareto 効率的であることは示されたが，効用可能性フロンティア上の点は，効用水準の組であり，配分を直接的に表すものではない．効用可能性フロンティア上の点が，どのような配分に対応しているかが分かれば，Pareto 効率的配分を特定できたことになる．前のパラグラフにおける考察を最適化問題として表すと，B の効用水準を任意に u_B^β としたときに，A の効用水準を最大化することが Pareto 効率的であるとした．これはつまり，以下の最適化問題

$$\mathbb{P}_1 \quad \underset{x_A, m_A}{\text{Max}} \ u_A(x_A, m_A) \tag{13.20}$$

$$\text{s.t.} \qquad u_B(x_B, m_B) = u_B^\beta$$

$$x_A + x_B = \overline{x}$$

$$m_A + m_B = \overline{m}$$

$$\overline{x} + \overline{m} = \overline{w}$$

の解が Pareto 効率的な配分を与えるということを意味する．加えて，効用可能性フロンティアとは，実現可能な効用水準の組 (u_A, u_B) のうち，その和を最大化するものの集合であったから (p.213)，Pareto 効率的な配分は，以下の最

大化問題

$$\mathbb{P}_2 \quad \underset{x_A, x_B, m_A, m_B}{\text{Max}} \quad u_A(x_A, m_A) + u_B(x_B, m_B) \tag{13.21}$$

$$\text{s.t.} \quad x_A + x_B = \overline{x}$$

$$m_A + m_B = \overline{m}$$

$$\overline{x} + \overline{m} = \overline{w}$$

の解としても与えられる. Pareto 効率的配分は, $\mathbb{P}_1$ あるいは $\mathbb{P}_2$ を解くことで求めることができる.

[練習] 上の $\mathbb{P}_1$ と $\mathbb{P}_2$ について Lagrange 関数を設定し, 2 つの最適化問題の一階条件が同じものであることを確認しなさい.

効用関数が準線形型効用関数

$$u_i(x_i, m_i) = \psi_i(x_i) + m_i \quad i = A, B$$

の場合は, 制約条件式 (13.16) とともに, $\mathbb{P}_2$ は以下のようにまとめることもできる

$$\mathbb{P}_3 \quad \underset{x_A, x_B}{\text{Max}} \quad \psi_A(x_A) - c_A(x_A) + \psi_B(x_B) - c_B(x_B) + \overline{w}. \tag{13.22}$$

目的関数は (13.17) に対応し, A, B 両名の総余剰の和でもある. 従って, **Pareto 効率的な配分は総余剰の和を最大にする配分でもある**.

[練習] (13.22) の一階条件が以下となることを確認しなさい.

$$\psi_i'(x_i) = c_i'(x_i) \quad i = A, B. \tag{13.23}$$

次に, (13.23) を満たす配分が完全競争市場でも実行可能かどうか明らかにする. 代表的代理人のモデルの考察結果から, これが可能であろうことは想像に難くないであろう. 次節でこれを示す.

13.2.2　厚生経済の第一基本定理

代表的代理人の例と同じように，A, B が完全競争市場を採用するものとする．ワルラス均衡の定義 (p.196) に従うと，生産者としての A, B は財 1 を生産するとき，以下の利潤最大化問題を解く

$$\operatorname*{Max}_{y_i}\ py_i - c_i(y_i)\quad i = A, B. \tag{13.24}$$

一階条件は，

$$p - c_i'(y_i) = 0\quad i = A, B \tag{13.25}$$

である．他方，消費者としての A, B は以下の効用最大化問題を解く

$$\operatorname*{Max}_{x_i, m_i}\ \psi_i(x_i) + m_i$$

$$\text{s.t.}\quad px_i + m_i = w_i + \theta_{Ai}\,(py_A - c_A(y_A)) + \theta_{Bi}\,(py_B - c_B(y_B))\quad i = A, B. \tag{13.26}$$

あるいは，制約条件式を目的関数に代入して，

$$\operatorname*{Max}_{x_i}\ \psi_i(x_i) - px_i + w_i + \theta_{Ai}\,(py_A - c_A(y_A)) + \theta_{Bi}\,(py_B - c_B(y_B))$$

を解いてもよい $(i = A, B)$．一階条件は，

$$\psi_i'(x_i) - p = 0\quad i = A, B \tag{13.27}$$

である．

(13.25) と (13.27) から，

$$\psi_i'(x_i) = p = c_i'(x_i)\quad i = A, B$$

を得る．つまり，完全競争市場では，価格 p を介して，Pareto 効率的な配分を特定する一階条件 (13.23) が満たされる．従って，ワルラス均衡における，A, B による財 1 の消費量は Pareto 効率的な水準になる．以上から，部分均衡分析におけるワルラス均衡における配分の Pareto 効率性が示された．

> **定理 3.** 厚生経済の第一基本定理 (the first fundamental theorem of welfare economics)
>
> 　部分均衡の枠組みにおいて，完全競争市場で実行される配分は Pareto 効率的である．

13.2.3 厚生経済の第二基本定理

第一基本定理は，ワルラス均衡の衡平性については何の知見も含まない．従って，完全競争市場において，100 人の社会の例のように (p.189)，著しく衡平性を欠く配分が実行される可能性は排除されていない．もちろん，ワルラス均衡が，著しく衡平性を欠く配分を必ず実行するということではないし，ワルラス均衡では，社会的に好ましい配分が実行できないということでもない．

> **定理 4.** 厚生経済の第二基本定理 (the second fundamental theorem of welfare economics)
>
> 　部分均衡の枠組みにおいて，任意の Pareto 効率的な配分は，価値尺度財の適切な一括再配分を行ったのち，配分の決定を完全競争市場に委ねることで実行できる．

厚生経済の第一基本定理により，ワルラス均衡で実行される配分は全て Pareto 効率的であり，これらは効用可能性フロンティア上の点に対応する．第二基本定理は，価値尺度財の配分を調整することで，どのような Pareto 効率的な配分も実行可能であることを意味する．

配分について考察したとき，社会的に好ましい配分は，Pareto 効率性と衡平性の 2 つの立場から吟味する必要があるとしたが，厚生経済の基本定理によれば，完全競争市場では，二段階でこの要請に応えることが可能となる．

なお，第二基本定理は，いかなる Pareto 効率的配分も完全競争市場により実行できることを保証するのみである．どの配分が衡平性を満足するかという点は，別に議論される必要がある．完全競争市場とは配分を決める手段に

すぎないのだから，このことはむしろ当然であろう．

　また，第二基本定理は，具体的にどのようにして，初期賦存量を調整するかは明示しない．このことは，税制など政策にも関わるものであり，別の考察と議論が必要になる[24]．再配分を実行することには政策面での議論が不可欠ではあるものの，2 つの基本定理は，完全競争市場を採用すれば，Pareto 効率的な配分が実行できることを意味する．後で紹介する不完全競争市場では，第一基本定理も第二基本定理も成り立たない．

　ワルラス均衡の特性をまとめておく．ワルラス均衡下の配分は総余剰を最大にするものであった．加えて，2 つの基本定理によれば，効率性と衡平性を伴う配分がどのようなものか与えられたなら，完全競争市場でこの配分を実行することも可能である．さらに，生産者の理論で考察したように (p.178)，長期下では，均衡価格が損益分岐価格，つまり生産が行われるための理論的最小値まで価格が下がる．

　社会にとって好ましい配分をどのように決めればよいだろうか．多数決はその方法の一つであるが，この方法には限界があることも知られている[25]．本節で紹介した部分均衡の枠組みでは，効用可能性フロンティアの変化を調べることで，考察できることがある．効用可能性フロンティアは，消費者の総余剰を足した目的関数を，初期配分や生産技術などの制約条件の下で最大化する最適化問題の解の集合であった．例えば技術革新によって生産性が向上し，初期賦存の量が変わらなくとも，財の生産量が増加すれば，目的関数の最適値も増加するであろう．あるいは，新たな資源が発見されれば，初期賦存量が増加することになり，技術革新がなくとも，目的関数の最適値が増加するかもしれない．これらはともに，社会にとって好ましいことであり，図 13.5 では，効用可能性フロンティアが右側にシフトすることによって表される．効用可能性フロンティア上のどの点が社会にとって好ましいか考えることも重要であるが，どのようにして，効用可能性フロンティアを右側にシフトできる

---

24)　理論分析では，しばしば架空の**善意の計画者 (benevolent social planner)** が存在するものと仮定して，彼女または彼が市場に配分の決定を委ねる前に予め価値尺度財の再配分を行うものとして，この議論を省く．

25)　これらの考察に関心のある方は，公共経済学 (public economics) や社会選択論 (social choice theory) などの教科書を参照されたい．

か検討することも，同じように重要である．この観点から，様々な政策の是非
を吟味することもできる．例えば，ある政策を実施する前と後の総余剰を比較
して，実施後に総余剰が増加するならば，その政策は好ましいことと考えられ
る．このように，部分均衡分析の枠組みでは，総余剰を社会厚生水準と解釈し，
政策変更など，外生変数の変化の前後で，社会厚生水準がどのように変化する
か吟味し，政策の良し悪しを検討することができる．以下に例を紹介する．

13.3　比較静学：従量税

ワルラス均衡が税制によってどのような影響を受けるか考察する．ここで
は，従量税 (quantity tax) について取り上げる．従量税とは，酒税などのよう
に，財やサービス 1 単位について一定の金額を課税するものである．

例　再びロビンソンの例を用いて，財 1 に従量税 t が課税された場合を考
える．生産者としてのロビンソンは以下の最適化問題を解く

$$\underset{x_i}{\text{Max}} \quad p_s y - y^2 - ty.$$

一階条件から，

$$p_s - t = 2y$$

を得る．他方，消費者としてのロビンソンの一階条件はこれまでと変わらず，
$p_d = a - x$ である．均衡では，需給が一致するので，2 つの式から $x^* = y^* = \frac{a-t}{3}$
を得る．このことを描いたものが，図 13.6 である．従量税がある場合の供給
曲線は，無い場合のそれよりも上方に課税額 t だけシフトしたものとなる．
$x^* = y^*$ から，従量税がある均衡での消費者および生産者が直面する価格：
$p_d^* = \frac{2a+t}{3}$, $p_s^* = \frac{2(a-t)}{3}$ が求まる．このとき，税収は $tx^* = t\left(\frac{a-t}{3}\right)$ あるいは四角
形 $p_d^* \alpha \beta p_s^*$ の面積に等しい．また，消費者余剰は三角形 $a\, p_d^* \alpha$ の面積，生産
者余剰は三角形 $p_s^* \beta O$ の面積にそれぞれ等しい．従って，総余剰と税収を加
えたものは，四角形 $a\alpha\beta O$ の面積に等しい．他方，従量税が導入される前の

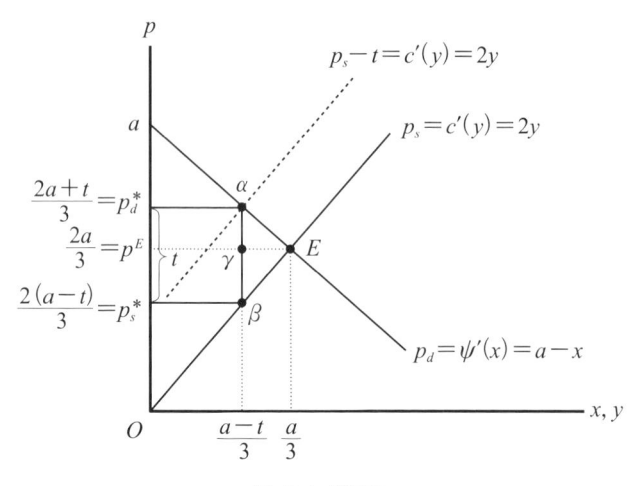

図 **13.6**　従量税

ワルラス均衡下における総余剰は三角形 aEO である．つまり，従量税導入後の方が総余剰は，導入前の総余剰と比べて，三角形 $\alpha E\beta$ の面積分だけ小さくなる．これは，従量税によって均衡に**歪み (distortion)** が生じているからである．より具体的には，従量税導入後には，消費者余剰が三角形 $\alpha E\gamma$ の面積分減少する．これは，従量税によって価格が上昇した（$p^E < p_d^*$）ことで，購入する機会が損なわれる消費者の余剰分である．同様に，従量税導入後には，生産者余剰が三角形 $\gamma E\beta$ の面積分減少する．これは，従量税によって生産者が直面する価格が下落した（$p_s^* < p^E$）ことで，利益を得る機会を損なわれた生産者の余剰分である．また，税の導入によって消費者余剰，生産者余剰ともに減少し，その分が税収となっている．総余剰の中から，従量税の導入によって失われた分，つまり三角形 $\alpha E\beta$ の面積は**死重的損失**あるいは**死荷重 (deadweight loss)** と呼ばれる．

　図 13.6 に描かれているように，従量税によって，需要と供給について，

$$\psi'(x) > c'(y)$$

が成り立っていることが分かる．この式が成り立つ場合には，消費と生産の水準が最適ではないことについてはすでに考察したとおりである (p.203)．

　この他の例として，部分均衡の枠組みで自由貿易の是非について考察することもできる．これについては国際経済学で紹介される．

第 14 章

一般均衡

　一般均衡分析では，ある市場で取引される財の需給が，別の市場で取引される財の需給の変化に伴って変わることも織り込んで，経済母体の均衡について考察する．以下では，一般均衡分析でも厚生経済の基本定理が成り立つことを確認する．そのために，先ず一般均衡分析の簡略化された枠組みである，生産活動を含まない純粋交換経済について考察する．価格需要行動の妥当性に関する考察も，純粋交換経済の枠組みで行う．最後に，生産活動を含む一般均衡について考察する．

14.1　純粋交換経済

　2 財 2 名からなる経済母体を想定し，2 名の消費者を A と B と呼ぶことにする．両者の選好は，連続性を満たす効用関数 $u_i(x_{1i}, x_{2i}), i = A, B$ で表現され，効用関数は狭義準凹性を満たす，つまり通常の無差別曲線を持つ，ものとする．財の生産過程は考察の対象に含めない．各財の初期賦存量を w_1, w_2 で表すことにすれば，両者の初期配分は以下を満たす

$$x_{1A} + x_{1B} = w_1, \tag{14.1}$$

$$x_{2A} + x_{2B} = w_2. \tag{14.2}$$

　つまり，一方が両方の財を大量に所有しているとき，必然的にもう一方は両方の財を少ししか所有していないことになる．A, B は，両者が合意する場合は，物々交換により，初期配分の再配分を実行できるものとする．これを純粋交換経済と呼ぶ．純粋交換経済の枠組みは，経済全体の配分の様相を簡

単に把握することができるという意味で，最も簡素化された一般均衡分析の枠組みである．

いま，A は財 1 を財 2 よりも選好するのに，財 1 よりも財 2 を多く所有しており，B は財 2 を財 1 よりも選好するのに，財 2 よりも財 1 を多く所有しているとする．このような場合，A, B は初期配分として所有している各財を適宜交換することで，双方がより好ましい配分を実行することができる．両者が合意する再配分に限り，これを実行することが認められている交換経済では，Pareto 効率的配分が実行できるはずであろう．このことについて考察するために，次節ではエッジワース (Edgeworth)[1]によって考案された図を用いる．

14.1.1　Edgeworth box

図 14.1(1) に描かれているのは Edgeworth box と呼ばれる．Edgeworth box の横と縦の長さは，それぞれ w_1, w_2 であり，初期賦存量を表している．点 α は任意の配分 $\left(\mathbf{x}_\mathbf{A}^\alpha, \mathbf{x}_\mathbf{B}^\alpha\right)$ を表している[2]．このとき，B の配分は右上の原点 O_B から，描かれている実線の矢印の方向に測る．Edgeworth box の中の全ての点は，

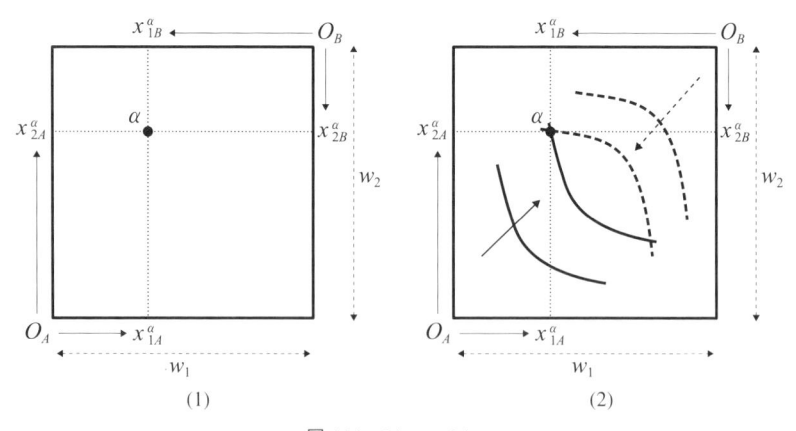

図 **14.1**　Edgeworth box

---

1)　Edgeworth (1845–1926) はアイルランドの経済学者．
2)　$\mathbf{x}_\mathbf{A}^\alpha = \left(x_{1A}^\alpha, x_{2A}^\alpha\right)$, $\mathbf{x}_\mathbf{B}^\alpha = \left(x_{1B}^\alpha, x_{2B}^\alpha\right)$ である．

(14.1), (14.2) を満たす配分である.

初期配分 α が与えられているとき，両者が合意しうる再配分について考える．再配分が，初期配分に対して Pareto 優位であれば，両者はこれに合意しうるであろう．そのような配分を浮き彫りにするために，図 14.1(1) に A, B の無差別曲線を描いたものが，図 14.1(2) である．Edgeworth box 内の矢印は，両者の効用水準が上昇する方向を表している．B の配分は，右上の原点から測るので，B の無差別曲線は左下のものほど，高い効用水準を表す．

初期配分 α が与えられているとき，両者の効用水準が上昇する方向を考えれば，図 14.2(2) に描かれている配分 β_1, β_2 は，α を Pareto 支配することが分かる[3]．仮に，両者が物々交換によって，配分 β_1, β_2 のどちらかを実行したとする[4]．このとき，両者はさらなる物々交換によって，その配分を Pareto 支配する配分を実行することもできる．このことから，図 14.2(3) に描かれているように，初期配分 α を通過する両者の無差別曲線で囲まれており，塗りつぶされている部分の内側にある配分は，全て初期配分 α を Pareto 支配する．本書ではこの部分を，その形状から **Pareto lens** と呼ぶことにする．

Pareto lens 内の配分には，図 14.2(2) に描かれているように，両者の無差別曲線が交わるものもあるが，一点で接するものも含まれるはずである．これを描いたものが，図 14.3(1) である．**両者の無差別曲線が一点で接していると**

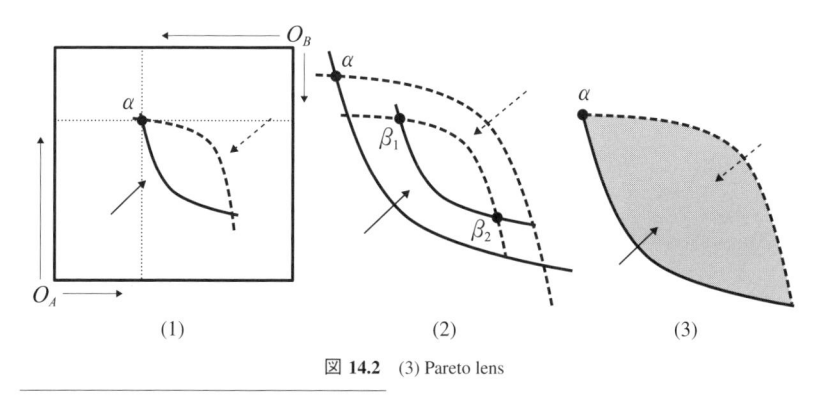

図 **14.2** (3) Pareto lens

3) β_1, β_2 は両者の同一無差別曲線上にあるから，これら 2 つの配分について，両者は無差別である．
4) 具体的には，A の所有する財 2 を B の所有する財 1 と交換することになる.

き，この配分は **Pareto 効率的である**．なぜなら，両者の効用水準が上昇する方向に留意しながら，無差別曲線が接している状態から，どちらか一方の効用水準をさらに上昇させようとすれば，もう一方の無差別曲線は，効用水準が上昇する方向とは逆方向，つまり効用水準が下がる方向にシフトしなければならないが，そのような配分は Pareto 改善にならないからである．Pareto 改善ができない配分を Pareto 効率的配分と呼ぶのであった．両者の無差別曲線が一点で接するとは，この点における両者の限界代替率が等しいということである．すなわち，接点では，

$$\mathrm{MRS_A} \equiv \frac{\partial u_A/\partial x_1}{\partial u_A/\partial x_2} = \frac{\partial u_B/\partial x_1}{\partial u_B/\partial x_2} \equiv \mathrm{MRS_B} \tag{14.3}$$

が成り立つ．図 14.3(2) からも分かるように，Pareto 効率的配分は無数に存在する．Pareto lens 内にある Pareto 効率的な配分の集合は**コア (core)** と呼ばれる．図 14.3(2) には core のグラフが実線で描かれている．初期配分 α が与えられているとき，お互いが合意できる条件でのみ，物々交換をすることが認められているなら，物々交換は core に属する配分のどれかが実行されるまで継続する．逆の見方をするなら，(14.3) が満たされていない場合は，Pareto 効率的配分が実行されておらず，Pareto 改善の余地が残されている．これは，効用最大化問題において，予算線と無差別曲線が交わる点では，効用が最大化されていないことと同じ理由による．このことについて，図 14.4 を用いて考察する．

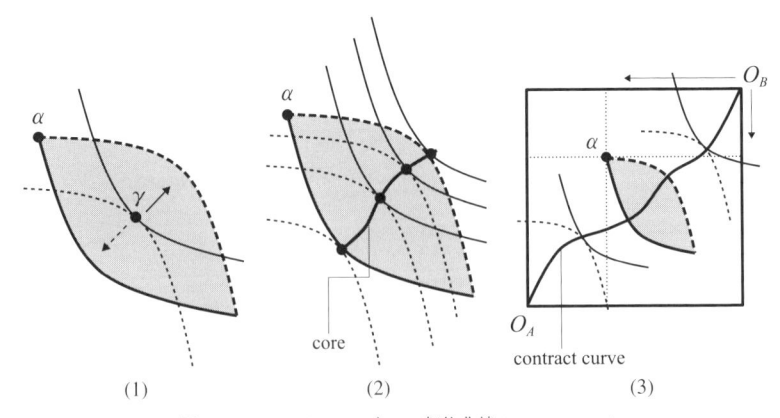

(1)　　　　(2)　　　　(3)

図 **14.3**　(2) コア (core) と (3) 契約曲線 (contract curve)

　図 14.4 は，図 14.2 に描かれている α の近傍を拡大し，A, B 両名の無差別曲線上にある配分 α における接線を描いたものである[5]．図 14.2 から，配分 α では，$\mathrm{MRS_A} > \mathrm{MRS_B}$ であることが分かるが，このことも図 14.4 に反映されている．このとき，B が所有する財 1 を，A が所有する財 2 と微小量交換することが Pareto 改善になることを示す．B が財 1 を A に微小量与えることと，A がこれを受け取ることは，図 14.4 に描かれている dx_1 が表している[6]．限界代替率とは，効用関数 $u(x_1, x_2)$ を全微分して，

$$\frac{dx_2}{dx_1} = -\frac{\partial u/\partial x_1}{\partial u/\partial x_2}, \quad \mathrm{MRS} \equiv \left| -\frac{\partial u/\partial x_1}{\partial u/\partial x_2} \right|$$

としたものであることを思い出せば，$dx_2 = \mathrm{MRS}dx_1$ であることも了解できよう．図 14.4 に描かれている $dx_2 = \mathrm{MRS_B}dx_1$ は，B が A に財 1 を dx_1 だけ与えた後，B が無差別でいるために必要とする財 2 の量を表す．同様に，$\mathrm{MRS_A}dx_1$ は，A が B から財 1 を dx_1 だけ受け取った後，A が無差別でいるために，B に与えても構わない財 2 の量を表す．$\mathrm{MRS_A} > \mathrm{MRS_B}$ であったから，$\mathrm{MRS_A}dx_1 > \mathrm{MRS_B}dx_1$ であり，このことも図 14.4 に描かれているとおりである．つまり，A は B から財 1 を dx_1 受け取ることができるなら，引き換えに財 2 を B が無差別でいるために必要な量よりも多い，$\mathrm{MRS_A}dx_1$ だけ財 2 を

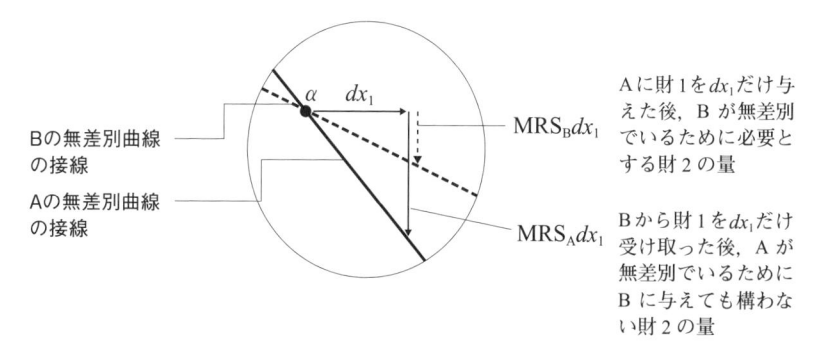

図 14.4　無差別曲線が交わっている配分には Pareto 改善の余地がある

5)　図を分かりやすくするために，接線の角度を少し変えている．この図は図 2.7 に対応するものである．

6)　矢印の向きは，Edgeworth box 内で，B にとって財 1 の所有量が減少すること，並びに A の財 1 の所有量が増加することを表す．

B に与えたとしても，自らは無差別でいることができる．従って，A は B から財 1 を dx_1 だけ受け取ることと引き換えに，$\mathrm{MRS_B}dx_1$ 以上，$\mathrm{MRS_A}dx_1$ 未満の財 2 を与えれば，この交換によって実行される新たな配分は，配分 α を Pareto 改善する．同じ考え方により，ある配分で $\mathrm{MRS_A} < \mathrm{MRS_B}$ が成り立つ場合も，この配分を Pareto 改善する配分が存在する．

［練習］　図 14.2(2) に描かれている配分 β_2 について，図 14.4 と同様の図を描き，この配分が Pareto 効率的ではないことを示しなさい．

以上から，(14.3) が成り立つ配分が Pareto 効率的なものであることが分かる．また，**物々交換で実現する配分は core に属する**[7]ことも分かる．

図 14.3(3) に描かれている曲線は，Edgeworth box 内にあり，従って実現可能な，全ての Pareto 効率的配分の集合のグラフである．これを**契約曲線 (contract curve)** という．

例　契約曲線の導出

A, B の効用関数がそれぞれ，

$$u_A(x_{1A}, x_{2A}) = x_{1A}^{\alpha} x_{2A}^{1-\alpha} \quad \alpha \in (0, 1),$$
$$u_B(x_{1B}, x_{2B}) = x_{1B}^{\beta} x_{2B}^{1-\beta} \quad \beta \in (0, 1)$$

であるとする．契約曲線上の点は，全て (14.3) を満たすから，与えられている効用関数の場合は，

$$\frac{1-\alpha}{\alpha}\frac{x_{1A}}{x_{2A}} = \frac{1-\beta}{\beta}\frac{x_{1B}}{x_{2B}} \tag{14.4}$$

が成り立つ．配分が実現可能であるように，(14.1)，(14.2) を用いて，

$$x_{1B} = w_1 - x_{1A}, \quad x_{2B} = w_2 - x_{2A}$$

を (14.4) に代入すれば，

---

7)　core に属する配分のうち，具体的にどの配分が実行されるかについては，後で考察する．

$$\frac{1-\alpha}{\alpha}\frac{x_{1A}}{x_{2A}} = \frac{1-\beta}{\beta}\frac{w_1-x_{1A}}{w_2-x_{2A}}$$

を得る．契約曲線上の点 (x_{1A}, x_{2A}) はこの式を満たす．Edgeworth box 内に契約曲線をグラフに描く場合は，この式を x_{2A} について解いて，

$$x_{2A} = \frac{\beta(1-\alpha)w_2 x_{1A}}{\alpha(1-\beta)w_1 + (\beta-\alpha)x_{1A}} \tag{14.5}$$

とすればよい．この式を眺めると，例えば $\alpha = \beta$ のとき，契約曲線は，

$$x_{2A} = \frac{w_2}{w_1}x_{1A}$$

となり，Edgeworth box の O_A と O_B とを結ぶ直線となる．

14.1.2 純粋交換経済におけるワルラス均衡

ワルラス均衡の定義は 196 ページで紹介したとおりであるが，純粋交換経済では生産過程が省かれている．

前節から考察している，2 財 2 名の純粋交換経済におけるワルラス均衡は，価格ベクトル $\mathbf{p}^* = (p_1^*, p_2^*)$ と消費者 A, B の最適消費計画 $(x_{1A}^*, x_{2A}^*), (x_{1B}^*, x_{2B}^*)$ によって構成される．ただし，最適消費計画は，$\mathbf{p}^*$ を所与として効用最大化問題

$$\underset{x_{1A}, x_{2A}}{\text{Max}} \ u_A(x_{1A}, x_{2A}) \qquad \text{s.t.} \qquad p_1^* x_{1A} + p_2^* x_{2A} = p_1^* x_{1A}^\alpha + p_2^* x_{2A}^\alpha, \tag{14.6}$$

$$\underset{x_{1B}, x_{2B}}{\text{Max}} \ u_B(x_{1B}, x_{2B}) \qquad \text{s.t.} \qquad p_1^* x_{1B} + p_2^* x_{2B} = p_1^* x_{1B}^\alpha + p_2^* x_{2B}^\alpha \tag{14.7}$$

を解き，かつ，

$$x_{1A}^* + x_{1B}^* = w_1, \quad x_{2A}^* + x_{2B}^* = w_2 \tag{14.8}$$

を満たす．この式は，(12.5) と同じ条件を表すものであり，消費者による各財の需要が，その供給と一致することを表す[8]．各予算制約式の右辺は，初期配分 $\alpha \equiv (\mathbf{x}_A^\alpha, \mathbf{x}_B^\alpha), \mathbf{x}_A^\alpha = (x_{1A}^\alpha, x_{2A}^\alpha), \mathbf{x}_B^\alpha = (x_{1B}^\alpha, x_{2B}^\alpha)$ の市場価値であり，各消費者の

---

8) 生産が行われないという前提のもとでは，初期賦存量を総供給量と解釈する．

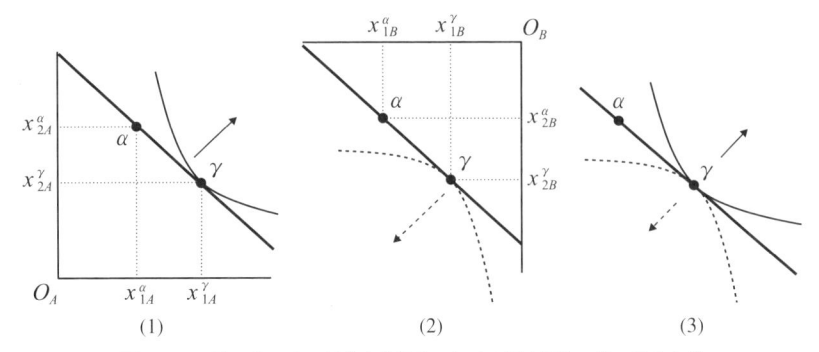

図 **14.5**　2 財 2 名による純粋交換経済における厚生経済の第一基本定理

予算を表す[9]．各消費者の予算線は，

$$x_{2A} = \frac{p_1^* x_{1A}^\alpha + p_2^* x_{2A}^\alpha}{p_2^*} - \frac{p_1^*}{p_2^*} x_{1A},$$

$$x_{2B} = \frac{p_1^* x_{1B}^\alpha + p_2^* x_{2B}^\alpha}{p_2^*} - \frac{p_1^*}{p_2^*} x_{1B}$$

であるから，図 14.5(1)，図 14.5(2) に描かれているように，初期配分 α を通過し，傾き $-\frac{p_1^*}{p_2^*}$ を持つことが分かる．

　誤解が生じないように補足しておくと，消費者 A, B はそれぞれ，(14.6)，(14.7) を解くのであって，(14.8) は消費者の制約条件ではない．消費者の最適消費計画が (14.8) を満たすような価格を均衡価格といい，$\mathbf{p}^*$ と表しているのである[10]．

[**練習**]　両者の予算制約式と，(14.1)，(14.2) に留意して，

$$p_1^* (x_{1A}^* + x_{1B}^* - w_1) + p_2^* (x_{2A}^* + x_{2B}^* - w_2) = 0$$

$$p_1^* (x_{1A}^* + x_{1B}^* - w_1) = -p_2^* (x_{2A}^* + x_{2B}^* - w_2)$$

を導出しなさい．

　最後の式は，2 財 2 名の純粋交換経済における (12.11) にほかならない．つ

---

9)　生産が行われないという前提のもとでは，A, B の予算には生産者の利潤が含まれない．

10)　2 財 2 名の純粋交換経済におけるワルラス均衡は，価格と最適消費計画によって構成されると定義していた．

まり，純粋交換経済においてもワルラスの法則が成り立つ．

A, B の効用最大化問題の解は，それぞれ図 14.5(1)，図 14.5(2) に描かれている．B の効用最大化問題は，Edgeworth box に合わせている．最適消費計画 $\mathbf{x}_A^\gamma = \left(x_{1A}^\gamma, x_{2A}^\gamma \right)$, $\mathbf{x}_B^\gamma = \left(x_{1B}^\gamma, x_{2B}^\gamma \right)$ は，(14.8) を満たす．従って，2 財 2 名の純粋交換経済におけるワルラス均衡は，価格ベクトル $\mathbf{p} = (p_1^*, p_2^*)$ と，配分 $\gamma \equiv (\mathbf{x}_A^\gamma, \mathbf{x}_B^\gamma)$ によって構成される．図 14.5(3) に描かれているように，配分 γ は，両者の無差別曲線が同一の予算線上の同一の点で接する点であるから，Pareto 効率的である．つまり，**2 財 2 名からなる純粋交換経済においても，厚生経済の第一基本定理が成り立つ**[11]．

14.1.3 価格の調整過程

本書のこれまでの考察では，財の価格は所与とされていた．これは，完全競争市場の前提条件である価格受容行動であり，消費者は財の価格に影響力を持たない．しかし，だとすれば，価格受容行動の前提の論拠は，どのようなものであろうか．本項では，価格の調整過程について紹介する．

■ offer curve

消費者は，財の価格を所与として，自らの効用最大化問題を解く．所与とする価格が異なれば，最適消費計画も当然異なる．財の価格が様々に異なるとき，それに対応する消費者の最適消費計画を描いたものが，図 14.6 である．図 14.6(1) には，任意の初期配分 α が与えられているとき，消費者 A が異なる価格，従って異なる予算線に直面した場合の，最適消費計画の軌跡が描かれている．これを A の**オファーカーヴ (offer curve)** という．図 14.6(2) に描かれているのは B の offer curve である．両者の offer curve を同じ Edgeworth box に描いたものが図 14.6(3) である．描かれているように，**両者の offer curve が交わる点 β では，両者の無差別曲線が一点で接する**．従って，β は Pareto 効率的な配分である．加えて，配分 β は (14.8) を満たすから，α と β を通る予算線が表す価格は均衡価格であり，この価格ベクトルと配分 β がワルラス均

11) 証明は，生産者を含めた一般均衡の場合について，後で行う．

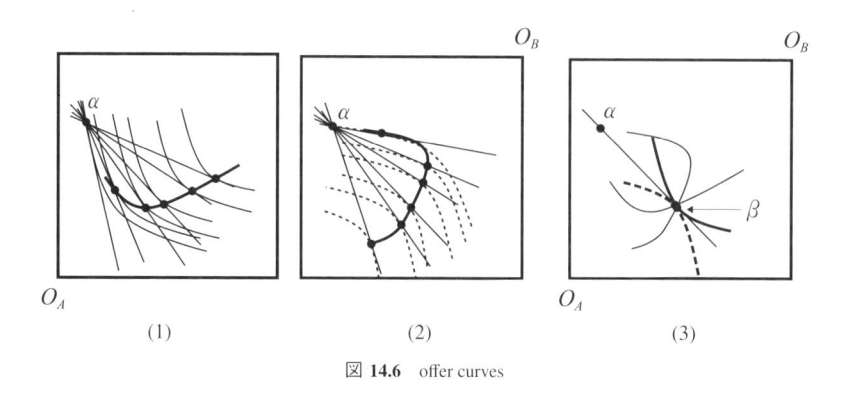

図 **14.6**　offer curves

衡を構成する.

■ワルラスの競売人

　両者の offer curve が交わらない点について考察する. 図 14.7(1) は, 図 14.6(3) と同様のものであるが, offer curve が交わらない予算線も描いており, 図 14.7(2) はそのことに焦点をあてたものである.

　図 14.7(2) について, 任意の初期配分 α と γ_B, γ_A を通過する予算線の傾きを $-\frac{p_1^\gamma}{p_2^\gamma}$ として表す. この予算線が与えられているとき, A, B の最適消費計画は, それぞれ,

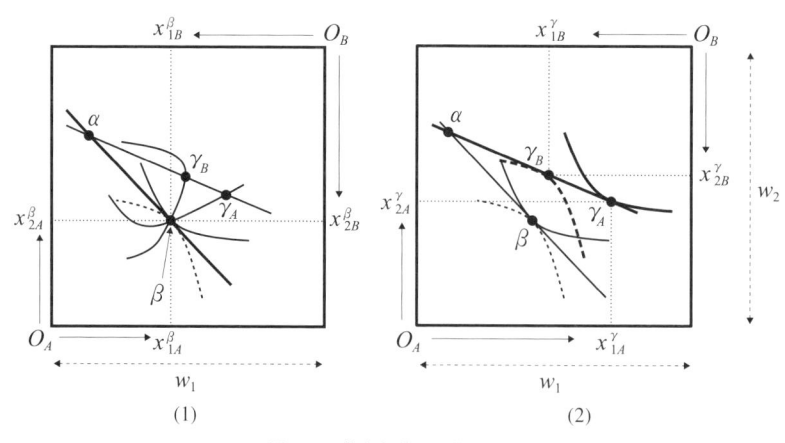

図 **14.7**　均衡価格と不均衡価格

232

$$\left(x_{1A}^\gamma, x_{2A}^\gamma\right), \quad \left(x_{1B}^\gamma, x_{2B}^\gamma\right) \tag{14.9}$$

である. 描かれているように, これらについては,

$$x_{1A}^\gamma + x_{1B}^\gamma > w_1 \quad x_{2A}^\gamma + x_{2B}^\gamma < w_2 \tag{14.10}$$

が成り立っている. つまり, 財 1 については, 両者の需要量を合わせたものは初期配分を上回っており, 逆に財 2 については, 両者の需要を合わせたものが初期配分を下回っている. 従って, 価格ベクトル $\left(p_1^\gamma, p_2^\gamma\right)$ と (14.9) は均衡を構成しない.

このような場合, 財 1 の価格 p_1^γ が上昇すれば, この財の需要は下がり, 財 2 の価格 p_2^γ が下落すれば, この財の需要は上がるので, (14.8) が満たされる可能性が生じるが, 消費者は価格に影響力を持たないから, このような価格調整が生じることは想定できない.

いま, この交換経済に競売人がいたとする. この競売人は, 各財の価格を消費者に連絡し, その価格での各財の需要を消費者から集計し, (14.8) が成り立つか確認する. もし, 上の場合のように, $\left(p_1^\gamma, p_2^\gamma\right)$ を消費者に伝えたとき, 集計した各財の需要量と初期賦存量のバランスが (14.10) のようになっていることを確認したなら, 財 1 の価格を p_1^γ より高く, 財 2 の価格を p_2^γ より低く設定し直し, その価格を再び消費者に伝え, 新たな価格に伴う需要量を集計し, 再度初期賦存量と比較する. 競売人は, 財の需要と供給量である初期賦存量とが一致するまで, 価格調整を続ける. この競売人を**ワルラスの競売人 (Walrasian auctioneer)** という. なお, 配分が実行されるのは, 価格調整が終了し, 均衡価格が判明してからである. ワルラスの競売人が各消費者に価格を連絡し, その価格における需要量を集計し, 必要であれば価格を調整する過程を**価格の模索過程 (price tâtonnement process)** という[12]. 次節では, 無数の消費者が存在する純粋交換経済で実行される配分は, ワルラス均衡下で実行される配分のみであることを明らかにする. このことにより, 価格受容行動の前提が支持され, ワルラスの競売人は, もちろん実在はしないけれども,

---

[12] 調整過程には, 本節で紹介している価格の模索過程の他にも, 需要量と供給量の調整過程もある. これらは均衡の安定性や不安定性について考察する際に用いられる概念であり, 本書の射程の外にある. 詳しくは上級の教科書を参照されたい.

配分が実行される仕組みを説明する便宜上の考え方と捉えることができる[13].

14.1.4　core の理論

　さて，これまで 2 財 2 名の純粋交換経済について考察してきたが，配分を決めるにあたり，双方の合意に基づく物々交換によって配分を決定する場合と，完全競争市場を採用して配分を決定する場合とを比較すると，必ずしも同じ結果が得られるわけではないことに気づく．物々交換の場合に決まる配分は core に属するものの中のどれかであるが，完全競争市場で決まる配分は，両者の offer curve が交わる点によって表される．後で証明するように，この配分も core に属するものであるが，core に属する配分はこの他にもある．加えて，厚生経済の第一基本定理によれば，配分の Pareto 効率性は担保されるものの，衡平性は担保されない．ワルラス均衡を構成する配分が，衡平性を伴わないものである場合，core に属する他の Pareto 効率的な配分も実行できる可能性がある物々交換の方が，好ましい配分の決定の仕方ではないだろうか．
　結果として，この懸念は大きな問題とはならない．以下では，このことを 2 段階で考察する．先ず，2 財 2 名の経済を 2 財 I 人経済の枠組みに拡張し，I が十分に大きな値をとることができる場合，core に属する配分は，ワルラス均衡における配分のみになることを示す．つまり，配分を決定するにあたり，物々交換を行っても，完全競争市場を用いても，同じ配分が実行されることになる．次に，厚生経済の第二定理が成り立つことを示す．これにより，純粋交換経済においても，厚生経済の基本定理は成り立ち，従って，完全競争市場では，任意の Pareto 効率的配分を実行できることが明らかになる．

---

13)　また，株式の取引が成立するシステムは，競売人による価格決定システムと似ているところがある．株式の売買に際して，投資家は取得あるいは売却したい株式の単価と数量を，株式の現在値を踏まえて決めることになる．オンライントレードなどでは，当該株価の現在値の他に，その近傍の異なる価格における買い注文と売り注文の数も分かるようになっており，取引が成立する様子は，ワルラスの競売人がこれを行っているかのように解釈することもできる．なお，株式市場の考察は本書の射程を越えるので，上級の教科書や金融工学の教科書を参照のこと．

■ core の定義

L 財 I 人 $(I \geq 2)$ による純粋交換経済を考える. 各消費者による各財の初期保有量を,

$$w_{\ell i} \qquad \ell = 1, \ldots, L, \quad i = 1, \ldots, I$$

として表す. 消費者は他の消費者と, 両者が合意する条件で物々交換を行うことができるものとする. 加えて, 消費者は他の消費者とグループを結成し, グループとして, 他の消費者あるいは他のグループと, お互いが合意する条件で物々交換を行うことができるものとする. このとき結成される新たなグループを **結託 (coalition)** といい, 結託を結成することを **結託する (form a coalition)** という. なお, 個人の消費者も, 自身のみの結託と捉える.

いま, ある配分 $\alpha \equiv \left(\mathbf{x}_1^\alpha, \ldots, \mathbf{x}_I^\alpha \right)$ が実行されようとしているとする. このとき, $k \leq I$ 人の消費者について, これら k 人が初期保有する各財を物々交換することによって実現可能になる消費計画のベクトル $(\mathbf{x}_1, \ldots, \mathbf{x}_k)$ の中に,

$$u_i\left(\mathbf{x}_i^\alpha \right) \leq u_i\left(\mathbf{x}_i \right) \quad i = 1, \ldots, k$$

が成り立ち, k 人のうち, 少なくとも 1 人についてはこの式が等号を含まない不等式で成り立つものが存在するとき, α は, これら k 人の消費者からなる結託 K によって **ブロック (block)** されるという. なお, この消費計画のベクトルが実現可能であるとは,

$$\sum_{i=1}^{k} x_{\ell i} \leq \sum_{i=1}^{k} w_{\ell i} \qquad \forall\, \ell = 1, \ldots, L$$

が成り立つことである. **実現可能な配分の中で, いかなる結託からも block されない配分の集合を core という.**

消費者全員の消費計画を表す配分を決めようとするとき, ある配分が block されるためには, 一部の消費者間に独自の代替案が存在するだけでよい. 例えば, 100 人の消費者による純粋交換経済において, ある配分 α が実行されようとしているとき, この中の 2 人が, お互いの保有する財を物々交換することで, 2 人にとって, より好ましい配分を実行できるなら, α は block される. このことから, 消費者の数が多くなればなるほど, block される配分の数

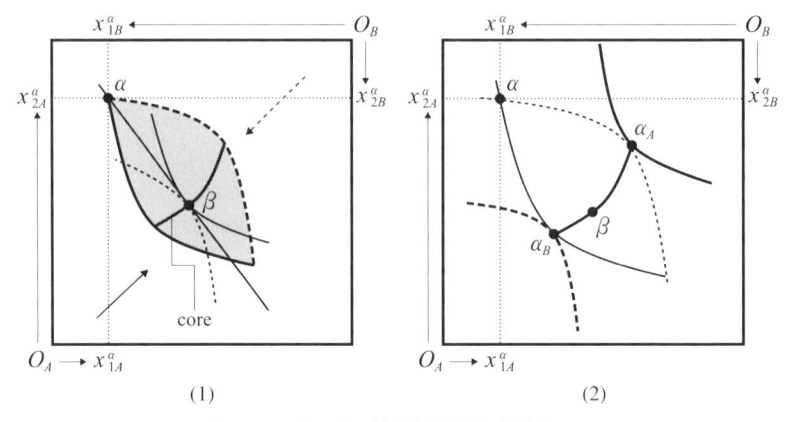

図 **14.8**　2 財 2 名の純粋交換経済における core

も多くなり，結果 core に含まれる配分の数が少なくなることが予想される．このことについては，後で詳しく考察することになる．

　2 財 2 名の純粋交換経済における core はすでに簡単に紹介しているが，上の定義に照らし合わせて確認する．A, B からなる純粋交換経済では，3 つの結託の可能性がある．これらの構成は，$\{A\}, \{B\}, \{A, B\}$ である．図 14.8(1) に描かれている配分 α を初期配分と解釈する．このときの，A, B の効用水準を，

$$u_A\left(x_{1A}^\alpha, x_{2A}^\alpha\right) = v_A, \quad u_B\left(x_{1B}^\alpha, x_{2B}^\alpha\right) = v_B$$

と書くことにする．消費者 A, B は，結託しなくとも，それぞれ v_A, v_B を確保できるので，これよりも低い効用水準を伴う再配分をブロックする．この意味で，v_A, v_B のことを**留保効用 (reservation utility)** という．

　図 14.8(1) では，α を通過する A の無差別曲線の左下にある全ての配分は，B の留保効用よりも高い効用水準を伴うものの，A の効用水準は留保効用より低くなるため，$\{A\}$ によってブロックされる．同様に，α を通過する B の無差別曲線の右上にある全ての配分は，A の留保効用よりも高い効用水準を伴うものの，$\{B\}$ によってブロックされる．結果，Pareto lens 内の配分が残る．Pareto lens 内の配分は，両者の留保効用よりも高い効用水準を伴うものであるが，Pareto 効率的でない配分は，これを Pareto 支配する配分が存在するはずだから，$\{A, B\}$ によって block される．Pareto lens 内の配分のうち，Pareto

効率的なものは，Pareto 改善ができない配分であるから，$\{A\}, \{B\}$，あるいは $\{A, B\}$ のどの結託によっても block されないので，core の定義を満たす．

■ワルラス均衡と core

図 14.5(3) と図 14.8(1) を眺めると，ワルラス均衡における配分は core に属していることが分かる．このことを定理として証明する．

定理5. ワルラス均衡における配分は core に属する．

証明．背理法を用いる．先ず，ワルラス均衡を構成する価格ベクトルと配分を，それぞれ $\mathbf{p}^* \equiv \left(p_1^*, \ldots, p_\ell^*\right)$, $\mathbf{x}^* \equiv \left(\mathbf{x}_1^*, \ldots, \mathbf{x}_I^*\right)$ と書くことにする．ワルラス均衡の定義より，$\mathbf{x}_i^*$ は $\mathbf{p}^*$ を所与とする消費者 i の最適消費計画である．

配分 $\mathbf{x}^*$ が core に属さないと仮定する．するとこの配分は，ある結託 K によって block されるはずである．このことは，K を結成する消費者 $i = 1 \ldots, k$, $k \leq I$ について，

$$\sum_{i=1}^{k} x_{\ell i} \leq \sum_{i=1}^{k} w_{\ell i} \qquad \forall \ell = 1, \ldots, L \tag{14.11}$$

を満たす消費計画のベクトルの中に，

$$u_i\left(\mathbf{x}_i^*\right) \leq u_i\left(\mathbf{x}_i\right) \qquad \forall i = 1, \ldots, k \tag{14.12}$$

を満たし，少なくとも 1 人については，この不等式が等号を含まずに成り立つような消費計画のベクトル $(\mathbf{x}_1, \ldots, \mathbf{x}_k)$ が存在することを意味する．さて，$\mathbf{x}_i^*$ は最適消費計画であり，(14.12) を満たす $\mathbf{x}_i$ が最適消費計画ではないのは，この消費計画が予算を超えるからに他ならない[14]．従って，K を結成する各消費者の予算制約式について，

$$\sum_{\ell=1}^{L} p_\ell^* x_{\ell i}^* = \sum_{\ell=1}^{L} p_\ell^* w_{\ell i} \leq \sum_{\ell=1}^{L} p_\ell^* x_{\ell i} \qquad \forall i = 1, \ldots, k$$

---

[14] なお，このことが成り立つには，選好関係が強い単調性を満たしていれば十分である．

が成り立ち，少なくとも 1 人については，この不等式が等号を含まずに成り立つ．従って，K を構成する消費者の支出額を合計したものについては，

$$\sum_{\ell=1}^{L}\sum_{i=1}^{k} p_\ell^* x_{\ell i}^* = \sum_{\ell=1}^{L}\sum_{i=1}^{k} p_\ell^* w_{\ell i} < \sum_{\ell=1}^{L}\sum_{i=1}^{k} p_\ell^* x_{\ell i} \tag{14.13}$$

が成り立つ．$p_\ell^* > 0 \quad \forall \ell = 1,\ldots,L$ であるから，この不等式から，少なくとも一つの財について，

$$\sum_{i=1}^{k} w_{\ell i} < \sum_{i=1}^{k} x_{\ell i}$$

が成り立つことになる．これは (14.11) に矛盾する．従って，$\mathbf{x}^*$ を block する結託 K は存在せず，配分 $\mathbf{x}^*$ が core に属さないという仮定は誤りであることが示された． □

　この定理により，完全競争市場で決まる配分は core に属することが示された．前述したように，また，2 財 2 名の純粋交換経済で見られたように，core に属する配分の集合は，この他にも存在する．例えば，図 14.8(2) に描かれているように，完全競争市場で決まる配分 β の他にも，core に属する配分は無数にある．他方，前述したように，消費者の数が増えることによって，結託の組み合わせの数も大きくなるため，block される配分の数も多くなることが考えられる．次節では，これらのことについて考察する．

■複製経済

　2 財 I 名 $(I \geq 2)$ による純粋交換経済を考察するにあたり，消費者と，消費者の各財の初期保有量が**複製された経済 (replicated economy)** を想定する．これを**複製経済 (replica economy)**，あるいは**反復経済 (repeated economy)** という．例えば，$N = 2$ の場合は，初期配分 $\alpha \equiv \left(\mathbf{x}_A^\alpha, \mathbf{x}_B^\alpha\right)$ を持つ消費者 A, B がそれぞれ 2 名いる純粋交換経済を想定することになる．複製経済では，A, B は個人の消費者ではなく，消費者の選好のタイプ (type) を表すものと解釈する．つまり，同じタイプの消費者は，その選好が同じ効用関数によって表現される．以降では，タイプ A の消費者個人を表す場合には，$\{A\}$ と書くことにする．また，$\{A, A\}$ と書いた場合は，タイプ A の消費者 2 名による結託を意味

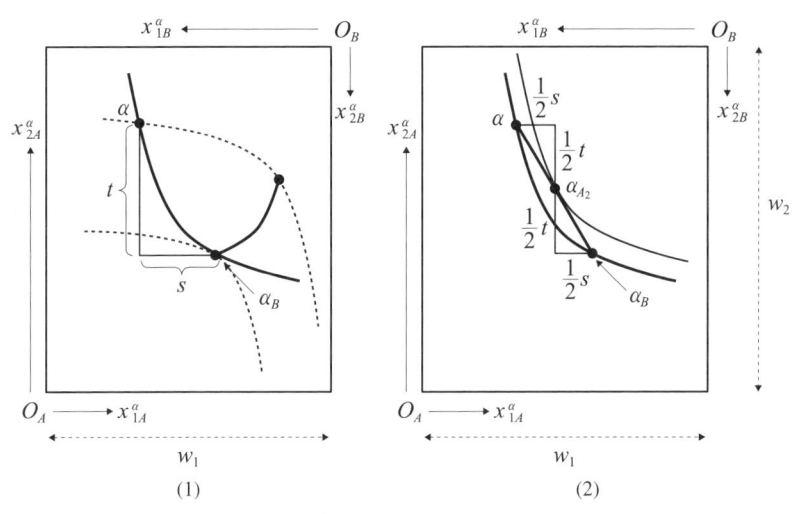

図 **14.9**　純粋交換経済と，その複製経済 $(N = 2)$

する．

　図 14.9(1) は，図 14.8(2) について，任意の初期配分 α から，配分 α_B への再配分を実行するには，{A} が保有する財 2 を t 単位分と {B} が保有する財 1 を s 単位分，物々交換すればよいことを示している．図 14.9(1) は，$N = 1$ の場合，つまり 2 財 2 名の純粋交換経済である．{A}, {B} の消費計画は，それぞれ，

$$x_{1A}^{\alpha_B} = x_{1A}^{\alpha} + s, \quad x_{2A}^{\alpha_B} = x_{2A}^{\alpha} - t, \tag{14.14}$$

$$x_{1B}^{\alpha_B} = x_{1B}^{\alpha} - s, \quad x_{2B}^{\alpha_B} = x_{2B}^{\alpha} + t \tag{14.15}$$

となる．明らかに，

$$x_{1A}^{\alpha_B} + x_{1B}^{\alpha_B} = x_{1A}^{\alpha} + x_{1B}^{\alpha} = w_1,$$

$$x_{2A}^{\alpha_B} + x_{2B}^{\alpha_B} = x_{2A}^{\alpha} + x_{2B}^{\alpha} = w_2$$

であるから，α から α_B への再配分は実現可能である．{A}, {B} の効用水準は，

$$u_A\left(x_{1A}^{\alpha}, x_{2A}^{\alpha}\right) = u_A\left(x_{1A}^{\alpha_B}, x_{2A}^{\alpha_B}\right)$$

$$u_B\left(x_{1B}^{\alpha}, x_{2B}^{\alpha}\right) < u_B\left(x_{1B}^{\alpha_B}, x_{2B}^{\alpha_B}\right)$$

である．従って，初期配分 α は，配分 α_B を実行できる結託 $\{A, B\}$ によって block される．

　図 14.9(2) では，$N = 2$ の場合の複製経済を想定している．合計 4 名による純粋交換経済において，結託の可能性は 2 名の場合よりも多くなることは言を俟たない．もちろん，4 名からなる複製経済においても，2 名の純粋交換経済における，$\{A, B\}$ という結託は可能であるから，α から α_B への再配分は実現可能であるが，$N = 2$ の複製経済では α_B も block される．以下にこれを示す．4 名のうち $\{A, B\}$ の 2 名が，結託して，α から α_B を実行したとする．このとき，$\{A, B\}$ の配分は，(14.14)，(14.15) である．さて，この結託に，もう一人の消費者 $\{A\}$ が加わって，新たな結託 $\{A, A, B\}$ を結成したとする．新たに加わった消費者 A は，各財を $\left(x_{1A}^{\alpha}, x_{2A}^{\alpha} \right)$ だけ保有している．$\{A, A, B\}$ が保有する各財の量を合計したものは，

$$x_{1A}^{\alpha} + x_{1A}^{\alpha_B} + x_{1B}^{\alpha_B}, \quad x_{2A}^{\alpha} + x_{2A}^{\alpha_B} + x_{2B}^{\alpha_B} \tag{14.16}$$

である．この式は結託内の配分の実現可能性の条件である．なお，結託に加わらない消費者 $\{B\}$ は財 1 と財 2 をそれぞれ $x_{1B}^{\alpha}, x_{2B}^{\alpha}$ だけ保有している．

　$\{A, A, B\}$ について，消費計画

$$x_{1A}^{\alpha_{A_2}} = x_{1A}^{\alpha} + \frac{1}{2}s, \quad x_{2A}^{\alpha_{A_2}} = x_{2A}^{\alpha} - \frac{1}{2}t, \tag{14.17}$$

$$x_{1A}^{\alpha_{A_2}} = x_{1A}^{\alpha_B} - \frac{1}{2}s, \quad x_{2A}^{\alpha_{A_2}} = x_{2A}^{\alpha_B} + \frac{1}{2}t, \tag{14.18}$$

$$x_{1B}^{\alpha_B} = x_{1B}^{\alpha} - s, \qquad x_{2B}^{\alpha_B} = x_{2B}^{\alpha} + t \tag{14.19}$$

を考える．各財の量を合計すると，

$$2x_{1A}^{\alpha_{A_2}} + x_{1B}^{\alpha_B} = x_{1A}^{\alpha} + x_{1A}^{\alpha_B} + x_{1B}^{\alpha} - s,$$

$$2x_{2A}^{\alpha_{A_2}} + x_{2B}^{\alpha_B} = x_{2A}^{\alpha} + x_{2A}^{\alpha_B} + x_{2B}^{\alpha} + t$$

であり，これらは (14.16) と一致するので，この消費計画は実現可能である．(14.17) と (14.18) は，図 14.9(2) における点 α_{A_2} であり，$\{A, A\}$ の消費計画を表す．これら 2 つの式と，図 14.9(2) から分かるように，結託 $\{A, A, B\}$ 内の，$\{A, A\}$ の間で，各財の物々交換をすれば，双方に好ましい消費計画を実行でき

る．具体的には，新たに加わった消費者 A が保有する，$\frac{1}{2}t$ 単位分の財 2 をもう一方の消費者 A に与える代わりに，$\frac{1}{2}s$ 単位分の財 1 を受け取ればよい．こうして実現する消費計画 α_{A_2} は，図 14.9(2) に描かれているように，割線 $\alpha\alpha_B$ の中間点にあたり，初期配分 α を通過する無差別曲線よりも右上にある無差別曲線上にある[15]．従って，

$$u_A\left(x_{1A}^{\alpha}, x_{2A}^{\alpha}\right) = u_A\left(x_{1A}^{\alpha_B}, x_{2A}^{\alpha_B}\right) < u_A\left(x_{1A}^{\alpha_{A_2}}, x_{2A}^{\alpha_{A_2}}\right)$$

が成り立つ．また，(14.15) と (14.19) は等しいから，2 つの結託 $\{A, B\}$, $\{A, A, B\}$ において，B の効用水準は等しい．以上から，結託 $\{A, B\}$ による配分 α_B は，結託 $\{A, A, B\}$ によって block される．従って，配分 α_B は $N = 2$ の複製経済において，core に属さない．同様の考え方で，図 14.8(2) に描かれている配分 α_A も，$N = 2$ の複製経済において，core に属さないことを示すことができる．なお，以降の考察でも，タイプ A の消費者の立場で考察するが，これは Edgeworth box を用いることに都合がよいためであり，同様の結果はタイプ B の消費者についても当てはまる．

　複製経済において core に属する配分の特徴を浮き彫りにするために，図 14.10 を用いる．この図は，Edgeworth box の中を描いたものであり，これまで

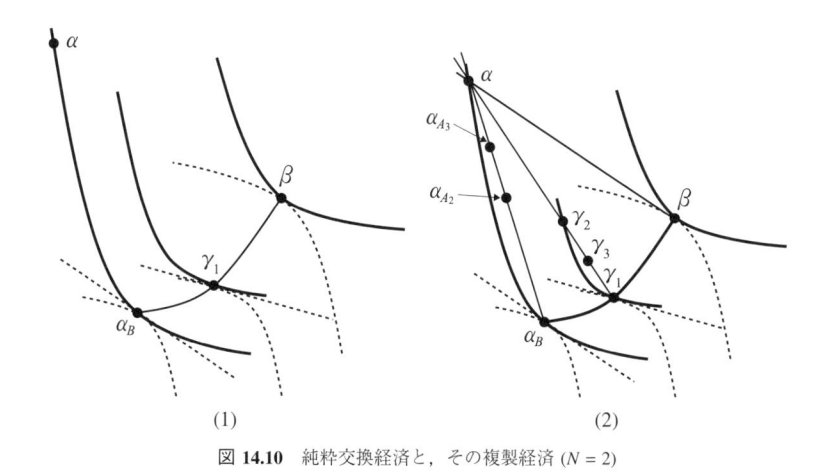

(1)   (2)

図 14.10 　純粋交換経済と，その複製経済 ($N = 2$)

---

15) このことは，選好関係の凸性としても紹介した．

の図でもそうしてきたように，初期配分を α として表している．図 14.10(1) は 2 財 2 名の純粋交換経済において，初期配分が α の場合に core に属する配分を，任意に 3 つ描いたものである．描かれているように，各点では {A}, {B} の無差別曲線が一点で接しており，接線の傾きは，その点における両者の限界代替率と等しいことも，既に考察したとおりである．

　図 14.10(2) は，同じ 2 財 2 名の純粋交換経済について，$N = 2$ の場合の複製経済を想定している．このとき，配分 α_B が結託 {A, A, B} によって block されることは，既に明らかにした．では，配分 γ_1 も，同じ結託によって block されるであろうか．

　配分 γ_1 が block されるためには，ある結託が存在して，その結託によって実現可能な消費計画のうち，結託した全ての消費者の効用水準が，配分 γ_1 に伴うものと同等かそれ以上で，少なくとも 1 人は，この留保効用水準よりも高い効用水準を伴う消費計画を実行できなければならない．図 14.10(2) を眺めると，割線 $\gamma_2\gamma_1$ 上の点は，{A} にとって，配分 γ_1 よりも好ましい消費計画であることが分かる．このことは，配分 α_B が，配分 α_{A_2} を実行する結託 {A, A, B} によって block されることと同じ理由による．両者の違いは，配分 α_{A_2} が，割線 $\alpha\alpha_B$ の中間点であり，この配分が 2 名の消費者 A の配分によって実現可能であるのに対して，割線 $\gamma_2\gamma_1$ 上の点は，2 名の消費者 A の配分によって実現可能であるとは限らないことである．このことを，具体的な数字を用いて確認する．

　図 14.11 は図 14.10(2) から必要な情報だけを抽出したものである．描かれているように，初期配分 α を，

$$(x_{1A}^{\alpha}, x_{2A}^{\alpha}) = (1, 9), \quad (x_{1B}^{\alpha}, x_{2B}^{\alpha}) = (9, 1)$$

とする．いま，結託 {A, B} が，物々交換により，γ_1

$$\left(x_{1A}^{\gamma_1}, x_{2A}^{\gamma_1}\right) = (7, 3), \quad \left(x_{1B}^{\gamma_1}, x_{2B}^{\gamma_1}\right) = (3, 7)$$

を実行したとする．すると，直線 $\alpha\gamma_1$ は傾き -1 の直線であり，この直線上に γ_3 も存在する．図 14.11 に描かれているように，図 14.10(2) に描かれている γ_3 は，{A} の消費計画 $(x_{1A}^{\gamma_3}, x_{2A}^{\gamma_3}) = (6, 4)$ を表すとする．

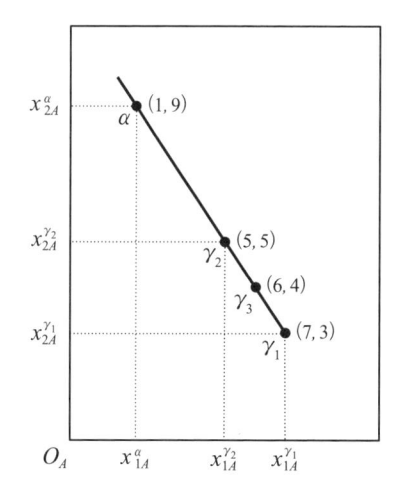

$$x_{1A}^{\alpha} + x_{1A}^{\gamma_1} = 8 < 10 = 2x_{1A}^{\gamma_2}$$
$$x_{2A}^{\alpha} + x_{2A}^{\gamma_1} = 12 > 10 = 2x_{2A}^{\gamma_2}$$

図 **14.11** 配分：γ_1 が $N = 2$ の複製経済では block されない場合

さて，結託 $\{A, B\}$ が実行した配分 γ_1 における $\{A\}$ の消費計画は，$\left(x_{1A}^{\gamma_1}, x_{2A}^{\gamma_1}\right) = (7, 3)$ であり，結託しなかった $\{A\}$ は，初期配分に伴う消費計画 $\left(x_{1A}^{\alpha}, x_{2A}^{\alpha}\right) = (1, 9)$ を保有している．両名の各財の保有量を足したものは，

$$x_{1A}^{\alpha} + x_{1A}^{\gamma_1} = 1 + 7 = 8, \qquad x_{2A}^{\alpha} + x_{2A}^{\gamma_1} = 9 + 3 = 12$$

であり，この式が $\{A, A\}$ による配分の実現可能性の条件である．他方，両名が消費計画 $(x_{1A}^{\gamma_3}, x_{2A}^{\gamma_3}) = (6, 4)$ を得るためには，各財が，

$$2x_{1A}^{\gamma_3} = 12, \qquad 2x_{2A}^{\gamma_3} = 8$$

だけ必要である．明らかに，これらは整合しない．従って，γ_3 は実現可能ではない．なお，図 14.11 に描かれている数値の例では，$N = 2$ の複製経済において $\gamma_1\gamma_2$ 上のいかなる配分も実現可能ではない．つまり，$N = 2$ の場合，配分 γ_1 は，これを block しうる配分は存在するものの，実現が不可能であるという理由によって core に属する．では，$N \geq 2$ の複製経済において，配分 γ_1 は block されるであろうか．以下で明らかになるように，配分 γ_1 は $N \geq 6$ の複製経済では block される．

先ず，両タイプの 5 名について，タイプ A の各消費者が，6 単位分の財 2 と

引き換えに，6 単位分の財 1 をタイプ B の各消費者から受け取ることで，配分 γ_1 を実行することができる．このとき，物々交換を行わないタイプ A の消費者が 1 人残っており，配分 α の消費計画を持っている[16]．タイプ A の消費者 6 名が結託をするとき，実現可能性を満たす条件は，

$$x^{\alpha}_{1A} + 5x^{\gamma_1}_{1A} = 1 + 35 = 36, \qquad x^{\alpha}_{2A} + 5x^{\gamma_1}_{2A} = 9 + 15 = 24$$

である．タイプ A の消費者 6 名が γ_3 を得るために必要な各財の量は，

$$6x^{\gamma_3}_{1A} = 36, \qquad 6x^{\gamma_3}_{2A} = 24$$

であるから，γ_3 は実現可能である．具体的には，初期配分 α の消費計画を保有する消費者が，5 単位分の財 2 を，1 単位ずつ他の消費者に与えることと引き換えに，財 1 を各消費者から 1 単位ずつ受け取ればよい．このようにして，配分 γ_1 は $N = 6$ の複製経済で block され，従って core に属さない[17]．もちろん，同じ結託は $N \geq 7$ の複製経済にも含まれる．従って，配分 γ_1 は $N \geq 6$ の全ての複製経済で block される．

■ Debreu-Scarf の極限定理

一般に，N を十分に大きくすることができるなら，core に属する配分のうち，ワルラス均衡で実行される配分以外のものは全て block され，core を形成するのはワルラス均衡で実行される配分のみになる．以下の考察で，このことを明らかにする．そのために，N が十分に大きければ，図 14.10(2) に描かれている配分 β を除く全ての配分が block されることを示す．

N が大きい場合を考察するとき，同じタイプの消費者が異なる配分を得る場合を検討する必要があるとすれば，β を除く全ての配分が block されることを示そうとするとき，block の対象となる配分は種々雑多なものとなり，考察

---

[16] もちろん，タイプ B の消費者も 1 人残っている．この消費者は結託に参加しない場合を想起するが，初期保有量を失うこともないため留保効用は維持される．

[17] しかし，γ_3 もまた core には属さない．なぜならこの配分も，別の複製経済で可能になる結託によって block されるからである．この理由は，すでに考察したように，線分 $\alpha\gamma_3$ の傾きの絶対値が，両タイプの消費者の限界代替率と一致しないからである．この点については後で本文中で言及する．

も煩雑になる．以下の定理により，我々はこの煩雑さから解放される．

> **定理6.** 平等処遇性 (equal treatment property)
> core に属する配分では，同じタイプの消費者の消費計画は等しい．

証明．一般性を損なわないので，2財2名の純粋交換経済における，$N \geq 2$ の複製経済の場合を証明する．L財 I 消費者 $(i = 1,\ldots,I)$ における，$N \geq 2$ の複製経済の場合の証明も，同じ考え方により，各式の添字を適宜変更するだけでよい．

消費者のタイプを A, B とする．消費者をタイプごとに認識するために，$\{A_n\}$, $\{B_n\}$, $n = 1,\ldots,N$ と表し，各消費者の消費計画を，

$$\mathbf{x}_{A_n} \equiv (x_{1A_n}, x_{2A_n}), \quad \mathbf{x}_{B_n} \equiv (x_{1B_n}, x_{2B_n}) \qquad n = 1,\ldots,N$$

のように書くことにする．$N = 1$ の純粋交換経済における，各財の初期賦存量を w_1, w_2 と表すことにすると，実現可能な配分は，

$$x_{1A_1} + x_{1B_1} \leq w_1$$
$$x_{2A_1} + x_{2B_1} \leq w_2$$

を満たす．なお，複製経済における，各財の初期賦存量は，これらをそれぞれ N 倍したもの，つまり Nw_1, Nw_2 である．

平等処遇性は，core に属する配分 $\left(\mathbf{x}_{A_1},\ldots,\mathbf{x}_{A_N},\mathbf{x}_{B_1},\ldots,\mathbf{x}_{B_N}\right)$ について，

$$\mathbf{x}_{A_m} = \mathbf{x}_{A_n} \qquad \forall\, m,n \in \{1,\ldots,N\}$$
$$\mathbf{x}_{B_m} = \mathbf{x}_{B_n} \qquad \forall\, m,n \in \{1,\ldots,N\}$$

が成り立つことを主張する．背理法により，このことを示す．

core に属する消費者について，任意に，$\{A_1, B_1\}$ の各消費者の消費計画が，同じタイプの他の消費者の消費計画とは異なり，かつ，以下が成り立つと仮定する．すなわち，

$$u_A\left(\mathbf{x}_{A_1}\right) \leq u_A\left(\mathbf{x}_{A_n}\right) \qquad \forall\, n = 2,\ldots,N,$$

$$u_B\left(\mathbf{x_{B_1}}\right) \le u_B\left(\mathbf{x_{B_n}}\right) \qquad \forall\, n = 2, \ldots, N,$$

が成り立ち，かつ，両名のうち少なくとも 1 人については，等号を含まない不等式が成り立つ．

　複製経済における，各財の賦存量は，

$$\sum_{n=1}^{N} x_{1A_n} + \sum_{n=1}^{N} x_{1B_n} \le Nw_1,$$

$$\sum_{n=1}^{N} x_{2A_n} + \sum_{n=1}^{N} x_{2B_n} \le Nw_2$$

を満たす．これらより，

$$\frac{1}{N}\left(\sum_{n=1}^{N} x_{1A_n} + \sum_{n=1}^{N} x_{1B_n}\right) \le w_1, \tag{14.20}$$

$$\frac{1}{N}\left(\sum_{n=1}^{N} x_{2A_n} + \sum_{n=1}^{N} x_{2B_n}\right) \le w_2 \tag{14.21}$$

を得る．右辺は，$N = 1$ の純粋交換経済における各財の賦存量に他ならない．いま，$\{A_1, B_1\}$ が結託するものとすれば，両名にとってこれら 2 式を満たす配分は実現可能である．そこで，両名について，新たな消費計画

$$\mathbf{x_{A_1}^*} \equiv \left(\frac{1}{N}\sum_{n=1}^{N} x_{1A_n}, \frac{1}{N}\sum_{n=1}^{N} x_{2A_n}\right),$$

$$\mathbf{x_{B_1}^*} \equiv \left(\frac{1}{N}\sum_{n=1}^{N} x_{1B_n}, \frac{1}{N}\sum_{n=1}^{N} x_{2B_n}\right)$$

を考える．(14.20), (14.21) を眺めれば，これらの消費計画が実現可能であることは明らかである．また，この消費計画は，各タイプの全ての消費者の消費計画の凸結合であり，$\{A_1, B_1\}$ が，自らの消費計画よりも選好する消費計画を含む凸結合であるから，選好関係の狭義凸性 (p.19) により，

$$u_A\left(\mathbf{x_{A_1}}\right) \le u_A\left(\mathbf{x_{A_1}^*}\right)$$

$$u_B\left(\mathbf{x_{B_1}}\right) \le u_B\left(\mathbf{x_{B_1}^*}\right)$$

が成り立ち，かつ，少なくとも 1 人については等号を含まない不等式として

成り立つ. 従って, 配分 $\left(\mathbf{x}_{A_1}, \ldots, \mathbf{x}_{A_N}, \mathbf{x}_{B_1}, \ldots, \mathbf{x}_{B_N}\right)$ は, 結託 $\{A_1, B_1\}$ によって block される. しかしこれは, $\left(\mathbf{x}_{A_1}, \mathbf{x}_{B_1}\right)$ が core に属することに矛盾する. □

この定理により我々は, N の大小によらず, core に属する配分では同一タイプの消費計画は等しくなることを前提に考察すればよいことになる. このことを踏まえ, 改めて図 14.10(2) に描かれている初期配分 α と, 配分 α_B, γ_1, および β について考える. 配分 α_B および γ_1 と配分 β には, 重要な違いがある. それは, 初期配分 α と各点を結ぶ直線の傾きの絶対値が, 各点における限界代替率と等しくないか, 等しいかという違いである. この違いが意味するのは以下のとおりである.

α_B, γ_1 各点における限界代替率は, それぞれ直線 $\alpha\alpha_B$, 直線 $\alpha\gamma_1$ の傾きの絶対値と一致しない. このため, 直線 $\alpha\alpha_B$, および $\alpha\gamma_1$ は無差別曲線を横切る割線となる. これらの割線上には, α_{A_3} や γ_3 などのように, タイプ A の消費者がより選好する消費計画が存在する. しかし 2 財 2 名の純粋交換経済では, α_{A_3} や γ_3 は実現不可能であるという理由で, block されることなく core に属する. 他方, β における限界代替率は, 直線 $\alpha\beta$ の傾きの絶対値と等しいため, この直線が無差別曲線を横切ることはない. 従って, 直線 $\alpha\beta$ 上には, β における消費計画よりも, 消費者がより選好する消費計画は存在しないので, β は core に属する. 換言すると, β が core に属するのは, これを block する結託と配分が存在しないからである. このように, 配分 α_B, γ_1, そして β は 2 財 2 名における純粋交換経済では core に属するものの, その理由には違いがある. 配分 α_B, γ_1 は, 複製経済における消費者の数によっては block されるが, 配分 β は消費者の数に関わらず, block されない. 後者のみが, 複製経済においても block されない配分の特徴であり, それはワルラス均衡の特徴でもある.

配分 α_B や γ_1 のように, より選好される配分 α_{A_3} や γ_3 が存在するものの, N が十分大きくないために block されることなく core に属するような配分は, N の値が十分大きければ block されることを示す. そのために先ず, 初期配分 α と, これ以外の配分を結ぶ直線上にある任意の配分は, これら 2 つの配分の凸結合として実現可能になることを示す. 図 14.12 を用いる. 図 14.12 は,

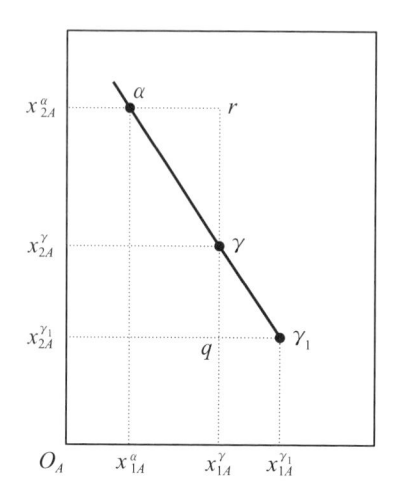

図 14.12　$\alpha\gamma_1$ 上の任意の点：γ の求め方

図 14.11 から数値を排除したものである．引き続き，初期配分は α である．γ_1 が 2 財 2 名の純粋交換経済では core に属しているとしても，2 財複数名による純粋交換経済では block されることを，一般的な形で示す．考え方は，数値を用いて示した前述の例に沿ったものである．

先ず，初期配分 α から，両タイプの消費者が物々交換を行ったことで，配分 γ_1 が実現しているとする．また，タイプ A の消費者は γ を γ_1 よりも選好するものとする．配分 γ_1 が γ を実現する結託によって block される条件について考える．この配分が実現可能であるためには，結託しようとするタイプ A の消費者が保有する各財の量が，配分 γ に伴う各財の量を充足しなければならない．先ず，財 1 について考える．

配分 γ_1 が実行されたあと，初期配分 α のままのタイプ A の消費者が何名か残っていれば，配分 γ_1 を持つタイプ A の消費者が，財 1 を配分 α を持つタイプ A の消費者に渡すことで，タイプ A の消費者全員が x_{1A}^{γ} を獲得できる場合がある．これを明らかにするには，

$$\tau\left(x_{1A}^{\gamma_1} - x_{1A}^{\gamma}\right) = x_{1A}^{\gamma} - x_{1A}^{\alpha} \tag{14.22}$$

を満たす τ を求めればよい．なぜなら，初期配分 x_{1A}^{α} を保有するタイプ A の消費者 1 人について，$x_{1A}^{\gamma} - x_{1A}^{\alpha}$ を渡すために，財 1 を $x_{1A}^{\gamma_1}$ だけ保有するタイプ A の消費者が τ 人いれば，各人から $x_{1A}^{\gamma_1} - x_{1A}^{\gamma}$ ずつ受け取ることで，$\tau+1$ 人のタイプ A の消費者全員が財 1 を x_{1A}^{γ} 保有することができるからである．

次に，財 2 について考える．図 14.12 を眺めると，三角形 $\gamma q\gamma_1$ と，三角形 $\gamma r\alpha$ は相似であることに気づく．従って，

$$\tau\left(x_{2A}^{\gamma} - x_{2A}^{\gamma_1}\right) = x_{2A}^{\alpha} - x_{2A}^{\gamma} \tag{14.23}$$

も成り立ち，この式の解釈も同様に成り立つ．

さて，τ 人のタイプ A の消費者が消費計画 γ_1 を保有しているためには，同じ人数のタイプ B の消費者と物々交換をすればよい．つまり，我々は $N = \tau + 1$ の複製経済を考えればよいことになる．このとき，(14.22) を眺めると，

$$x_{1A}^{\alpha} + \tau x_{1A}^{\gamma_1} = (1 + \tau)x_{1A}^{\gamma}$$

$$\frac{1}{1 + \tau}x_{1A}^{\alpha} + \frac{\tau}{1 + \tau}x_{1A}^{\gamma_1} = x_{1A}^{\gamma}$$

$$\theta x_{1A}^{\alpha} + (1 - \theta)x_{1A}^{\gamma_1} = x_{1A}^{\gamma}, \qquad \theta \equiv \frac{1}{1 + \tau}$$

が成り立つことに気づく．(14.23) についても同様のことが成り立つ．従って，

$$\theta \mathbf{x}_A^{\alpha} + (1 - \theta)\mathbf{x}_A^{\gamma_1} = \mathbf{x}_A^{\gamma} \qquad 0 \le \theta \le 1$$

が成り立つ．線分 $\alpha\gamma_1$ 上の任意の配分は，2 点 α, γ_1 の凸結合として表せることが示された．実際に任意の配分が実現可能であるためには，$\theta \equiv \frac{1}{1+\tau}$ が示しているように，消費者の数に条件がある．逆に，τ の値が十分に大きい複製経済，つまり N が十分に大きい複製経済では，線分 $\alpha\gamma_1$ 上の全ての配分が実現可能になる．

以上から，$N = 2$ の複製経済における γ_1 のように，実現不可能であるために block されず，結果として core に属するような配分は，N が十分大きければ全て block される[18]．従って，N の値を任意に大きくして構わない場合に core に属する配分は，これを block する配分が存在しないもののみであり，ワルラス均衡における配分だけがこの条件を満たす．

以上の考察から得られた知見は以下の定理に集約される[19]．

---

18) $N = 2$ の複製経済で block される配分は，$N \ge 3$ の複製経済でも block されるからである．なぜなら，$N = 2$ の複製経済において形成される結託は，$N \ge 3$ の複製経済においても形成されうるからである．従って，N が大きくなることは，block される配分が多くなること，つまり core が縮小することを意味する．

19) Debreu-Scarf の極限定理の証明は，任意の財と消費者の数について成り立つ．証明は，PDF ファイル（URL は vi ページ）では紹介しない．分離超平面の定理 (separating hyperplane theorem) と，その周辺概念の理解を前提とするため割愛する．論文は，G. Debreu and H. Scarf. "A limit theorem on the core of an economy." *International Economic Review*, 4(3)：235–246, 1963 である．なお，分離超平面の定理については，解析学で紹介される位相の理解と，凸集合の性質を踏まえた上で，関連する本を読まれるとよい．

> **定理 7.** Debreu-Scarf の極限定理 (Debreu-Scarf limit theorem)
>
> 　ある配分が, $N \geq 1$ のあらゆる複製経済の core に属するならば, この配分はワルラス均衡における配分である.

　つまり, ワルラス均衡における配分以外の配分は全て, ある複製経済によって block されることになる. また, N が十分に大きい複製経済では, ワルラス均衡における配分のみが core に属する. 従って, 無数の消費者が存在する純粋交換経済において配分を決定するときに, 完全競争市場にこれを委ねても, 物々交換にこれを委ねても, ワルラス均衡における配分のみが core に属する. この知見は, ワルラス均衡の前提条件である価格受容行動の前提に, 一つの妥当性を与える.

　純粋交換経済において, 完全競争市場に配分の決定を委ねれば, 実行される配分は core に属し, かつ Pareto 効率的である. しかし, たとえ core に属し, かつ Pareto 効率的であったとしても, ワルラス均衡における配分が衡平であるとは限らないことは, 純粋交換経済の場合も同じである. 特に, 純粋交換経済では, 予算線が初期配分を通過しなければならないから, ワルラス均衡で実行される配分は, 初期配分に影響を受ける. 逆に, 初期配分を適切に再配分することで, 完全競争市場を通じて, 衡平性と Pareto 効率性の両方の条件を満たす配分を実行することも可能になる. この点について, 図 14.13 とともに考える. 図 14.13 において, 初期配分は α_0 であり, 配分 β を実行したいとする. この目的のためには, 初期配分を α_1 に再配分した後, 完全競争市場に配分の決定を委ねればよい. β は契約曲線上の任意の点である. つまり, 任意の Pareto 効率的配分は, 初期配分を適切に再配分した後, 完全競争市場に委ねることで実行できる. つまり, **純粋交換経済においても, 厚生経済の第二基本定理が成り立つ**. このとき, 初期配分 α_0 を α_1 に再配分するには, 一括税と一括補助を適宜組み合わせる政策による. 以上の考察から, 純粋交換経済において効率的で衡平な配分を実行しようとするとき, 完全競争市場を採用すれば, これが可能であることが分かる. 次節以降では, 生産活動が伴う一般均衡分析の枠組みで, このことについて考察する.

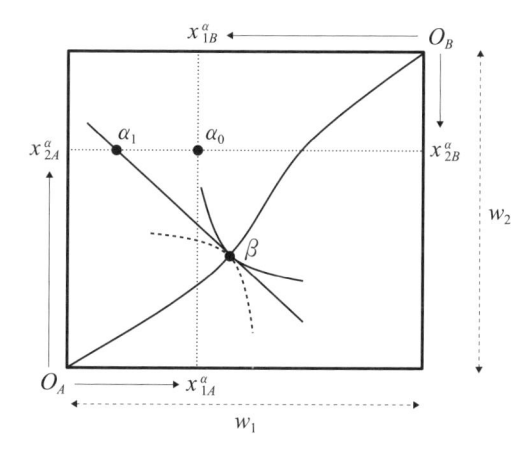

図 14.13 2 財 2 名による純粋交換経済における厚生経済の第二基本定理

14.2 生産を伴う経済における一般均衡

193 ページで紹介した定義に従い，L 財 I 消費者 J 生産者からなる経済における一般均衡について考察する．最も簡単な例として，$L = I = J = 2$，つまり 2 財 2 消費者 2 生産者の経済を想定する．個別の財，消費者，並びに生産者は 1, 2 の添字で区別されるので，複数の添字を伴う変数については，記述される順序に留意する必要がある．また，添字によって財，消費者，並びに生産者を表すときは，それぞれ ℓ, i, j を用いる．2 財 2 消費者 2 生産者の経済であるから，$\ell = 1, 2, i = 1, 2, j = 1, 2$ である[20]．

ロビンソンとフライデーの初期賦存量を $\mathbf{w_i} = (w_{1i}, w_{2i})$ と表す．両名はこれらをそのまま消費することもできるし，一方の財を生産要素とする生産関数に従って，もう一方の財を生産することができる[21]．つまり，財 1 と財 2 は

---

[20] これまでの考察では，消費者を A, B と呼び分けてきた．これは考察の上での便宜であったが，本節では，財，消費者，および生産者の数が任意の場合の書き方に慣れることも目的の一つとする．

[21] この前提は少し奇妙に思われるかもしれないが，財が 2 つしかないことによる．財の数が多ければ，ある財の生産に別の財が用いられることも得心がゆくであろう．

消費されることもあるし，生産要素として投入されることもある．両名による各財の消費量は $\mathbf{x_i} = (x_{1i}, x_{2i})$ である．消費者の選好は，微分可能で狭義準凹性を満たす効用関数 $u^i(x_{1i}, x_{2i})$ によって表現されるものとする[22]．従って，各財の需要量は，

$$x_\ell = \sum_{i=1}^{2} x_{\ell i} \quad \ell = 1, 2$$

である．

一般性を損なわないので，生産者 1 と生産者 2 は，それぞれ財 1 と財 2 のみを生産するものとする．各財の生産量は，微分可能で狭義準凹性を満たす以下の生産関数に従うものとする．

$$y_{11} = f^1(y_{21}), \quad y_{22} = f^2(y_{12})$$

なお，添字は $y_{\ell j}$ を表す．これらを，

$$\phi^1(y_{11}, y_{21}) = y_{11} - f^1(y_{21}), \quad \phi^2(y_{12}, y_{22}) = y_{22} - f^2(y_{12}) \tag{14.24}$$

と表すことにすれば，効率的な生産が行われるとき，

$$\phi^1(\mathbf{y_1}) \equiv \phi^1(y_{11}^+, y_{21}^-) = 0, \quad \phi^2(\mathbf{y_2}) \equiv \phi(y_{12}^-, y_{22}^+) = 0$$

が成り立つ．$\mathbf{y_i}$ は生産計画であり，財 $y_{\ell j}$ が生産されている場合は正，生産要素として投入されている場合は負の値をとるのであった (p.139)．これらは，各変数の上に書かれている符号によって表されており，ϕ^i の一階偏微分係数の符号でもある．実際，

$$\frac{\partial \phi^1}{\partial y_{11}} = 1, \quad \frac{\partial \phi^1}{\partial y_{21}} = -\frac{\partial f^1}{\partial y_{21}}, \quad \frac{\partial \phi^2}{\partial y_{12}} = -\frac{\partial f^2}{\partial y_{12}}, \quad \frac{\partial \phi^2}{\partial y_{22}} = 1 \tag{14.25}$$

である．これらは後で用いることになる．各財の総供給量は，

$$S_\ell = \sum_{i=1}^{2} w_{\ell i} + \sum_{j=1}^{2} y_{\ell j} \quad \ell = 1, 2$$

---

22)　関数の下の添字が数字になる場合は，偏微分を表す場合があるので，誤解を避けるために上の添字で消費者を表す．以下で紹介する生産関数についても同様の措置をとる．

である．各財の需給が一致する条件は，

$$x_\ell = S_\ell \quad \ell = 1, 2$$

である．

14.2.1 Pareto 効率的配分

Pareto 効率的配分は，以下の最適化問題の解として導出される

$$\operatorname*{Max}_{\mathbf{x_1}, \mathbf{x_2}} \sum_{i=1}^{2} u^i(\mathbf{x_i}) \tag{14.26}$$

$$\text{s.t.} \quad \sum_{i=1}^{2} x_{\ell i} = x_\ell, \quad \phi^j(\mathbf{y_j}) = 0, \quad x_\ell = S_\ell, \quad \ell = 1, 2, \ j = 1, 2. \tag{14.27}$$

本節で想定している 2 財 2 消費者 2 生産者の経済の場合は，

$$\operatorname*{Max}_{x_{11}, x_{21}, x_{12}, x_{22}} \quad u^1(x_{11}, x_{21}) + u^2(x_{12}, x_{22})$$

$$\text{s.t.} \quad x_{11} + x_{12} = x_1, \quad x_{21} + x_{22} = x_2$$

$$\phi^1(y_{11}, y_{21}) = 0, \quad \phi^2(y_{12}, y_{22}) = 0$$

$$x_1 = w_{11} + w_{12} + y_{11} - y_{12}, \quad x_2 = w_{21} + w_{22} - y_{21} + y_{22}$$

と書いてもそれほど煩雑にはならない．Lagrange 乗数法により，この問題を解く．Lagrange 関数は，

$$\mathscr{L} \equiv u^1(x_{11}, x_{21}) + u^2(x_{12}, x_{22}) + \lambda_1(x_1 - x_{11} - x_{12}) + \lambda_2(x_2 - x_{21} - x_{22})$$

$$- \mu_1 \phi^1(y_{11}, y_{21}) - \mu_2 \phi^2(y_{12}, y_{22}) + \rho_1(w_{11} + w_{12} + y_{11} - y_{12} - x_1)$$

$$+ \rho_2(w_{21} + w_{22} - y_{21} + y_{22} - x_2)$$

である[23]．最適化は，Lagrange 乗数を含め，初期賦存量として所与とされている $w_{\ell i}$ 以外の全ての変数について行われる．Lagrange 乗数についての一階条件は制約条件式と同じ情報を与えるので，以下には書かない．この他の一

---

23) λ_i, μ_i, ρ_i は Lagrange 乗数である．

階条件は，

$$\frac{\partial \mathscr{L}}{\partial x_{1i}} = \frac{\partial u^i}{\partial x_{1i}} - \lambda_1 = 0, \qquad \frac{\partial \mathscr{L}}{\partial x_{2i}} = \frac{\partial u^i}{\partial x_{2i}} - \lambda_2 = 0, \qquad (14.28)$$

$$\frac{\partial \mathscr{L}}{\partial x_1} = \lambda_1 - \rho_1 = 0, \qquad \frac{\partial \mathscr{L}}{\partial x_2} = \lambda_2 - \rho_2 = 0, \qquad (14.29)$$

$$\frac{\partial \mathscr{L}}{\partial y_{11}} = -\mu_1 \frac{\partial \phi^1}{\partial y_{11}} + \rho_1, \qquad \frac{\partial \mathscr{L}}{\partial y_{22}} = -\mu_2 \frac{\partial \phi^2}{\partial y_{22}} + \rho_2 = 0, \qquad (14.30)$$

$$\frac{\partial \mathscr{L}}{\partial y_{21}} = -\mu_1 \frac{\partial \phi^1}{\partial y_{21}} - \rho_2 = 0, \qquad \frac{\partial \mathscr{L}}{\partial y_{12}} = -\mu_2 \frac{\partial \phi^2}{\partial y_{12}} - \rho_1 = 0 \qquad (14.31)$$

である.

[**練習**]　上で導出された一階条件をもとに，(14.25) にも留意して，

$$\frac{\lambda_1}{\lambda_2} = \frac{\partial u^i / \partial x_{1i}}{\partial u^i / \partial x_{2i}} = -\frac{1}{\frac{\partial \phi^1}{\partial y_{21}}} = -\frac{\partial \phi^2}{\partial y_{12}} = \frac{\rho_1}{\rho_2}, \qquad i = 1, 2 \qquad (14.32)$$

を導出しなさい.

　この式は，Pareto 効率的な配分が満たす条件を表す. 次節では，完全競争市場の均衡における配分が満たす条件を導出する[24].

14.2.2　完全競争市場の均衡における配分

　ロビンソンとフライデーが完全競争市場を採用するものとする. 生産者として，彼らは価格ベクトル $\mathbf{p} \equiv (p_1, p_2)$ を所与とし，利潤最大化問題

$$\underset{y_j}{\text{Max}} \ \pi^j \left[\equiv \mathbf{p} \cdot \mathbf{y_j} \right] \quad \text{s.t.} \quad \phi^j(\mathbf{y_j}) = 0$$

---

24)　なお，Pareto 効率的配分について考察する際，これまでの考察では，(14.26) のように，目的関数を全ての消費者の効用関数を足したものとしたが，例えば，食材の配分を検討している場合に，年齢や職務の違いによって，必要となるカロリー摂取量が異なることを考慮する等の理由から，必要なカロリー摂取量に応じて，異なる消費者の効用関数に異なる加重をかけることが望ましいならば，そうして構わない. このときの加重を **Pareto weight** という. 逆の見方をすると，(14.26) は，消費者を同じ条件下にあると捉え，Pareto weight を 1 にしていると捉えることができる. 本書では，この場合のみを考察対象とする.

を解く．Lagrange 乗数法による，各生産者の利潤最大化問題は

$$\underset{y_{11}, y_{21}}{\text{Max}} \mathscr{L}^1 \left[\equiv p_1 y_{11} - p_2 y_{21} - \mu_1 \phi^1(y_{11}, y_{21}) \right],$$

$$\underset{y_{12}, y_{22}}{\text{Max}} \mathscr{L}^2 \left[\equiv -p_1 y_{12} + p_2 y_{22} - \mu_2 \phi^2(y_{12}, y_{22}) \right]$$

である．一階条件は，

$$\frac{\partial \mathscr{L}^1}{\partial y_{11}} = p_1 - \mu_1 \frac{\partial \phi^1}{\partial y_{11}} = 0, \qquad \frac{\partial \mathscr{L}^1}{\partial y_{21}} = -p_2 - \mu_1 \frac{\partial \phi^1}{\partial y_{21}} = 0,$$

$$\frac{\partial \mathscr{L}^2}{\partial y_{12}} = -p_1 - \mu_2 \frac{\partial \phi^2}{\partial y_{12}} = 0, \qquad \frac{\partial \mathscr{L}^2}{\partial y_{22}} = p_2 - \mu_2 \frac{\partial \phi^2}{\partial y_{22}} = 0$$

である．これらより，

$$\frac{p_1}{p_2} = -\frac{1}{\frac{\partial \phi^1}{\partial y_{21}}} = -\frac{\partial \phi^2}{\partial y_{12}} \tag{14.33}$$

を得る．他方，消費者としての彼らの効用最大化問題は，

$$\underset{x_{1i}, x_{2i}}{\text{Max}} \quad u^i(x_{1i}, x_{2i}) \quad \text{s.t.} \quad p_1 x_{1i} + p_2 x_{2i} = \sum_{\ell=1}^{2} p_\ell w_{\ell i} + \sum_{j=1}^{2} \theta_{ji} \pi^j \quad i = 1, 2$$

である[25]．Lagrange 乗数法による，各消費者の効用最大化問題は，

$$\underset{x_{1i}, x_{2i}}{\text{Max}} \mathscr{L}^i \left[\equiv u^i(x_{1i}, x_{2i}) + \lambda \left(\sum_{\ell=1}^{2} p_\ell w_{\ell i} + \sum_{j=1}^{2} \theta_{ji} \pi^j - p_1 x_{1i} - p_2 x_{2i} \right) \right] \quad i = 1, 2$$

である．一階条件は，

$$\frac{\partial u^i}{\partial x_{1i}} - \lambda p_1 = 0 \quad i = 1, 2$$

$$\frac{\partial u^i}{\partial x_{2i}} - \lambda p_2 = 0 \quad i = 1, 2$$

であるから，

$$\frac{p_1}{p_2} = \frac{\partial u^i / \partial x_{1i}}{\partial u^i / \partial x_{2i}} \quad i = 1, 2$$

を得る．従って，(14.33) とともに，完全競争市場における配分では，$\frac{p_1}{p_2}$ を媒介として，

---

25) θ_{ji} は，消費者 i による生産者 j の株式保有率を表すのであった (p.194).

$$\frac{p_1}{p_2} = \frac{\partial u^i/\partial x_{1i}}{\partial u^i/\partial x_{2i}} = -\frac{1}{\frac{\partial \phi^1}{\partial y_{21}}} = -\frac{\partial \phi^2}{\partial y_{12}} \quad i = 1, 2 \tag{14.34}$$

が成り立つ.

14.2.3　考察

(14.32) と (14.34) は, 同じことを意味する. つまり, Pareto 効率的な配分が満たす条件と, 完全競争市場における配分は一致する. 具体的には, これらの式は 2 つの等式が成り立つことを意味する. 一つめの等式は,

$$\frac{p_1}{p_2} = \frac{\lambda_1}{\lambda_2} = \frac{\partial u^i/\partial x_{1i}}{\partial u^i/\partial x_{2i}} \quad i = 1, 2 \tag{14.35}$$

である. この等式は, (2.35) に他ならず, 各消費者について, 予算線の傾きと限界代替率が等しいことを意味する[26].

2 つめの等式は,

$$\frac{p_1}{p_2} = \frac{\rho_1}{\rho_2} = -\frac{1}{\frac{\partial \phi^1}{\partial y_{21}}} = -\frac{\partial \phi^2}{\partial y_{12}}$$

である. この等式は, 各生産者について, 限界生産物の価値 (value of marginal product) と, 生産要素としての格財の価格が等しくなることを意味する. なぜなら, (14.25) より, この式は,

$$\frac{p_1}{p_2} = \frac{1}{\frac{\partial f^1}{\partial y_{21}}} = \frac{\partial f^2}{\partial y_{12}}$$

つまり,

$$p_1 \frac{\partial f^1}{\partial y_{21}} = p_2, \quad p_2 \frac{\partial f^2}{\partial y_{12}} = p_1 \tag{14.36}$$

を意味するからである[27]. また, 各財が生産要素として投入されるだけではなく, 消費される財でもあるという意味で, $\frac{\partial f^1}{\partial y_{21}}, \frac{\partial f^2}{\partial y_{12}}$ は限界変形率 (MRT) で

---

26) 狭義準凹性を満たす効用関数の場合は, この式は効用最大化が内点解をただ一つ持つための必要十分条件である.

27) 生産関数が狭義準凹性を満たすなら, この式は利潤最大化問題が内点解をただ一つ持つための必要十分条件である.

もある.

(14.32) と (14.34) を眺めると,

$$\frac{\lambda_1}{\lambda_2} = \frac{p_1}{p_2} = \frac{\rho_1}{\rho_2}$$

が成り立つことも分かる. つまり, 財の相対価格 $\frac{p_1}{p_2}$ が, 予算線の傾きと, 等費用線の傾きに等しいことを意味する. 逆の見方をすれば, Lagrange 乗数 λ_i, ρ_i は, 各財の価格 p_i と同じ働きをすると解釈することもできる. この意味で, 経済学では Lagrange 乗数のことを **shadow price** と呼ぶことがある.

(14.35) と (14.36) は, 消費者の理論と生産者の理論で明らかにした, 価格を所与とする消費者と生産者の最適化問題の解の条件である. これらの知見が (14.32) と (14.34) に含まれているということは, Pareto 効率的な配分は, 価格受容行動を前提とする個別の消費者と生産者が, それぞれ効用と利潤の最大化を行う完全競争市場で実現することを意味する. この知見が, 「神の見えざる手」と呼ばれる完全競争市場の機能であり, 厚生経済の第一基本定理として知られる完全競争市場の特性である.

すでに紹介したように, 配分が Pareto 効率的であることは, 社会的に望ましい配分が備えるべき条件の一つに過ぎない. 完全競争市場では, 契約曲線上の配分が実行されるが, 契約曲線上の配分には著しく衡平性を欠くものもある. そのような配分が実行されたとき, これを望ましい配分に再配分することも, 完全競争市場で行うことができる. これが厚生経済の第二基本定理である.

14.3　厚生経済の基本定理

定理8. 厚生経済の第一基本定理
完全競争市場で実行される配分は Pareto 効率的である.

証明には, 定理 5 の証明と同様に, 背理法を用いる. 以下の証明では, 完全競争市場で実行される配分を $A \equiv \left(\mathbf{x}_1^*, \ldots, \mathbf{x}_I^*, \mathbf{y}_1^*, \ldots, \mathbf{y}_J^* \right)$ とし, このときの価

格ベクトルを $\mathbf{p}^* \equiv \left(p_1^*, \ldots, p_L^* \right)$, $p_\ell > 0$, $\ell = 1, \ldots, L$ とする[28].

証明．A が Pareto 効率的ではないと仮定する．すると，実現可能な配分の中に，A よりも Pareto 優位な配分が存在するはずである．この配分を $B \equiv \left(\mathbf{x}_1^b, \ldots, \mathbf{x}_I^b, \mathbf{y}_1^b, \ldots, \mathbf{y}_J^b \right)$, とする．Pareto 優位性の定義により，配分 A, B について，

$$u_i(\mathbf{x}_i^*) \le u_i\left(\mathbf{x}_i^b \right) \qquad i = 1, \ldots, I$$

が成り立ち，少なくとも 1 人については，$u_i(\mathbf{x}_i^*) < u_i(\mathbf{x}_i^b)$ が成り立つ．また，ワルラス均衡の定義により，$\mathbf{x}_i^*$ は効用最大化問題：

$$\underset{x_i}{\mathrm{Max}}\ u_i(\mathbf{x}_i) \quad \mathrm{s.t.} \quad \mathbf{p}^* \cdot \mathbf{x} = \mathbf{p}^* \cdot \mathbf{w}_i + \sum_{j=1}^{J} \theta_i \mathbf{p}^* \cdot \mathbf{y}_j \qquad i = 1, \ldots, I$$

の解であるから，少なくとも 1 人については，

$$\mathbf{p}^* \cdot \mathbf{x}_i^* < \mathbf{p}^* \cdot \mathbf{x}_i^b$$

が成り立つ．なぜなら，もしこの不等式が成り立たないならば，この消費者の最適消費計画は $\mathbf{x}_i^*$ ではなく，$\mathbf{x}_i^b$ のはずだからである[29]．このことから，

$$\sum_{i=1}^{I} \mathbf{p}^* \cdot \mathbf{x}_i^* = \sum_{i=1}^{I} \mathbf{p}^* \cdot \mathbf{w}_i + \sum_{j=1}^{J} \mathbf{p}^* \cdot \mathbf{y}_j^* < \sum_{i=1}^{I} \mathbf{p}^* \cdot \mathbf{x}_i^b \tag{14.37}$$

が成り立つ[30]．

他方，同じくワルラス均衡の定義により，$\mathbf{y}_j^*$ は利潤最大化問題：

$$\underset{\mathbf{y}_j \in Y_j}{\mathrm{Max}}\ \mathbf{p}^* \cdot \mathbf{y}_j \quad \mathrm{s.t.} \quad \phi(\mathbf{y}_j) = 0, \quad j = 1, \ldots, J$$

の解であるから，

$$\mathbf{p}^* \cdot \mathbf{y}_j^b \le \mathbf{p}^* \cdot \mathbf{y}_j^* \quad j = 1, \ldots, J$$

---

28)　以下の導出では $\mathbf{x}_i^* = (x_{1i}^*, \ldots, x_{Li}^*)$, $i = 1, \ldots, I$, $\mathbf{y}_j^* = (y_{1j}^*, \ldots, y_{Lj}^*)$, $j = 1, \ldots, J$ であることを思い出しておくことが必要になる．

29)　この考え方は，定理 5 の証明 (p.237) でも用いたものであり，厳密には選好関係の強い単調性が満たされていれば十分である．

30)　$\sum_{i=1}^{I} \left(\mathbf{p}^* \mathbf{w}_i + \sum_{j=1}^{J} \theta_i \mathbf{p}^* \mathbf{y}_j^* \right) = \sum_{i=1}^{I} \mathbf{p}^* \mathbf{w}_i + \sum_{j=1}^{J} \mathbf{p}^* \mathbf{y}_j^*$ である．

が成り立つ．このことから，

$$\sum_{j=1}^{J} \mathbf{p}^* \cdot \mathbf{y_j^b} \le \sum_{j=1}^{J} \mathbf{p}^* \cdot \mathbf{y_j^*},$$

並びに，

$$\sum_{i=1}^{I} \mathbf{p}^* \cdot \mathbf{w_i} + \sum_{j=1}^{J} \mathbf{p}^* \cdot \mathbf{y_j^b} \le \sum_{i=1}^{I} \mathbf{p}^* \cdot \mathbf{w_i} + \sum_{j=1}^{J} \mathbf{p}^* \cdot \mathbf{y_j^*} < \sum_{i=1}^{I} \mathbf{p}^* \cdot \mathbf{x_i^b}$$

を得る．最後の不等式は，(14.37) による．これより，

$$\sum_{\ell=1}^{L} p_\ell^* \left(\sum_{i=1}^{I} w_{\ell i} + \sum_{j=1}^{J} y_{\ell j}^b - \sum_{i=1}^{I} x_{\ell i}^b \right) < 0$$

を得る．$p_\ell > 0, \forall\, \ell = 1, \ldots, L$ であるから，

$$\sum_{i=1}^{I} w_{\ell i} + \sum_{j=1}^{J} y_{\ell j}^b - \sum_{i=1}^{I} x_{\ell i}^b < 0,$$

$$\sum_{i=1}^{I} x_{\ell i}^b > \sum_{i=1}^{I} w_{\ell i} + \sum_{j=1}^{J} y_{\ell j}^b$$

が成り立つ．この式は，配分 A よりも Pareto 優位な配分 B が実現可能ではないことを意味する．そしてこのことは A が Pareto 効率的ではないとした仮定に矛盾する． □

市場の一部に考察の焦点を絞り，異なる財の市場の需給バランスに影響を受けないという前提を採用する部分均衡分析では，完全競争市場で実行される配分は Pareto 効率的であった．この知見は，異なる財の市場における均衡が相互に作用しあうことを想定する一般均衡の枠組みでも成立することが示された[31]．

217 ページで紹介したように，部分均衡分析の枠組みにおいて，任意の Pareto 効率的配分は，価値尺度財の適切な一括再配分を行ったのち，配分の決定を完全競争市場に委ねることで実行できる．このことは，準線形型効用関数に

---

31) 部分均衡分析では，厚生経済の第一基本定理の証明は行わなかったが，本節で紹介した方法で証明すればよい．

よる特殊な場合であるが，一般均衡の枠組みでも，厚生経済の第二基本定理は成立する．厳密な証明では，本書では紹介していない数学の定理とその周辺の概念の理解が必要となるので，以下では，簡単な説明にとどめる[32]．

定理9. 厚生経済の第二基本定理

　全ての消費者の選好が凸性を満たし，かつ，全ての生産者の生産可能性集合が凸であるならば，任意の Pareto 効率的配分は，適切な初期配分の一括再配分を行ったのち，完全競争市場に委ねることで実行できる．

　部分均衡分析の枠組みでは，価値尺度財を一括再配分することによって，任意の Pareto 効率的配分を実行できることが示された．また，純粋交換経済の枠組みでは，図 14.13 を用いて紹介したように，初期配分を適切に再配分することで，同じことが可能であることが示された．一般均衡の枠組みでは，以下のような一括再配分を行うことで，任意の Pareto 効率的配分を実行することができる．

　この経済の財の初期賦存を $\mathbf{w} \equiv (\mathbf{w}_1, \dots, \mathbf{w}_I)$ とする．$\mathbf{w}_i$ は消費者 i の初期配分であり，消費者の予算額 $\mathbf{p} \cdot \mathbf{w}_i$，および株式保有率 θ_{ji} を定める．いま，実行しようとする Pareto 効率的配分を $A \equiv \left(\mathbf{x}_1^*, \dots, \mathbf{x}_I^*, \mathbf{y}_1^*, \dots, \mathbf{y}_J^* \right)$ とする．初期配分 $\mathbf{w}_i, i = 1, \dots, I$ の適切な再配分によって，この配分が実現可能であるためには，L 財のうち，少なくとも一つは，消費者全員の間で共有できるものである必要がある[33]．この財を任意に財 1 とする．

　すでに明らかにしたように，Pareto 効率的な配分は，(14.35) を満たすので，配分 A はこの条件を満たす．当然，限界代替率について，

$$\frac{p_\ell}{p_1} = \mathrm{MRS}_{\ell 1}^i \quad \forall \, \ell = 2, \dots, L, \quad \forall \, i = 1, \dots, I$$

も成り立つ．また，財 1 の価格を $p_1 = 1$ と正規化 (p.201) すれば，この式を，

---

32) 具体的には，Debreu-Scarf の極限定理の証明にも用いられている，分離超平面の定理 (separating hyperplane theorem) と，その周辺の概念が用いられる．本文中の定理の記述には，選好と生産可能性集合の凸性が言及されているが，これは分離超平面の定理が要請する条件である．

33) 例えば，初期配分が自らの労働力のみであるような消費者は，労働力を他の消費者に再配分することができない．

$$\hat{p}_\ell = \mathrm{MRS}^i_{i1} \quad \forall\, \ell = 2,\dots,L, \quad \forall\, i = 1,\dots,I$$

とすることができる．ただし，$\hat{p}_\ell \equiv \frac{p_\ell}{p_1}$, $\ell = 2,\dots,L$ である．このような価格ベクトルを $\hat{\mathbf{p}} = (\hat{p}_1,\dots,\hat{p}_L)$ と書くことにする．

　配分 A はワルラス均衡におけるものであり，各消費者の予算制約式は等号で成立する[34]．配分 $A \equiv \left(\mathbf{x}^*_1,\dots,\mathbf{x}^*_I, \mathbf{y}^*_1,\dots,\mathbf{y}^*_J\right)$ によって予算制約式が満たされるためには，全ての消費者について，初期配分 $\mathbf{w}_i$ と株式保有率 θ_{ji} が適切に調整され，

$$\hat{\mathbf{p}} \cdot \mathbf{x}^*_i = \hat{\mathbf{p}} \cdot \hat{\mathbf{w}}_i + \sum_{j=1}^J \hat{\theta}_{ji} \hat{\mathbf{p}} \cdot \mathbf{y}^*_j \quad i = 1,\dots,I$$

が成り立てばよい．ただし，$\hat{\mathbf{w}}_i$ と $\hat{\theta}_{ji}$ は，調整後の配分と株式保有率である．この予算制約式を，もともとの初期配分と，株式保有率における予算制約式からの一括課税，あるいは一括補助によって成立させるには，これを τ_i として，

$$\hat{\mathbf{p}} \cdot \mathbf{x}^*_i = \hat{\mathbf{p}} \cdot \mathbf{w}_i + \sum_{j=1}^J \theta_{ji} \hat{\mathbf{p}} \cdot \mathbf{y}^*_j - \tau_i \tag{14.38}$$

$$= \hat{\mathbf{p}} \cdot \hat{\mathbf{w}}_i + \sum_{j=1}^J \hat{\theta}_{ji} \hat{\mathbf{p}} \cdot \mathbf{y}^*_j \tag{14.39}$$

が成り立つかを考えればよい．この式が成り立つようにするためには，各消費者について，

$$\tau_i = \hat{\mathbf{p}}\left(\mathbf{w}_i - \hat{\mathbf{w}}_i\right) + \sum_{j=1}^J \left(\theta_{ji} - \hat{\theta}_{ji}\right) \hat{\mathbf{p}} \cdot \mathbf{y}^*_j \quad \forall\, i = 1,\dots,I \tag{14.40}$$

を算出すればよい．消費者 i について，$\tau_i > 0$ の場合は，この消費者は，τ_i に相当する財 1 を税金として支払うことになる．$\tau_i < 0$ の場合は，これに相当する財 1 を一括補助として受け取ることになる[35]．あとは，図 14.13 を用いて考察した，純粋交換経済の場合と同様である．

　さて，厚生経済の第二定理は，どの程度現実的であろうか．(14.40) を実行するには，全ての消費者の初期保有 $\mathbf{w}$ をはじめ，株式保有率 θ_{ji} などの正確

---

34)　予算制約式が等号で成立するためには，厳密には，選好関係が強い単調性をもつことが前提とされる．

35)　$\sum_{i=1}^I \tau_i = 0$ であるので，この一括課税，一括補助政策は財政面でも問題がない．

な情報が把握されていなければならないが，これが現実的であるとは言い難い．また，全ての消費者の限界代替率が把握されている必要もあるが，これも現実的であるとは言い難い．政府が，個別の消費者や生産者の特性について，消費者や生産者よりも詳しく知らないことはむしろ当然であるし，これらに関わる情報を消費者や生産者に直接尋ねたとしても，また仮にそのようなことが実務面で可能であるとしても，消費者や生産者が，必ずしも自らの選好や生産性に関する情報を正確に申告するとも限らない．このような**情報の非対称性**の存在は，一般に均衡の効率性を損なう要因となる[36]．しかし，このような問題があるとしても，以降で考察する，価格受容行動が成立しない不完全競争市場よりも，完全競争市場の方が好ましい．なぜなら，不完全競争市場では，厚生経済の第一基本定理すら成り立たないからである．

---

36)　情報の非対称性については，ゲーム理論や契約理論で考察される．

第 **IV** 部

市場の失敗

第 15 章

市場の失敗

　これまでの考察では，完全競争市場が社会的に好ましいと考えられる特性を備えていることを明らかにした．これ以降の考察では，市場が完全競争市場とは異なる場合について，完全競争市場を比較の対象として考察し，市場が完全競争市場ではないとき，どのようなことが起こるか考察する．

　我々が市場について考察するのは，そこで実行される配分の様相に関心があるからであった．完全競争市場以外の市場を考察する際にも，我々の関心は変わらない．完全競争市場で実行されるはずの配分が市場で実行されないこと，あるいは同様に，市場が Pareto 効率的な配分の実行に失敗することを**市場の失敗 (market failure)** という．

　市場の失敗には 2 種類ある．一つは市場が完全競争市場であったとしても発生する問題であり，これはさらに外部経済と公共財に分けられる．もう一つは完全競争そのものが成立しないという問題であり，不完全競争と呼ばれる．以下ではこれらの基礎的な考え方を紹介する[1]．

■考察すること

　初めに外部性 (externality) について考察する．外部性とは，完全競争市場の外部に起因する要因が存在することで，Pareto 効率的配分が実行されない問題を指し，例えば公害問題などがある．外部性には，果樹園と養蜂所というように，いわゆる "win-win" と呼べる状況も存在する．公害問題を外部不経済と呼ぶのに対して，このような外部性を外部経済と呼び分ける．本書では外部不経済についてのみ考察する．

---

[1]　外部経済や公共財についての考察は環境経済学 (environmental economics) や公共経済学 (public economics)，不完全競争についての考察は産業構造論 (industrial organization) で紹介される．市場の失敗は，異なる学問分野を横断するトピックであり，ゲーム理論の理解が前提とされる場合が多いので，このことを踏まえて履修計画や学習計画を立て，学ばれるとよい．

　次に公共財について考察する．公共財の定義を紹介した後，その特性により，完全競争市場でも Pareto 効率的配分が実行されないことを紹介する．Pareto 効率的配分を実行するための仕組みについては，本書で紹介しないゲーム理論の理解が必要になるため，ごく簡単に紹介する．

　最後に不完全競争市場について考察する．完全競争そのものが成立しないとは，完全競争市場の最も顕著な特性として紹介した，価格受容行動が成立しないことを意味する．つまり，不完全競争市場とは，消費者または生産者，あるいは両者が，価格に恣意的な影響力を及ぼすことができる市場のことである．本書では，生産者のみが価格に影響を及ぼすことができる市場，特に完全競争市場の対極にある独占企業について考察する．独占とは字義通り単一の生産者が市場を独占していることを意味する．この生産者の利潤最大化問題を考察することを通じて，完全競争市場と独占市場との違いを浮き彫りにする．なお，不完全競争市場には，独占の他に複占 (duopoly) や寡占 (oligopoly) などもある．これらについては，ゲーム理論とともに産業構造論 (industrial organization theory) などの教科書を学ばれるとよい．

第 16 章

外部性

これまでの考察では，選好順序や消費集合，および生産関数や生産可能性集合は所与としてきた．個別の消費者の選好順序や消費集合，あるいは個別の生産者の生産技術や生産計画が，別の消費者や生産者など，部外者の影響を受けて変わるとき，**外部性 (externality)** が存在するという．例えば，ある工場からの排ガスや匂いが近くの建設現場まで拡散し，健康上の理由から作業員の活動時間が制限されたとき，建設会社の生産可能性集合は負の影響を受ける．負の効果を持つ外部性を**外部不経済 (external diseconomy)** という．これに対して，果樹園と養蜂場のように，いわゆる "win-win" となる場合もある．正の効果を持つ外部性を**外部経済 (external economy)** という．生産技術や生産可能性集合に影響を及ぼす外部性を**技術的外部性 (technological externality)** と呼ぶこともある．これに対して，新幹線が新たに通ることになった駅や街の周辺で経済活動が活性化して，近隣のレストランやホテルの利益が上がる場合など，金銭的な利益や損益を伴う外部性を，**金銭的外部性 (pecuniary externality)** と呼ぶ．

一般に，外部不経済が存在するとき，厚生経済の基本定理は成立しない．以下にこのことについて考察する．

16.1 生産者が消費者に負の影響を及ぼす場合

部分均衡の枠組みで，消費者が，生産者の生産活動に伴う外部不経済の影響を受ける場合について考察する．消費者をロビンソンと呼ぶことにする．彼の選好は準線形型効用関数

$$u(x, m; z) = \psi(x) + m - z \qquad \psi'' < 0 < \psi'$$

によって表現される．x は財 1 の消費量，m は価値尺度財の消費量である．財
1 の生産には，例えば，大気汚染物質の排出など，ロビンソンにとって好ま
しくない外部不経済が存在していることを仮定する．z はその量を表す．ロ
ビンソンの制約条件は，

$$c(x) + m = w \qquad c' > 0,\ c'' > 0,$$
$$z \equiv z(x) = ex \qquad e > 0$$

とする．財 1 の生産量 1 単位あたりの大気汚染物質の排出量 (emission) を e
としている[1]．

　Pareto 効率的な配分は，これらの制約条件を目的関数に代入した，以下の
最適化問題の解として導出できる．すなわち，

$$\underset{x}{\mathrm{Max}}\ \psi(x) - z(x) - c(x) + w.$$

一階条件より，

$$\psi'(x) - c'(x) - z'(x) = 0$$
$$\psi'(x) = c'(x) + z'(x)$$
$$\psi'(x) = c'(x) + e \qquad\qquad (16.1)$$

を得る．(16.1) の左辺は限界効用である．右辺は生産に関わる限界費用と，外
部性に伴う**限界損益 (marginal damage)** を足したものであり，これを**社会的限
界費用 (social marginal cost)** という．つまり，**外部性が存在する場合のパレー
ト効率的な財 1 の消費水準では，限界効用と社会的限界費用が等しくなる．**

---

1)　$u(x, m; z)$ について，括弧の中の ; は，その次に記述される変数が外生変数であるこ
　とを意味するのであった (p.65)．また，消費者にとって外部不経済の影響が線形である
　$\left(\frac{\partial^2 u}{\partial z^2} = 0\right)$ という前提は，単純化のための強い前提であり，外部不経済の影響は非線形
　である場合もある．外部不経済の量が増加することで，問題が深刻化する場合などは，
　$\frac{\partial^2 u}{\partial z^2} < 0$ という前提を設ける．しかし，この場合も，外部不経済の深刻度がそれほど重大
　ではなく，最適化問題が内点解を与える場合は，本文中の結果と同様の結果が得られる．
　つまり，外部不経済の深刻度が重大でないならば，外部不経済を完全に排除することは
　Pareto 効率的ではない．もちろん，外部不経済の深刻度が極めて重大な場合は，これを
　完全に排除することが Pareto 最適になることもある．その場合は端点解を考えることに
　なり，本書では紹介していない Kuhn-Tucker 条件に従って最適化問題を解くことになる．

　同じ条件下で，ロビンソンが完全競争市場を採用したとする．生産者としての彼の利潤最大化問題は，

$$\underset{y}{\text{Max}}\ py - c(y)$$

であり，一階条件は，

$$p = c'(y) \tag{16.2}$$

である．このとき，生産量に応じて外部不経済が発生しており，その量は $z \equiv z(y) = ey$ である．

　消費者としての彼の効用最大化問題は，

$$\underset{x,m}{\text{Max}}\ \psi(x) + m - z \qquad \text{s.t.} \quad px + m = w + py - c(y)$$

である．このとき，外部不経済：$-z$ は生産者によるものであり，消費者はこれを所与とするしかない．予算制約式を目的関数に代入した後，一階条件を求めることで，

$$\psi'(x) - p = 0$$
$$p = \psi'(x) \tag{16.3}$$

を得る．(16.2) と (16.3) より，ワルラス均衡では，

$$p = \psi'(x) = c'(x) \tag{16.4}$$

が成り立つことが分かる．

　以上から，Pareto 効率的配分と，ワルラス均衡下での配分は，それぞれ，

$$\psi'(x) = c'(x) + e \quad e > 0$$
$$p = \psi'(x) = c'(x)$$

に従うことが示された．Pareto 効率的配分は，外部不経済を織り込み，消費者の限界効用は社会的限界費用に等しくなる．他方，ワルラス均衡下の配分では，外部性は織り込まれず，価格を媒介として，限界効用が生産者の限界費用と等しくなる．この意味で，外部性の外部とは，完全競争市場の価格決

定メカニズムの外部と捉えることができる.

　(16.1) と (16.4) を比較すると，外部不経済が存在する場合は，限界損益があるため，社会的限界費用は生産者の限界費用よりも大きな値をとる．さて，$\psi'' < 0$，つまり限界効用が逓減することを前提としていたから，これら 2 式より，Pareto 効率的配分では，財 1 の消費量が，ワルラス均衡下における配分よりも少ないことが帰結される[2]．逆の見方をすれば，完全競争市場では，外部不経済が織り込まれないため，Pareto 効率的な水準を上回る外部不経済が発生する．このことは，厚生経済の第一基本定理が成り立たないことに他ならない．市場の失敗である.

　以上から，外部不経済があるとき，ロビンソンは完全競争市場をそのままでは採用すべきではないことが分かる．無人島で暮らす彼には時間があるので，完全競争市場に手を加えることを試みるとする.

　(16.4) には，限界損益が含まれておらず，このことが完全競争市場の問題であるから，これを解決するために，例えば，生産者が財 1 を 1 単位生産するごとに発生する外部不経済に対して，t という課税を設けるとする．すると生産者の利潤最大化問題は，

$$\underset{y}{\text{Max}} \ \ py - c(y) - ty$$

である．一階条件から，

$$p = c'(y) + t$$

を得る．この式と (16.3) から，ワルラス均衡では，

$$p = \psi'(x) = c'(x) + t$$

が成り立つことが分かる．この式と (16.4) を眺めれば，$t = e$ としたとき，両者は一致する．つまりこのとき，完全競争市場での配分は，外部性が存在するときの Pareto 効率的配分となる．$t = e$ なので，**課税額は限界損益と等しい**．これを**ピグー税 (Pigouvian tax)** という[3]．このように，完全競争市場の

---

2)　限界効用が逓減するということは，財の消費量が少ない程限界効用が高いことを意味する.

3)　A.C. Pigou (1877–1959) はイギリスの経済学者.

外部にある要因を，価格決定メカニズムに組み込むことを，**外部性の内部化 (internalization of externality)** という．

16.2 生産者1が生産者2に負の影響を及ぼす場合

本節では2財1消費者2生産者からなる経済の一般均衡分析の枠組みにより，一方の生産者が，もう一方の生産者に負の影響を及ぼす場合について考察する．本節での考察の枠組みは，251 ページで用いたものであるが，ロビンソン1人が，消費者として2財を消費し，生産者として2つの財を別々に生産することを想定する[4]．

ロビンソンが生産し，消費する財を財 1，財 2 と呼ぶ．ロビンソンは各財を保有しており，その初期賦存量を，それぞれ w_1, w_2 とする．ロビンソンはこれらをそのまま消費することもできるし，一方の財を生産要素とする生産関数に従って，もう一方の財を生産することができる．つまり，財 1 と財 2 は消費されることもあるし，生産要素として投入されることもある[5]．ロビンソンの各財の消費量を x_1, x_2 と書くことにする．彼の選好は，微分可能で狭義準凹性を満たす効用関数 $u(x_1, x_2)$ によって表現されるものとする．

便宜上，各財の生産を行うロビンソンを，それぞれ生産者 1，生産者 2 と呼び分ける．各財の生産量は，

$$y_{11} = f^1(y_{21}) \tag{16.5}$$

$$y_{22} = f^2(y_{12}; y_{11}) \tag{16.6}$$

に従うものとする．ただし，$y_{\ell j}, \ell = 1, 2, j = 1, 2$ はそれぞれ，財と生産者を表す．例えば，y_{11} は財 1 が生産者 1 によって生産される量を表すが，これは財 2 を生産者 1 が投入した量 y_{21} と関数 f^1 によって定まる[6]．均衡では需給が一致するから，

---

4) もちろん，本節での考察結果は，L 財 I 消費者 J 生産者からなる経済でも成り立つ．

5) この前提は奇妙に思われるかもしれないが，考察の枠組みを簡略化するために，財の数を二つにしたことによるものであり，考察の汎用性は損なわれない．

6) この記述は，一般均衡分析で紹介したように，各財の生産関数を，生産計画を用いた

$$x_1 = w_1 + y_{11} - y_{12},$$

$$x_2 = w_2 - y_{21} + y_{22}$$

が成り立つ.

(16.6) は財 2 の生産関数であるが，y_{11} が関わっている．これが外部性である．本節では外部不経済を想定し[7]，$\frac{\partial f^2}{\partial y_{11}} < 0$ を想定する．また，生産関数は内点解を与える条件を満たすことを前提にする．なお，ロビンソンの消費活動は外部性を生じないし，財 1 の生産にともなう外部性の影響を受けないものとする．

16.2.1　Pareto 効率的配分

効用最大化問題を解くにあたり，ロビンソンが最適化を図る Lagrange 関数は，

$$\mathcal{L} \equiv u(x_1, x_2) + \lambda_1(w_1 + y_{11} - y_{12} - x_1) + \lambda_2(w_2 - y_{21} + y_{22} - x_2)$$
$$+ \mu_1\left(f^1(y_{21}) - y_{11}\right) + \mu_2\left(f^2(y_{12}; y_{11}) - y_{22}\right)$$

である．一階条件は，

$$\frac{\partial \mathcal{L}}{\partial x_1} = \frac{\partial u}{\partial x_1} - \lambda_1 = 0 \qquad\qquad \frac{\partial \mathcal{L}}{\partial x_2} = \frac{\partial u}{\partial x_2} - \lambda_2 = 0$$

$$\frac{\partial \mathcal{L}}{\partial y_{11}} = \lambda_1 - \mu_1 + \mu_2\frac{\partial f^2}{\partial y_{11}} = 0 \qquad\qquad \frac{\partial \mathcal{L}}{\partial y_{12}} = -\lambda_1 + \mu_2\frac{\partial f^2}{\partial y_{12}} = 0$$

$$\frac{\partial \mathcal{L}}{\partial y_{21}} = -\lambda_2 + \mu_1\frac{\partial f^1}{\partial y_{21}} = 0 \qquad\qquad \frac{\partial \mathcal{L}}{\partial y_{22}} = \lambda_2 - \mu_2 = 0$$

である．これらより，

陰関数として

$$\phi^1(y_{11}, y_{21}) = y_{11} - f(y_{21}),$$
$$\phi^2(y_{12}, y_{22}) = y_{22} - f(y_{12}; y_{11})$$

考えていることによる.

7) 例えば，財 1 の生産にともなって発生する騒音や排気ガスなどにより，財 2 の生産効率を下げることを想定する.

$$\text{MRS}_{12} \equiv \frac{\lambda_1}{\lambda_2} = \frac{\mu_1 - \mu_2 \frac{\partial f^2}{\partial y_{11}}}{\lambda_2} = \frac{1}{\frac{\partial f^1}{\partial y_{21}}} - \frac{\partial f^2}{\partial y_{11}} \equiv \text{SMRT}_{12} \tag{16.7}$$

を得る. この式は, 財 1 の Pareto 効率的な生産量は, 限界代替率と財 1 の生産に伴う**社会的限界変形率 (social marginal rate of transformation: SMRT)** が等しくなることを意味する. $-\frac{\partial f^2}{\partial y_{11}}$ は, 財 1 の生産が財 2 の生産に及ぼす限界損益を表している. (16.7) が成り立たないとき, ロビンソンにとって, さらに好ましい配分が存在することを確認する. 例えば,

$$\text{MRS}_{12} > \text{SMRT}_{12} \tag{16.8}$$

の場合を考える. この状態から, 財 1 の消費量を dx_1 だけ増やすことを考える. ロビンソンが, 財 1 の消費量が微増することと引き換えに, 消費できなくとも無差別でいられる財 2 の消費削減量は, $\text{MRS}_{12}dx_1$ である. 他方, 財 1 の生産量を $dx_1 = dy_1$ だけ増やす際, そのことと引き換えに生産できなくなる財 2 の量は, 外部性を織り込んだ, $\text{SMRT}_{12}dy_1$ である. (16.8) が成り立っているならば, 現実にロビンソンが消費できなくなる財 2 の量は, 彼が無差別でいることができる財 2 の削減量を下回ることになる. 従って, ロビンソンは財 1 の消費を増やすはずである. 従って, (16.8) はロビンソンにとって最適な条件ではない[8].

また, 一階条件より,

$$\text{MRS}_{21} \equiv \frac{\partial u/\partial x_2}{\partial u/\partial x_1} = \frac{\lambda_1}{\lambda_2} = \frac{\partial f^2}{\partial y_{12}} = \text{MRT}_{21} \tag{16.9}$$

を得る. この式は, 財 2 の Pareto 効率的な生産量は, 限界代替率と財 2 の生産に伴う限界変形率が等しくなることを意味する.

16.2.2　完全競争市場における配分

ロビンソンが, 完全競争市場を採用した場合について考察する. 各財の生産量について考察する. 各生産者の利潤は,

---

8)　この考え方は, 消費者の理論や生産者の理論でグラフを用いて幾度か用いたものである. 直近では, 図 14.4 (p.227) を用いた考察がある.

$$\underset{y_{21}}{\text{Max}}\ \pi^1\left[\equiv p_1 y_{11} - p_2 y_{21}\right] \quad \text{s.t.} \quad y_{11} = f^1(y_{21})$$

$$\underset{y_{12}}{\text{Max}}\ \pi^2\left[\equiv -p_1 y_{12} + p_2 y_{22}\right] \quad \text{s.t.} \quad y_{22} = f^2(y_{12}; y_{11})$$

である．各生産者の一階条件は，

$$\frac{\partial \pi^1}{\partial y_{21}} = p_1 \frac{\partial f^1}{\partial y_{21}} - p_2 = 0 \tag{16.10}$$

$$\frac{\partial \pi^2}{\partial y_{12}} = -p_1 + p_2 \frac{\partial f^2}{\partial y_{12}} = 0 \tag{16.11}$$

である．

消費者としてのロビンソンの効用最大化問題は，

$$\underset{x_1, x_2}{\text{Max}}\ u(x_1, x_2) \quad \text{s.t.} \quad p_1 x_1 + p_2 x_2 = w_1 + w_2 + \pi^1 + \pi^2$$

であり，一階条件から，

$$\frac{\partial u/\partial x_1}{\partial u/\partial x_2} = \frac{p_1}{p_2}$$

を得る．

これをもとに，(16.7) と (16.10) を比較すると，完全競争市場における Pareto 効率的配分では，

$$\frac{\lambda_1}{\lambda_2} = \frac{p_1}{p_2} = \frac{1}{\frac{\partial f^1}{\partial y_{21}}} - \frac{\partial f^2}{\partial y_{11}} \tag{16.12}$$

であるのに対して，実際に完全競争市場が実行する配分では，

$$\frac{p_1}{p_2} = \frac{1}{\frac{\partial f^1}{\partial y_{21}}} \tag{16.13}$$

が成り立つことが分かる．$\frac{\partial f^2}{\partial y_{11}} < 0$ を想定していたから，$-\frac{\partial f^2}{\partial y_{11}} > 0$ である．つまり，社会的限界変形率は，生産者 1 の限界変形率よりも高い値をとる．従って，前節でみたように，Pareto 効率的な財 1 の生産量は，完全競争市場で生産される水準を下回る．換言すれば，完全競争市場では，外部不経済を織り込まないために，発生源となる財 1 を Pareto 効率的な水準よりも多く生産する．

16.2.3 外部性の内部化

■ピグー税

外部不経済の発生を伴う財1の生産量1単位あたり，政府がtという税を課すとする．生産者1は財1を1単位生産するごとに，t額支払うことになる．このとき，生産者1の利潤関数は，

$$\pi^1 \equiv (p_1 - t)f^1(y_{21}) - p_2 y_{21}$$

となり，一階条件は，

$$\frac{\partial \pi^1}{\partial y_{21}} = (p_1 - t)\frac{\partial f^1}{\partial y_{21}} - p_2 = 0 \tag{16.14}$$

となる．この式を変形して，

$$\frac{p_1 - t}{p_2} = \frac{1}{\frac{\partial f^1}{\partial y_{21}}}$$

を得る．この式が，(16.12)と一致すれば，完全競争市場でPareto効率的な生産量が実現される．従って，

$$\frac{p_1 - t}{p_2} = \frac{1}{\frac{\partial f^1}{\partial y_{21}}} - \frac{\partial f^2}{\partial y_{11}}$$

をtについて解けば，

$$t = -p_2 \frac{\partial f^2}{\partial y_{11}} \tag{16.15}$$

を得る．財1の1単位あたりの税額は財1が財2の生産に及ぼす限界損益の金額と等しいことから，tはピグー税であることも確認される．

政府がピグー税を正確に設定するためには，$\frac{\partial f^2}{\partial y_{11}}$を正確に把握する必要がある．これには生産者2の生産関数を正確に把握することが不可欠であるが，これは必ずしも現実的ではない．

■合併による内部化

生産関数に関する正確な情報を把握するという困難が回避される可能性の

一つとして，生産者 1 と生産者 2 が合併し，一つの生産者として利潤を最大化する場合が考えられる．このとき，生産者の利潤最大化問題は，

$$\underset{y_{21}, y_{12}}{\text{Max}} \ \pi \left[\equiv p_1 f^1(y_{21}) - p_2 y_{21} - p_1 y_{12} + p_2 f^2 \left(y_{12}, f^1(y_{21}) \right) \right]$$

である．合併後の生産者は，財 1 が財 2 の生産に及ぼす影響を織り込むことができる．このことは $f^2 \left(y_{12}, f^1(y_{12}) \right)$ に反映される．一階条件は，

$$\frac{\partial \pi}{\partial y_{21}} = p_1 \frac{\partial f^1}{\partial y_{21}} - p_2 + p_2 \frac{\partial f^2}{\partial f^1} \frac{\partial f^1}{\partial y_{21}} = 0,$$

$$\frac{\partial \pi}{\partial y_{12}} = -p_1 + p_2 \frac{\partial f^2}{\partial y_{12}} = 0$$

であり，これらより，

$$\frac{p_1}{p_2} = \frac{1 - \frac{\partial f^2}{\partial f^1} \frac{\partial f^1}{\partial y_{21}}}{\frac{\partial f^1}{\partial y_{21}}} = \frac{1}{\frac{\partial f^1}{\partial y_{21}}} - \frac{\partial f^2}{\partial f^1}, \ \frac{\partial f^2}{\partial f^1} \equiv \frac{\partial f^2}{\partial y_{11}},$$

$$\frac{p_1}{p_2} = \frac{\partial f^2}{\partial y_{12}}$$

を得る．これらは，Pareto 効率的配分の条件にほかならない．

　生産者 1 と生産者 2 が合併するなら，合併後の生産者は，生産関数についての情報を正確に把握する．しかし，外部不経済を解決する目的のみで，生産者が合併すること，あるいは政府が合併をうながすこと，は考え難いであろう．この意味では，合併による外部性の内部化は，現実的な手段というよりも外部性が内部化される仕組みを理解する例と捉えるべきかもしれない．

■外部性の市場

　外部性を内部化するには，外部性の市場を導入するという選択肢もある．外部性とは市場の価格決定メカニズムの外にある要因のことであるが，そのような要因のための市場を新たに導入すれば，外部性が内部化される．

　例えば，生産者 1 が財 1 を生産する工程で生じる騒音が，財 2 を生産する生産者の生産性を下げるような場合を想定する．生産者 1 が，財 1 の生産に伴って発生する騒音が及ぼす外部不経済について，ピグー税の代わりに，当事者である生産者 2 に，適切な額を支払うことを考える．これは，騒音を発

生させることによって生産者 2 が被る損失を補償するものと解釈できるし，騒音を発生させる権利を生産者 2 から購入するとも解釈できる．このことに伴い，生産者 1 と生産者 2 の利潤最大化問題は，それぞれ，

$$\underset{y_{21}}{\text{Max}} \ \pi^1 \left[\equiv p_1 f^1(y_{21}) - p_2 y_{21} - \tau f^1(y_{21}) \right]$$

$$\underset{y_{12}, y_{21}}{\text{Max}} \ \pi^2 \left[\equiv -p_1 y_{12} + p_2 f^2 \left(y_{12}, f^1(y_{21}) \right) + \tau f^1(y_{21}) \right]$$

である．ただし，$\tau \in \mathbb{R}$ は，財 1 の生産量 1 単位あたりに発生する生産者 1 から生産者 2 への支払いを表す．生産者 1 の一階条件は，

$$\frac{\partial \pi^1}{\partial y_{21}} = p_1 \frac{\partial f^1}{\partial y_{21}} - p_2 - \tau \frac{\partial f^1}{\partial y_{21}} = 0$$
$$= (p_1 - \tau) \frac{\partial f^1}{\partial y_{21}} - p_2 = 0 \tag{16.16}$$

であり，生産者 2 の一階条件は，

$$\frac{\partial \pi^2}{\partial y_{12}} = -p_1 + p_2 \frac{\partial f^2}{\partial y_{12}} = 0$$
$$\frac{\partial \pi^2}{\partial y_{21}} = p_2 \frac{\partial f^2}{\partial f^1} \frac{\partial f^1}{\partial y_{21}} + \tau \frac{\partial f^1}{\partial y_{21}} = 0 \tag{16.17}$$

である．(16.17) より，

$$\left(p_2 \frac{\partial f^2}{\partial f^1} + \tau \right) \frac{\partial f^1}{\partial y_{21}} = 0$$

であるから，

$$\tau = -p_2 \frac{\partial f^2}{\partial f^1}$$

のとき，生産者 2 の一階条件が満たされ，τ は (16.15) にほかならない[9]．つまり，生産者 1 にとっては，政府に税を支払うとしても，生産者 2 に補償を支払うとしても，同じ額を支払うことになる．これは，同じ外部性を内部化するための費用が等しいためである．このように，外部性が内部化されるためには，政府と生産者 2 のどちらが課税額あるいは補償額を受けとるかは問題ではない．

---

[9]　$\frac{\partial f^2}{\partial f^1} \equiv \frac{\partial f^2}{\partial y_{11}}$ である．

　このことに関連して，今度は，生産者 1 が外部不経済を発生させる権利を生産者 2 から購入するのではなく，生産者 1 が予め外部不経済を発生させる権利を所持しており，生産者 2 がこれを購入することで，生産者 1 が発生させることができる外部不経済の量を適宜調整できる場合を検討する.

　生産者 1 は，上限を $Q > 0$ として，財 1 を生産する権利，従ってこれに伴う外部不経済を発生させる権利を持つとする[10]. 生産者 1 は，$Q - f^1(y_{21})$ を生産者 2 に，1 単位あたりの生産量について τ で売ることができるものとする. 逆の見方をすれば，生産者 2 が生産者 1 からこの権利を購入することで，財 1 の生産を制限することができる.

　各生産者の利潤最大化問題は，

$$\underset{y_{21}}{\text{Max}}\ \pi^1 \left[\equiv p_1 f^1(y_{21}) - p_2 y_{21} + \tau\left(Q - f^1(y_{21})\right)\right]$$

$$\underset{y_{12}, y_{21}}{\text{Max}}\ \pi^2 \left[\equiv -p_1 y_{12} + p_2 f^2\left(y_{12}, f^1(y_{21})\right) - \tau\left(Q - f^1(y_{21})\right)\right]$$

である. 一階条件は，

$$\frac{\partial \pi^1}{\partial y_{21}} = (p_1 - \tau)\frac{\partial f^1}{\partial y_{21}} - p_2 = 0,$$

$$\frac{\partial \pi^2}{\partial y_{12}} = -p_1 + p_2 \frac{\partial f^2}{\partial y_{12}} = 0,$$

$$\frac{\partial \pi^2}{\partial y_{21}} = \left(p_2 \frac{\partial f^2}{\partial f^1} + \tau\right)\frac{\partial f^1}{\partial y_{21}} = 0$$

である. これらより，$\tau = -p_2 \frac{\partial f^2}{\partial y_{11}}$ が導出される. 他の一階条件も前の例と同じであるから，均衡も同じになることが分かる. 従って，外部性を内部化するにあたり，外部性を発生させる権利が誰に帰属するかは問題にならず，この権利が当事者間で取引されることで，外部性が内部化され，Pareto 効率的配分を実行することが可能になる. 外部不経済の市場が，外部不経済の発生を Pareto 効率的な水準に調整するので，外部性を発生させる権利が，予めどちらの生産者に帰属するかは問題にならない. このことは **Coase の定理 (Coase theorem)**[11] として知られている. もちろん，外部性を発生させる権利を有す

---

10)　Q は十分大きく，Q は生産者 1 の利潤最大化問題の解となる生産量よりも大きいとする.

11)　Ronald Coase (1910–2013) はイギリスの経済学者.

る生産者は，これを売ることができるので，収益は大きくなる．このため，この権利の所在は，生産者の利潤には影響を及ぼす．

Coase の定理が機能するには，権利の市場導入や権利の売買に関わる費用が，無視できる程度に低くなければならない．加えて，外部不経済によって，生産者 2 の生産性がどの程度影響を受けるのか，という情報が，客観的に把握されている必要がある．政策決定者よりも生産者の方が，生産関数に関わる情報をより正確に把握できると考えることは，ある程度妥当性が認められるものの，負の影響を過大に申告すれば，より多くの補償額を得られるような場合，申告を額面通りに受け取ることには注意が必要となる．これも情報の非対称性である (p.262).

政策によって外部不経済を内部化するには，政府が外部性を発生させる消費者や生産者に，政策を課すことができなければならない．国境を越える公害問題などは，内部化が困難な問題である．例えば，人的要因で発生した大気汚染物質が貿易風や偏西風にのって国境を越えることもあるし，河川の上流に位置する国が発生源である水質汚染が，下流にある複数の国に影響を及ぼすこともある．外部性の発生源が国外にあるとき，この影響を受ける国の政府は，原因となっている国外の消費者や生産者に対して政策を課すことはできない．もちろん，発生源の国の政府は，これを適切に対処する政策を課すことができるが，風向きや河川の上流に位置するなどの理由で自国民が影響を受けていない場合や，受ける影響の度合いが外国民とは異なる場合，発生源の国による最適な政策は，何もしないか，自国で観測される影響をもとにした政策である．このような政策は，外国が受ける外部性の影響に対する最適な政策であるとは限らない．国境を越える外部不経済を解決するには，国家間の交渉が重要な役割を果たす．この交渉では，生産者 1 と生産者 2 が補償金の授受で問題が解決できるように，Coase の定理が成り立つ可能性があるが，関連する全ての情報が共有知識であることや，交渉のための費用が十分に低いことなど，満たされるべき条件が存在する[12]．

---

12) このような問題については，国際貿易論の分野で研究が行われている．

第 17 章

公共財

市場が失敗する原因には，その価格決定メカニズムの外部に存在する要因に起因するもののほかにもある．国防や公園，あるいは教養など，公共性のある財を**公共財 (public goods)** という．公共財に対して，自動車や果物などこれまで考察してきた財のことを**私的財 (private goods)** という．

公共財の Pareto 効率的配分は，完全競争市場に委ねるだけでは実行できない．公共財の特性である公共性とは，**非競合性 (non-rivalry)** と**非排他性 (non-exclusivity)** という 2 つの特性を指す．非競合性とは，個別の消費者が当該財を消費することが，他の消費者によるこの財の消費を妨げないことを意味する．公園などはこの条件を満たす．非排他性とは，当該財の消費を，対価を支払った消費者のみに限定することが困難なことを意味する．屋外コンサートなどで，コンサート会場のすぐ外では，お金を払っていない消費者にも音楽が聴こえてしまう場合には，この条件が満たされていることになる．以下では，主として Pareto 効率的な公共財の供給水準について考察し，ワルラス均衡における配分は，これとは異なることについて簡単に紹介する[1]．

17.1　Samuelson の条件

251 ページで用いた，2 財 2 消費者 2 生産者からなる経済の一般均衡分析の枠組みについて，財 1 を私的財，財 2 を公共財とした場合の Pareto 効率的配分について考察する．

ロビンソンとフライデーの初期賦存量を (w_{11}, w_{12}) と表す．財 2 の初期配分は存在せず，両名は財 1 をそのまま消費することもできるし，両名が保有す

---

1) 詳しい考察は，ゲーム理論とともに公共経済学を学ばれるとよい．

る財 1 のうち，それぞれ y_{11}^c, y_{12}^c を提供し[2]，生産関数

$$y_2 = f^2\left(y_{11}^c + y_{12}^c\right)$$

に従って，公共財である財 2 を生産することができるものとする．

各財の需給が一致する条件は，

$$x_{11} = w_{11} - y_{11}^c, \quad x_{12} = w_{12} - y_{12}^c, \quad x_2 = y_2$$

である．つまり，両名による財 1 の消費量は，それぞれの初期保有量から公共財の生産のために提供した財 1 の量 y_{1i}^c を引いた残りであり，財 2 は公共財であるから，生産された量を等しく両名が享受する．両名の効用関数は，

$$u^1\left(x_{11}, x_2\right), \quad u^2\left(x_{12}, x_2\right)$$

である．財 2 が公共財であることは，両名の効用関数に x_2 が共通していることに反映されている．

パレート効率的配分を求める．最適化問題は，

$$\underset{x_{11}, x_{12}, x_2, y_{11}^c, y_{12}^c}{\text{Max}} u^1\left(x_{11}, x_2\right) + u^2\left(x_{12}, x_2\right) \tag{17.1}$$

$$\text{s.t.} \quad x_{11} = w_{11} - y_{11}^c, \quad x_{12} = w_{12} - y_{12}^c, \quad x_2 = f^2\left(y_{11}^c + y_{12}^c\right)$$

である．Lagrange 関数

$$\begin{aligned}
\mathscr{L} &\equiv u^1\left(x_{11}, x_2\right) + u^2\left(x_{12}, x_2\right) \\
&\quad + \lambda_1\left(w_{11} - y_{11}^c - x_{11}\right) + \lambda_2\left(w_{12} - y_{12}^c - x_{12}\right) \\
&\quad + \mu\left(f^2\left(y_{11}^c + y_{12}^c\right) - x_2\right)
\end{aligned}$$

の最適化のための一階条件は，

$$\frac{\partial\mathscr{L}}{\partial x_{1i}} = \frac{\partial u^i}{\partial x_{1i}} - \lambda_i = 0 \quad i = 1, 2 \tag{17.2}$$

$$\frac{\partial\mathscr{L}}{\partial x_2} = \frac{\partial u^1}{\partial x_2} + \frac{\partial u^2}{\partial x_2} - \mu = 0 \tag{17.3}$$

---

2) y_{1i}^c の上の添字は contribution を意図している．

$$\frac{\partial \mathscr{L}}{\partial y_{1i}^c} = -\lambda_i + \mu \frac{\partial f^2}{\partial y_{1i}^c} = 0 \quad i = 1, 2$$

である.

[練習] 上で導出された一階条件から以下を導出しなさい

$$\frac{\partial u^1/\partial x_2}{\partial u^1/\partial x_{11}} + \frac{\partial u^2/\partial x_2}{\partial u^2/\partial x_{12}} = \frac{1}{\frac{\partial f^2}{\partial y_{1i}^c}}$$

$$\mathrm{MRS}^1 + \mathrm{MRS}^2 = \frac{1}{\frac{\partial f^2}{\partial y_{1i}^c}}. \tag{17.4}$$

この式は,**Samuelson の条件**と呼ばれる[3].

さて,公園などの公共施設が無料で利用できる場合は,その価格がゼロということだから,通常の生産者の利潤最大化問題を介して考察することは適切ではない.以下では,例えば町内会などで公共性を持つ町内での催しをするときなどに,カンパによって資金を捻出する場合[4]を想定し,公共財の供給量が,上でみた Pareto 効率的な水準となるか検討する.

公共財の生産について,ロビンソンとフライデーが個別に y_{1i}^c を決定するときの,両名の最適化問題は,

$$\underset{x_{1i}, x_2, y_{1i}^c}{\mathrm{Max}} \quad u^i(x_{1i}, x_2) \tag{17.5}$$

$$\text{s.t.} \quad x_{1i} = w_{1i} - y_{1i}^c, \quad x_2 = f^2(y_{11}^c + y_{12}^c)$$

である $(i = 1, 2)$. Lagrange 関数

$$\mathscr{L} \equiv u^i(x_{1i}, x_2) + \lambda_i(w_{1i} - y_{1i}^c - x_{1i}) + \mu_i\left(f(y_{11}^c + y_{12}^c) - x_2\right)$$

を最適化する一階条件は,

$$\frac{\partial \mathscr{L}}{\partial x_{1i}} = \frac{\partial u^i}{\partial x_{1i}} - \lambda_i = 0$$

3) Bowen-Lindahl-Samuelson の条件とも呼ばれる.Paul Samuelson (1915–2009) はアメリカの経済学者.
4) 資金の捻出を受益者の自主性に委ねることは,voluntary contribution scheme と呼ばれる.

$$\frac{\partial \mathscr{L}}{\partial x_2} = \frac{\partial u^i}{\partial x_2} - \mu_i = 0$$

$$\frac{\partial \mathscr{L}}{\partial y_{1i}^c} = -\lambda_i + \mu_i \frac{\partial f^2}{\partial y_{1i}^c}$$

であり，これらから，

$$\mathrm{MRS}^i \equiv \frac{\partial u^i / \partial x_2}{\partial u^i / \partial x_{1i}} = \frac{1}{\frac{\partial f^2}{\partial y_{1i}^c}} \quad i = 1, 2 \tag{17.6}$$

を得る．Pareto 効率的配分の条件である (17.4) と比較して，(17.6) は消費者個人の限界代替率が限界変形率と等しくなることが分かる．この式は，公共財を消費，あるいは利用するとき，各消費者が個人的に享受する便益に見合う対価についてのみ支払う用意があることを反映するものである．このことは，(17.1) と (17.5) を見れば明らかであろう[5]．逆の見方をすると，カンパ制のもとでは，個別の消費者は他の消費者が公共財を享受することで得られる便益まで織り込んだ貢献をしない．しかし公共財は，その性質上，消費者個人のみが利用するものではないため，供給水準が (17.6) で定まるものよりも大きい方が，消費者全員にとって好ましいものになる．

17.2　Lindahl 均衡

さて，無料で利用することができる公共財については，生産者の利潤最大化問題を通じた市場の枠組みが適用できないことは前述のとおりであるが，例えば次のような仕組みによって公共財の Pareto 効率的配分が実現可能になる[6]．

引き続き，前節における考察の枠組みを採用する．公共財の生産にあたっては，政府が両名に公共財の量あるいは規模，およびその生産に関わる費用の負担を求めるものとする．具体的には，例えば公共財が公園であるとすれば，

---

5)　(17.1) は，公共財を利用する消費者全員の効用を最大化することを示しているのに対して，(17.5) は消費者個人の効用のみを最大化することを示している．

6)　本節の考察は，ゲーム理論を理解している方がよいので，簡単な紹介にとどめる．

政府は先ず，消費者が公園を利用する程度や頻度を申告してもらい，これに応じて[7]，消費者が公園の建設費を負担する割合を決める．これを $\theta_i, i = 1, 2$ と表すことにする．各消費者は，それぞれの負担割合 θ_i を所与とし，これを織り込んだ上で，自らが望む公園の規模 x_2 に合わせて貢献する金額を決める．以下では，消費者は公園の利用について政府に正直に申告することを前提とする．

集められた資金を Y で表すことにすれば，公共財の生産量，あるいは大きさは $x_2 = f^2(Y)$ として表すことができる．均衡では $\theta_1 + \theta_2 = 1$ が成り立つことになる．このとき，各消費者の効用最大化問題は，

$$\underset{x_1, x_2, y_{1i}^c}{\text{Max}} \quad u^i(x_{1i}, x_2)$$

$$\text{s.t.} \quad x_{1i} = w_{1i} - y_{1i}^c, \quad y_{1i}^c = \theta_i g(x_2), \quad g \equiv (f^2)^{-1}$$

である．ただし，w_{1i} は十分に大きく，均衡では両名の財 1 と財 2 の消費量はゼロよりも大きくなることを前提とする．また，g は f^2 の逆関数である．各消費者によるカンパの額 y_{1i}^c は，実際に供給される公共財の量 $x_2 = f^2(Y)$ から逆算して必要となる建設費の総額に θ_i を掛けたものである．

制約条件式について，$x_{1i} \equiv x_{1i}(w_{1i} - \theta_i g(x_2))$ として，これを目的関数に代入すれば，上の制約条件付き最適化問題は，

$$\underset{x_2}{\text{Max}} \quad u^i(x_{1i}(w_{1i} - \theta_i g(x_2)), x_2)$$

となる．合成関数の微分◆に留意して一階条件を求めると，

$$-\theta_i \frac{\partial u^i}{\partial x_{1i}} \frac{\partial g}{\partial x_2} + \frac{\partial u^i}{\partial x_2} = 0$$

である．逆関数の微分◆に留意すれば，この式から，

$$\text{MRS}^i \equiv \frac{\partial u^i/\partial x_2}{\partial u^i/\partial x_{1i}} = \frac{\theta_i}{\frac{\partial f^2}{\partial Y_{1i}^c}} \quad i = 1, 2$$

を得る．従って均衡では，

---

7) 使用頻度がより高い申告者の負担は大きくなる．

$$\mathrm{MRS}^1 + \mathrm{MRS}^2 = \frac{\theta_1 + \theta_2}{\frac{\partial f^2}{\partial Y^c_{1i}}} = \frac{1}{\frac{\partial f^2}{\partial Y^c_{1i}}}$$

が成り立つが，これは Samuelson の条件に他ならない．このようにして実行される均衡を **Lindahl 均衡 (Lindahl equilibrium)** という[8]．

　理論上，Lindahl 均衡では Pareto 効率的な配分が実行されるが，その現実性は別の問題である．上で用いられた仕組みでは，個別の消費者が公園の利用頻度や程度について，正直に申告をすることが前提とされているが，公共財の利用頻度や程度を実際よりも低く申告すれば，負担の割合 θ_i を低くできる可能性がある．仮に他の消費者が正直に申告するなら，自分だけ申告を偽ったとしても，完成する公園の大きさは大して変わらないであろう．ところが，消費者全員がこのような思考を基に申告を偽れば，結局公園の大きさは Pareto 最適なものよりも小さくなる．このように，Lindahl 均衡は，消費者の虚偽の申告をする**インセンティヴ (incentive)** に対しては**頑健 (robust)** ではない[9]．

第 **18** 章

独占

　完全競争市場の対極が独占市場である．無数の生産者からなる完全競争市場に対して，独占とは単一の生産者が市場を独占している．完全競争市場では，各生産者の生産量が市場全体の生産規模と比べて十分に小さいために，個別に価格を設定したとしても財の均衡価格に影響を及ぼすことができないのに対して，市場を独占する生産者は自ら価格を設定することができる．もちろん，高すぎる価格を設定すれば，購入する消費者が存在しなくなるであろう．以下では，独占企業[1]の利潤最大化問題を通して，独占市場について，部分均衡の枠組みで考察する．

　比喩的な表現をするならば，独占企業は，ある程度「言い値」で消費者に購入を要求することができる．ある程度とは，どの程度であろうか．以下では，価格が高ければ需要は少なく，低ければ需要が増加するという，ごく一般的な右下がりの需要曲線を想定する．すなわち，独占企業が直面する逆需要関数 $p(y)$ は必要なだけ微分可能な連続関数で $p'(y) < 0$ が与えられているものとする[2]．

18.1　独占企業の利潤最大化問題

　独占企業の利潤を π とおくと，

$$\pi \equiv p(y)y - c(y) \tag{18.1}$$

と記述できる．ただし，費用関数 $c(y)$ は，$c'(y) > 0, c''(y) > 0$ を満たす連続

---

1)　これまでは，汎用性を意識して，企業ではなく生産者という言葉を用いてきたが，市場均衡の分析ではむしろ企業の行動と考える方が適しているので企業という言葉も用いることにする．

2)　$p''(y)$ については，必要が生じたときに考察する．

関数である．完全競争市場における生産者の収入が py であるのに対して，独占企業の収入は $p(y)y$ である．つまり独占企業は，生産量と，それに伴って変わる価格の双方を考慮に入れながら利潤を最大化する．このことが，総余剰の最大化を妨げる．

[**練習**]　(18.1) を用いて，独占企業の利潤最大化問題の一階条件並びに二階条件を導出し，以下を確認しなさい

$$p'(y)y + p(y) - c'(y) = 0,$$
$$p''(y) + 2p'(y) - c''(y) < 0.$$

以下では，二階条件が満たされているものとして考察を続ける．一階条件から以下を得る．

$$p'(y)y + p(y) = c'(y) \tag{18.2}$$

この式を言葉で表現すると，利潤最大化のための必要条件は

$$限界収益 (MR) = 限界費用 (MC) \tag{18.3}$$

ということであり，この条件は完全競争市場における生産者が直面するものと同じである．つまり，生産者の利潤最大化問題の必要条件は，競争形態に関わりなく (18.3) として記述できる．市場の競争形態が異なることで，具体的な条件が異なるだけである．完全競争市場における生産者の一階条件は $p = c'(y)$ であったが，独占の場合は (18.2) となる．両者を比較すると，独占の場合は $p'(y)y$ という項が含まれている．$p'(y) < 0$ という前提から，独占企業の設定する価格は $c'(y)$ より高くなることが分かる．つまり，独占企業は価格を完全競争市場の均衡で達成される水準よりも高く設定する．

さて，独占企業としては，少ない生産量で費用を抑え，これを高値で売ることができれば財 1 単位あたりの利潤が高くなる．とはいえ，価格が高くなり過ぎれば，販売量が減り，財 1 単位あたりの利潤は高くとも販売量の減少により結果的には利潤が低くなるかもしれない．他方，大量に生産し過ぎると価格も

下落してしまい，結果的にやはり利潤が低くなるかもしれない．このような考察を踏まえて利潤を最大化する方法が，一階条件 (18.2) に含まれている．このことを浮き彫りにするために，一階条件を以下のように書き換える[3]．

$$\left(\frac{dp}{dy}y + p\right)dy = \left(\frac{dc}{dy}\right)dy \tag{18.4}$$

　もちろん，この式は (18.2) と同じものであるが，生産量を微小 (dy) 変化させることによって収益と費用がどのように変化するか，より明確に表している．(18.4) の左辺は限界収益であるが，独占企業の収益が次のような 2 つの要因によって変わることを端的に示している．先ず，dy だけ余分に供給されることによって，価格は $\frac{dp}{dy}dy$ だけ変化するが，価格の変化は市場に供給される全ての財に適用されるので，生産量の微小変化に伴う，価格の変化を通じた収益の変化は $\frac{dp}{dy}dy\,y$ となる．次に，dy だけ余分に生産したことの直接的な収益の変化は $p\,dy$ である．完全競争市場における生産者の限界収益は $p\,dy$ のみであるが，独占企業の限界収益は前述の 2 つを足したものとなる．他方，(18.4) の右辺は，dy だけ増産することによる費用の増加が示されている．独占企業の利潤を最大にするには，これらが一致する生産量を市場に供給すれば良いことを一階条件は示している．このことは，(18.2) を以下のように書き換えることで，さらに明確になる．

$$p\left(1 + \frac{dp}{dy}\frac{y}{p}\right) = \frac{dc}{dy} \tag{18.5}$$

$$p\left(1 + \frac{1}{\eta}\right) = \frac{dc}{dy} \tag{18.6}$$

ただし，$\eta = \frac{dy}{dp}\frac{p}{y}$ は需要[4]の価格弾力性 (price elasticity of demand) である[5]．需要の価格弾力性とは，需要量の変化率 $\left(\frac{dy}{y}\right)$ と価格の変化率 $\left(\frac{dp}{p}\right)$ の割合にほかならず，$\frac{1}{\eta}$ は，独占企業が供給量を 1 ％変化させたとき，これを受けて価

---

3)　(18.4) は利潤関数を全微分した式を $d\pi = 0$ とした式，つまり一階条件を変形することで導出される．

4)　均衡では供給量と需要が等しく，価格は需要の関数であることから，供給量の弾力性ではなく，需要の弾力性と呼ぶ．

5)　$\frac{dp}{dy} < 0$ であるから，$\eta < 0$ である．なお，本によっては，$\eta \equiv -\frac{dp}{dy}\frac{p}{y}$ と定義することもある．一般に，弾力性の正負は，異なる分析下で異なるのでその都度どのように定義されているか留意する必要がある．

格が $\frac{1}{\eta}$ % 変化することを意味する.

これをもとに, (18.6) について考えてみると, 均衡では両辺が正であり, $\eta < 0$ を思い出せば, $|\eta| > 1$ であることが分かる. 従って, 独占市場の均衡において, 独占企業が供給量を 1% 変化させたとき, 価格の変化は $\frac{1}{\eta} < 1$, つまり 1% 未満となる.

(18.6) を,

$$\frac{p(y) - c'(y)}{p(y)} = -\frac{1}{\eta} \in (0, 1) \tag{18.7}$$

と記述することもある. (18.7) の左辺は, 独占企業が得る利鞘 (profit margin) の, 価格に対する割合であり, マークアップ率 (markup rate) と呼ばれる. また, マークアップ率は, 独占企業の均衡価格への影響力 (monopoly power) を計る指標とも考えられる. なぜなら, 完全競争市場では, (18.7) の分子がゼロとなることでマークアップ率がゼロとなるが, 独占市場であったとしても需要の価格弾力性について, $\eta \to -\infty$ の場合[6]にはマークアップ率はゼロに収束するからである. マークアップ率は $(0, 1)$ の間で独占企業の価格への影響力[7]を計り, 0 に近い程, 独占企業の均衡価格への影響力は低く, 1 に近い程高い.

例題を通じて, 独占市場の均衡について考察する.

例 再び代表的代理人の枠組みを想定する. ロビンソンの効用関数は以下で与えられるものとする

$$u(x, m) = \psi(x) + m$$
$$\psi(x) = ax - \frac{1}{2}x^2, \quad 0 < a$$

すでに導出したように, ロビンソンの逆需要関数は $p(x) = a - x$ である (p.205). 独占企業の費用関数は, $c(y) = y^2$ であるとする. 独占企業はこの逆需要関数を所与として, 以下の最適化問題を解く

---

6) この場合には, 供給量を微小増加するだけで価格はゼロになり, 逆に供給量を微小減少するだけで価格は需要量がゼロになるほど高騰することになり, 独占企業の価格への実質的な影響力はゼロに等しく, 独占企業としては価格を限界費用と一致させざるを得ないことになる.

7) Lerner の独占力指数 (Lerner index of monopoly power) ともいう.

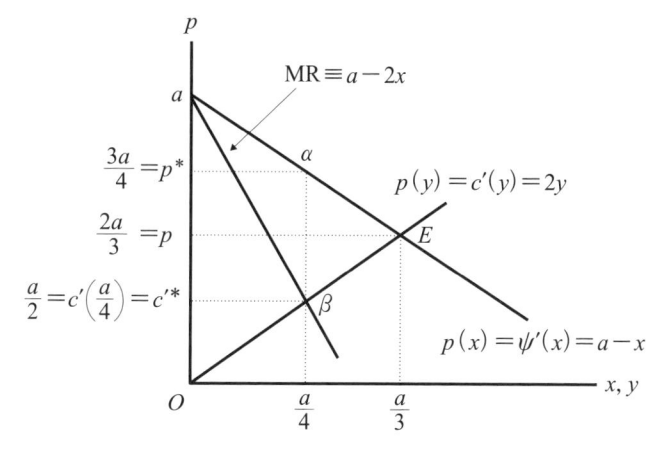

図 **18.1** 独占市場の均衡

$$\underset{y}{\text{Max}}\ p(y)y - y^2 \quad \text{s.t.}\ \ p(y) = a - y.$$

独占企業の一階条件から $a - 2y = 2y$ を得る．（左辺は限界収益，右辺は限界費用である．）この式から供給量 $y = \frac{a}{4}$ が導出される．これらは，図 18.1 に描かれている．

図 18.1 に描かれているように，逆需要関数 $p(x) = a - x$ と MR について，後者の傾きの絶対値が前者の 2 倍となっている．利潤は MR = MC のとき，つまり MR と $p(y) = c'(y) = 2y$ が交わる．$y^* = \frac{a}{4}$ のとき最大化される．このとき価格は $p^* = \frac{3a}{4}$ である．なお，既に導出したように，完全競争市場下の生産量は $\frac{a}{3}$ であり，そのときの価格は $p = \frac{2a}{3}$ であった．このことも描かれているとおりである．独占企業の利潤は，四角形 $p^*\alpha\beta c'^*$ の面積に等しい．独占企業の利潤は rent と呼ばれる．

18.2 社会厚生

独占市場の均衡について，社会厚生の観点から考察する．部分均衡分析の枠組みでは，総余剰を社会厚生と捉えて差し支えないことは既に紹介した．

また，ワルラス均衡が総余剰を最大にするので (p.210)，独占市場では総余剰は最大にならない．このことについて考察する．

　総余剰は，

$$W(z) \equiv \int_0^z (\psi'(x) - c'(x))\,dx$$

である．この関数値は $\psi'(x) - c'(x) = 0$ を満たす x で最大となる．完全競争市場では $\psi'(x^c) = p = c'(y^c)$，$x^c = y^c$，が成り立つので，ワルラス均衡ではこの式が満たされる．他方，独占企業の一階条件は，

$$p'(y)y + p(y) - c'(y) = 0$$

であったから，

$$\psi'(x^*) - c'(y^*) = -p'(y^*)y > 0, \quad x^* = y^*$$

となる．$\psi'(x^*) - c'(y^*) > 0$　$x^* = y^*$ ということは，y^* で社会厚生関数は上昇を続けている途中であることを意味し，極大値をとる条件は満たされない．このことを視覚化するために，上の例で，より具体的にロビンソンの選好について，$\psi(x) = 12x - \frac{1}{2}x^2 \ (a = 12)$ を想定した場合の社会厚生関数を描いたものが，図 18.2 である．独占企業の生産量は $\frac{12}{4} = 3$ であり，完全競争市場下の生産者による生産量は $\frac{12}{3} = 4$ である．図 18.2 では，社会厚生関数 $W(x) = 12x - \frac{3}{2}x^2$ とそれぞれの生産量における接線を描いている．

　完全競争市場下の総余剰は図 18.1 で $a = 12$ としたとき，三角形 OaE の面積に等しく，この値は当然，図 18.2 における社会厚生関数の値の最大値，すなわち 24 に等しい．同様に，独占市場下の総余剰は，図 18.1 における四角形 $Oa\alpha\beta$ に等しく，この値は $W(3) = 22.5$ である．2 つの差 $24 - 22.5 = 1.5$ は図 18.1 における三角形 $\alpha E\beta$ の面積にほかならず，独占市場における厚生損失 (welfare loss) を表す[8]．

　配分の効率性について考えると，完全競争市場下のそれがパレート効率的であったのだから，独占市場下の均衡は消費者と独占企業にとってパレート

---

8)　部分均衡分析の枠組みであるから，このような関数値は価値尺度財の数量と解釈できる．

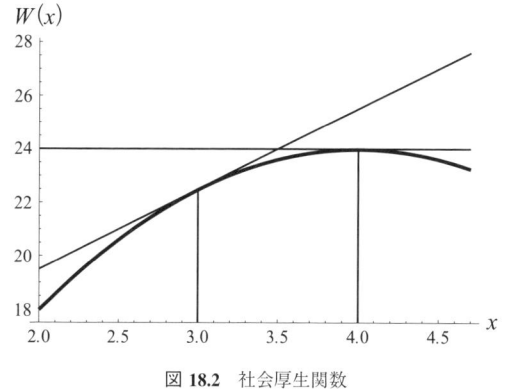

図 **18.2** 社会厚生関数

改善となる再配分が存在するはずであり，それが厚生損失として表されている三角形 $\alpha E\beta$ にほかならない．このことについて考えるために，仮に独占企業が供給量を $\frac{q}{4}$ から 1 単位増やし，価格を僅かだけ下げたとする．このときの価格が限界費用を上回れば，独占企業は 1 単位分の利益を上乗せすることができる．また，価格の僅かな下落に伴い，その価格であれば購入しても良いと考える消費者がこれを購入するはずである．これはパレート改善である．この考えを拡張し，もし仮に独占企業が，個別の消費者に，この財の対価として支払っても良いと考える金額を個別に課すことができたならば，厚生損失は生じることなく，独占市場でもパレート効率的な配分が実現することになる．その場合の総余剰と社会厚生水準は変わらず，図 18.1 の三角形 OaE であるが，これが全て独占企業の利潤と等しくなり，消費者余剰はゼロになる．

18.2.1 価格差別

異なる消費者に異なる価格を設定するという概念は，価格差別 (price discrimination) と呼ばれる．独占企業は価格に影響を及ぼすことができるが，影響の及ぼし方は，単に価格を一つだけ設定するのみに留まる必然性はない．前述のように，個別の消費者に個別の価格を課すことができ，総余剰が全て独占企業の利潤となるような価格差別は第一種価格差別 (first degree price discrimination) と呼ばれる．これは些さか極端な例であり独占企業には最も好ましいことで

あるが，個別の消費者が支払っても良いと思う価格を知ることが困難である以
上，実現も困難である．第二種価格差別 (second degree price discrimination) と
は，消費量ごとに異なる価格を適用するものである．携帯電話のパケット料
金体系などがこれにあたる．第三種価格差別 (third degree price discrimination)
とは，消費量ではなく，消費者を分類して異なる価格を適用する．子供料金，
シニア割引，学生優待価格，など確認可能な手段で消費者をグループ分けし，
グループごとに異なる価格を設定することもある．

18.2.2 政策

　独占企業に対して，政府はどのように対応するべきであろうか．考察が容
易な，価格差別が行われていない場合について考察する．

　政府は，効率性と衡平性の観点から社会的に好ましいと考える配分を実行
したいはずである．完全競争市場であれば，均衡での配分はパレート効率的
なので，衡平性について，価値尺度財の再配分に留意すればよい．独占市場
においても，完全競争市場と同様の配分が実現するためには，どうすればよ
いだろうか．

　独占企業の価格決定は，一階条件によって決まるが，ここでは同じく一階
条件から導出されるマークアップ率を用いる．独占企業の価格は，

$$\frac{p(y) - c'(y)}{p(y)} = -\frac{1}{\eta} > 0$$

を満たすので，価格と限界費用には，$p(y) - c'(y) = -\frac{p(y)}{\eta} > 0$ の乖離がある．
この乖離をなくすことができれば，独占企業の一階条件は完全競争市場下の
生産者の一階条件：$p(y) - c'(y) = 0$ と等しくなる．政府としては $-\frac{p(y)}{\eta} > 0$ を
独占企業に支払って，その乖離を埋めてしまえばよい．つまり，政府は生産
補助を実施すればよい[9]．

---

9) ただし，この政策処方箋 (policy prescription) には財源の確保が留保されている．

おわりに

　以上が大学一，二年次に履修することができる数学の範囲で考察できる価格理論である．もちろん，同じ数学の範囲内で，このほかにも考察できることはあるが，それらについては，より網羅的な教科書を参照されたい．本書を読まれた後ならば，経済学的な考察の方法に馴染まれているはずだから，新たなトピックについて学ばれることも，それ程苦にならないはずである．上級の教科書を読まれる際には，必要な数学の準備をされてから，あるいは並行して読まれるとよい．

謝辞

　本書は，筆者が学部で学んだ教科書，並びに学生時代に受講した様々な講義の教科書や講義ノートを基に書かれています．特に，Gravelee and Rees, *Mircoeconomics* (2nd Edition) には，学部生時代の懐かしい記憶を辿る機会を筆者に与えてくれたこと，またこの本の執筆方針にも影響を与えてくれたことを明記し，感謝します．同書では，数学の準備が最初に設けられており，その水準は本書で公開している PDF ファイルよりも幾分高度で，多変数関数の最適化とその周辺の概念に重点が置かれている点は異なるものの，必要な数学をある程度の紙面を割いて最初に説明する方針は，本書でも踏襲したいことでした．同書の 3rd Edition では，数学の章は準備としてではなく，Appendix として本の最後に移されていますが，それはイギリスにおける経済学の教育で数学が一層普及したため，冒頭に配置する必然性がなくなったからかも知れません．

　講義担当コマ数や学内行政担務などで，直接，間接的に執筆時間の確保にご協力下さった本学の諸先生や，本書の構想について話相手になってくれた友人を含め，多くの方々のご協力とご寛容なしには，本書の執筆を終えることはできませんでした．全ての方々のお名前を挙げて感謝の意を表すること

はできませんが，ご容赦いただければと思います．

　東京大学駒場キャンパスで筆者が担当する経済学を履修された全ての方々に感謝します．試験の答案に反映された，補足説明を要すると思われる箇所に十分な紙面を費やし，講義終了後に列をつくられた方々から寄せていただいた，数多くの様々な質問に答える本を執筆することが，本書の目的の一つでした[1]．経済学を志し，大学院への進学を検討している方に，数学と合わせて準備に役立つ本を執筆することが，本書のもう一つの目的でした．彼女・彼らの知的好奇心を大切にしたいと思います．それこそは，未来を造る原動力だと思うからです．

　執筆初期の段階では，本学の倉田博史教授に貴重なご助言をいただきました．葛島早紀氏と，李東宣氏には，本学教養学科国際関係論コース在籍時に，学生の立場から初稿の読みにくい点などを指摘していただきました．本学国際関係論コース卒業生で，2017 年現在は国連本部にお勤めの河本和美氏にも，お手伝いいただきました．本書の執筆には，筆者の想定以上の時間がかかり，海外の活動拠点であるワシントン DC に滞在中にも執筆を行いました．大学院で共に学び，今では家族同然の Pinar Çebi Wilber と Steven Wilber にも，助言やサポートをしていただきました．

　本学国際関係論コース卒業生で，2017 年現在は Stanford 大学, Graduate School of Business (GSB) で，Associate Professor として研究されている菅谷拓生先生には，ご自身の貴重な研究時間を割いて，本書の原稿に丁寧に目を通していただきました．同じく国際関係論コース卒業生で，2017 年現在は偶然にも Stanford 大学 School of Humanities and Sciences で，2 つめの博士号を取得するべく研究中の郷家駿平氏には，PDF ファイルで紹介している数学について，大変細やかに目を通していただきました．筆者は，学部時代の彼らの卒業論文執筆をお手伝いする遙か前，筆者が担当する講義で彼らが提出した宿題を初めて見たときに，彼らの今の活躍を容易に想像することができましたが，彼らは筆者にこのような依頼をされるとは思いもよらなかったことでしょう．後輩たちのために，快く尽力してくれた両氏に感謝します．本学教育研究デー

---

1) 改善や修正の余地は残されていると思いますが，それらは適宜，数学のファイルをアップしている URL に更新していくつもりです．

タ分析室の佃康司先生にも，ご多忙な日常の合間を縫って PDF ファイルで紹介している数学に目を通していただきました．

　東京大学出版会に本書の企画をいただいたことを感謝します．特に，ご担当いただいた大矢宗樹氏には，全ての段階で微に入り細に入り，大変お世話になりました．

　これら全ての方々に，心より御礼申し上げます．もちろん，本書に至らない点があるとすれば，それらは全て筆者のみが責任を負うものです．

　父忍と母千恵子に本書を捧ぐ．感謝を込めて．

2017 年 8 月 17 日
竹 野 太 三

索　引

A

allocation　186
average cost　150
average fixed cost　159
average variable cost　159

B

block　235
break-even price　168
budget constraint　7
budget line　7

C

coalition　235
Coase theorem　278
commodity　3
commodity space　4
comparative static analysis　87
compensated demand function　76
complements　25
constant returns to scale: CRS　114
constraint　32
constraint qualification　61
consumer surplus　208
consumption bundle　4
consumption plan　4
consumption set　4
contract curve　228
core　226
corner solution　34

D

deadweight loss　220
decreasing returns to scale: DRS　114
derived demand function　135
disequilibrium　182
distortion　220
dual　70
duality　70

E

economically inefficiency　111
elasticity of scale　113
elasticity of substitution　118
endogenous variables　64
envelop　161
envy　190
equality constraint　32
equilibrium　181
equilibrium price　181
equitable allocation　190
essentiality　107
Euler's theorem　117
excess demand function　207
exogenous variables　65
external diseconomy　267
external economy　267
externality　267

F

factor demand function　135
fixed cost　156

G

general equilibrium analysis 183
Giffen good 92

H

homothetic function 117

I

income consumption path 87
income effect 89
increasing returns to scale: IRS 114
indifference curve 19
indirect utility function 65
inferior goods 88
initial endowment 186
input plan 107
interior solution 34
inverse demand function 206
inverse supply function 175, 206
iso-cost line 146
iso-profit line 127
isoquant 108

L

Lagrange multiplier 57
Lagrangian 57
Lerner index of monopoly power 290
Lindahl equilibrium 286
linear homogeneous function 114
Long-run Marginal Cost: LMC 148

M

marginal cost 128, 150
marginal productivity 109
marginal rate of substitution 38
marginal rate of technical substitution 109
marginal rate of transformation 141
marginal revenue 128, 166
marginal utility 27
marginal utility of income 66
market clearing condition 195
market failure 265

markup rate 290
multiple equilibria 207

N

nominal price 125
non-exclusivity 281
non-rivalry 281
normal goods 88
normalization 201
numeraire 199

O

objective function 32
offer curve 231
opportunity cost 36
optimal consumption plan 31
optimal production plan 194
output efficient 108
output expansion path 141
own substitution effect 79

P

Pareto improvement 188
Pareto lens 225
Pareto weight 254
partial equilibrium analysis 183
Pigouvian tax 270
preference 8
price discrimination 293
price elasticity of demand 289
price tâtonnement process 233
primal 70
private goods 281
producer surplus 209
production plan 138
production possibility frontier 140
production set 140
profit function 135
public goods 281

Q

quantity tax 219
quasi-concave function 43
quasi-convex function 46

quasi-linear utility function　　199

R

real price　　126
rent　　291
repeated economy　　238
replica economy　　238
represent　　12
representative agent　　201
reservation utility　　236
Roy's identity　　68

S

sensitivity analysis　　66
shadow price　　257
short run average cost　　159
short run marginal cost　　159
short run total cost　　158
Slutsky decomposition　　90
Slutsky equation　　90
social marginal rate of transformation　　273
stable equilibrium　　181
substitution effect　　78
supply function　　135

T

technical efficiency　　111
the first fundamental theorem of welfare economics　　217
the second fundamental theorem of welfare economics　　217
total surplus　　209
transformation curve　　140
transformation function　　139

U

unstable equilibrium　　181
utility function　　12
utility possibility frontier　　213
utility possibility set　　212

V

value function　　66
value of marginal product　　132

variable cost　　157

W

Walras' law　　196
Walrasian auctioneer　　233
Walrasian demand function　　54
Walrasian equilibrium　　193
welfare loss　　292

あ

安定な均衡　　181

い

一般均衡分析　　183

お

Euler の定理　　117
オファーカーヴ　　231

か

外生変数　　65
外部経済　　267
外部性　　267
外部不経済　　267
価格差別　　293
価格弾力性　　289
価格の模索過程　　233
下級財　　88
価値尺度財　　199
可変費用　　157
間接効用関数　　65
感度分析　　66

き

機会費用　　36
技術的限界代替率　　109
技術的効率性　　111
Giffen 財　　92
規模についての弾力性　　113
逆供給関数　　175, 206
逆需要関数　　206
供給関数　　135
均衡　　181
均衡価格　　181

け

経済的非効率性　111
契約曲線　228
結託　235
限界効用　27
限界収益　128, 166
限界生産性　109
限界生産物の価値　132
限界代替率　38
限界的に　128
限界費用　128, 150
限界変形率　141
原問題　70

こ

コア　226
公共財　281
厚生経済の第一基本定理　217
厚生経済の第二基本定理　217
厚生損失　292
衡平な配分　190
効用可能性集合　212
効用可能性フロンティア　213
効用関数　12
Coase の定理　278
固定費用　156
Cobb-Douglas 型関数　24

さ

財　3
財空間　4
最適消費計画　31
最適生産計画　194
最適値関数　66
Samuelson の条件　283

し

死荷重　220
自己代替効果　79
死重的損失　220
市場の失敗　265
実質価格　126

私的財　281
社会的限界変形率　273
収穫一定　114
収穫逓減　114
収穫逓増　114
従量税　219
準凹関数　43
準線形型効用関数　199
準凸関数　46
消費計画　4
消費者余剰　208
消費集合　4
消費束　4
情報の非対称性　262
初期賦存量　186
所得効果　89
所得消費曲線　87
所得の限界効用　66

す

スルツキーの方程式　90
スルツキー分解　90

せ

正規化　201
生産拡張経路　141
生産可能性フロンティア　140
生産計画　138
生産者余剰　209
生産集合　140
生産要素需要関数　135
生産量について効率的　108
正常財　88
制約限定条件　61
制約条件　32
線形同次関数　114
選好　8
羨望　190

そ

相似拡大的関数　117
双対性　70
双対問題　70

総余剰　209
損益分岐価格　168

た

代替効果　78
代替の弾力性　118
代表的代理人　201
短期の限界費用　159
短期の総費用曲線　158
短期の平均費用　159
端点解　34

ち

超過需要関数　207
長期における限界費用　148

と

等号制約条件　32
投入計画　107
等費用線　146
等利潤線　127
等量線　108

な

内生変数　64
内点解　34

は

配分　186
派生需要関数　135
Pareto 改善　188
反復経済　238

ひ

比較静学　87
非競合性　281
ピグー税　270
非排他性　281
表現　12

ふ

不安定な均衡　181
不可欠性　107
不均衡　182

複数均衡　207
複製経済　238
部分均衡分析　183
ブロック　235

へ

平均可変費用　159
平均固定費用　159
平均費用　150
変形関数　139
変形曲線　140

ほ

包絡線　161
補完財　25
補償需要関数　76

ま

マークアップ率　290

む

無差別曲線　19

め

名目価格　125

も

目的関数　32

ゆ

歪み　220

よ

予算制約式　7
予算線　7

ら

Lagrange 関数　57
Lagrange 乗数　57

り

利潤関数　135
留保効用　236
Lindahl 均衡　286

れ

Lerner の独占力指数　290

ろ

ロワの恒等式　68

わ

ワルラス均衡　193
ワルラスの競売人　233
ワルラスの需要関数　54
ワルラスの法則　196

著者略歴

1993 年　BSc (Economics) London School of Economics and
　　　　　Political Science
1998 年　MA (Economics) Georgetown University
2001–2003 年　World Bank
2002 年　Ph.D. (Economics) Georgetown University
2003 年〜　東京大学大学院総合文化研究科国際社会科学専攻

経済学の基礎　価格理論
——Elements of Price Theory

2017 年 9 月 25 日　初　版

[検印廃止]

著　者　竹野太三

発行所　一般財団法人　東京大学出版会

代表者　吉見俊哉

153–0041　東京都目黒区駒場 4–5–29
http://www.utp.or.jp/
電話 03–6407–1069　Fax 03–6407–1991
振替 00160–6–59964

印刷所　三美印刷株式会社
製本所　牧製本印刷株式会社

奥野正寛編著	ミクロ経済学	A5 判	3500 円
奥野編/猪野・加藤・川森・矢野・山口著	ミクロ経済学演習	A5 判	2000 円
青木昌彦奥野正寛編著	経済システムの比較制度分析[オンデマンド版]	A5 判	3500 円
小西秀樹著	公共選択の経済分析	A5 判	4500 円
川越敏司著	実験経済学	A5 判	3800 円
西村和雄福田慎一編	非線形均衡動学 不決定性と複雑性	A5 判	4800 円
清水克俊著	金融経済学	A5 判	6300 円
吉川 洋著	マクロ経済学研究	A5 判	4600 円
岩井克人瀬古美喜編翁 百合	金融危機とマクロ経済 資産市場の変動と金融政策・規制	A5 判	4800 円
久保川達也国友直人著	統計学	A5 判	2800 円

ここに表示された価格は本体価格です．ご購入の
際には消費税が加算されますのでご了承下さい.